五星级养老村

金东方老年旗袍队参演香港载誉归来

常州市府龙城讲坛宣讲金东方
养老文化

全国政协副主席、原澳门特首
何厚铧（中）视察金东方

第十届全国人大副委员长
盛华仁(右二)视察金东方

时任国家卫健委党组成员、全国老
龄办常务副主任、中国老龄协会会
长王建军（中）视察金东方

常州市委书记陈金虎（中）视察
金东方

常州市长盛蕾（右）视察金东方
送慰问

江苏九洲投资集团董事长刘灿放
在金东方十周年庆上讲话

刘灿放、金建勇深入会员家中探访

联合国老年人权问题专家
罗萨·科恩菲尔德·马特
（女，右二）访问金东方

肯尼亚副总统卡隆佐
（中）在金东方

喜书春联迎新春

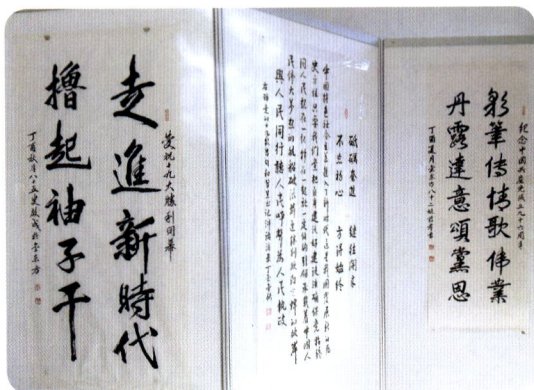
书法作品

《高山仰止》——喜迎十九大胜利闭幕

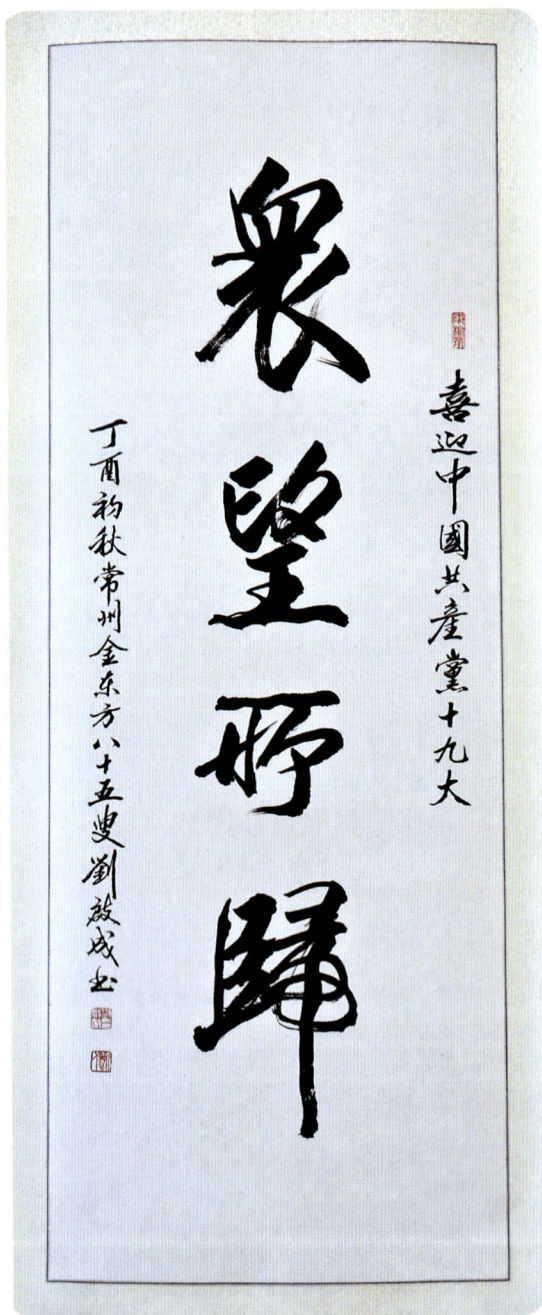

全国老年书画赛

书画养老健身

扇子舞

越活越年轻

垂钓

腰鼓

新时代、新思想、新征程、新担当——金东方党支部组织党员学习十九大报告

舞龙

对弈

每月一次生日会，集体祝寿人心醉

采摘丰收果

闻鸡起舞

一招一式

相濡以沫

含饴弄孙

金东方老年运动会

运动会闭幕式

金东方首届
健身运动会闭幕式

佳节思民俗

话聊养生

家事、国事、天下事，事事关心

别样红

洋玩意

小桥、流水、老人家

整装出发保平安

老人的生活保姆——贴心的楼栋管家

楼栋文化其乐融融

高雅的艺术——桥牌

一日三餐全靠他——老人的大厨

金东方医院——健康保护神

金东方护理院——高龄老人的开心乐园

医养融合

军民共建

欢乐开怀

金东方合唱团

金东方大舞台

金东方十年庆文艺晚会

金东方庆祝建党
百年主题晚会

红色传承

金东方文艺展演

现代京剧样板戏

向老兵致敬

拉网捕鱼

音乐喷泉

金东方颐养文化研究会

话说文化养老

（第二版）

沈成嵩　主编

中国农业出版社

北　京

主　编：沈成嵩

编　委：沈成嵩　金建勇　陈　嘉　张瑞芬

　　　　蒋经宇　许　鹰　王如青　郑美英

　　　　刘　洋　王　杰

人间重晚情（代序）

赵顺盘

人人都会老，家家都有老人。

老人的幸福，是社会的祥瑞，是社会的进步，是社会的和谐，是社会的良知。

当人生步入晚年，社会告诉他：您完成了应尽的社会责任，因为您为社会的发展贡献了全部的智慧和能力。家庭告诉他：您履行了对家庭的天然承诺，因为您对父母、对伴侣、对子女，付出了最诚挚的情感和毫无保留的奉献。

老年，是人生的转折点，更是人生的一个新起点，您应该从此走向自我，走向新我。有位哲人说得好，感悟了人生的价值，就拥有了人生的幸福。

"人间重晚晴"，每个老人都希望，在人生的晚年，实现价值，享受幸福。

养老，从改变生活，文化养老开始。

身逢盛世，老年幸甚。改革开放四十年，社会进入了持续、快速、稳定的发展期。拥有扎实的经济发展基础，拥有良好的孝道文化支撑，老年人当不愁晚年。

当下这一代老人，是新中国的建设者、保卫者和改革开放发展的担当者、奉献者。

在共和国的大厦里，有他们洒下的汗水；在"五大建设"的成就里，有他们奉献的智慧。

当代老人，是社会主义大厦的奠基石，螺丝钉，没有这一代人的付出，何言今天的繁荣昌盛，兴旺祥和。

共和国没有忘记他们，以习近平同志为核心的党中央和各地党委政府，为他们制定了养老政策，安排了养老基金，建立了服务机构，为他们老有所养，老有所医，老有所学，老有所乐，老有所为创造了条件，奠定了基础。

改变生活，文化养老，也应该从他们这一代人身上开始。

新的发展理念催生了以家庭养老为主，机构养老为辅，"医养护"三位一体的养老模式，基本满足了不同老年群体的需求。

赡养不仅是家庭的责任，也是社会的责任，"空巢"不应该是无助的代名词。孝敬，不仅是家庭成员的个人道德标杆，也应当成为社会成员的公共道德标杆。

全社会尊老、爱老、敬老、助老，应该，也必然成为一种时尚，一种社会进步的潮流。

沈成嵩先生是位高产作家，他依据入住常州市金东方颐养中心多年的经历和感悟，主编了《话说文化养老》这本书，书中90%的篇幅是叙述现今的养老，当代人的养老，特别是文化养老。他们翔实推介了这家由民营企业家出资创办的"五星级退休村"——金东方颐养中心的经营理念和实践。他们本着"老吾老以及人之老"的爱心，为国家解忧，为家庭解难，帮子女尽孝，甘当颐养老人的"孝子贤孙"，尽力做好养老事业，在"居家养老、文化养生、机构服务、医养融合"上做出了成就。他们秉承"以孝为先、以乐为天、以健为本、以情为源"的先进理念，号召会员"小户大家，亲如一家，我爱我家，我做典范"，运用"全人、全程、全员、全方位、全天候"的照护模式，对老人的身、心、灵全面照护，从而达到人与自然的和谐统一，成为江苏省养老事业的示范工程。透过本书，我们可以看到当代老人"人老心不老，越活越年轻的精气神"，看到社会的转型，看到党和政府对养老事业的重视，不仅仅是"春江水暖鸭先知""万里东风第一枝"，更是"莫道桑榆晚，人间重晚晴"。

（作者为原常州市委副书记、原江苏省民政厅厅长）

目　录

第二篇　千姿百态的颐养老人

第三篇　国人眼中的金东方

第五篇　媒体声音

第一篇

浅谈文化养老

养老贵在养心

——话说文化养老

沈成嵩

"恬淡虚无，真气从之，精神内守，病安从来"。故养老贵在养心，保养好精气神，通过怡养心神，调摄情志，调剂生活方式，从而达到保养身体，减少疾病，增进健康，延年益寿的目的。其内容包括：睡眠、饮食、环境、情志、娱乐、运动、气功、沐浴、药物、体质、起居、静思、瑜伽等方面的养生法则。

截止到 2015 年年底我国 60 岁以上的老年人已达 2.12 亿，占总人口数的 16%，而江苏省 60 岁以上的老人已达 1 648 万，占总人口数的 23%，老龄化程度位居全国之冠。目前养老问题已经提到了国家层面的重大战略工程，成了民生领域的重中之重。

习近平总书记在党的十九大报告中指出："我国社会主要矛盾已转化为人民日益增长的美好生活需要和不平衡不充分的发展之间的矛盾。"我们讲的文化养老就是讲的老年人对美好生活需要的追求：他们希望有更好的医养结合，更优越的居住环境，更多的人文关怀，更丰富多彩的文化体育生活，更和谐的邻里朋友关系，等等。

什么是文化养老？它是一种能体现文化传统与当代人文关怀的高品质、高品位的养老方式。它是以老年人的物质生活需求基本得到保障为前提，以满足精神需求为基础，以沟通情感、交流思想、拥有健康身心为基本内容，以张扬个性，崇尚独立，发挥特长，享受快乐，愉悦精神为目的的养老方式。它具有广泛性、群体性、互动性、共享性等特点。归根结底，是让老人老有所学、老有所为、老有所成、老有所乐。

总之，养老文化是在老年人衣食无忧、冷暖不愁、老有所养的基础上，渴望进一步提高晚年生活质量，向人生第二起跑线前进，以迎来人生第二个春天。

一、古代人怎样养老

我国早在远古时期，就对何为老、如何养老的问题作出过明确的规定。如《礼记·王制》就说："六十曰耆……七十曰老。""少儿无父者谓之孤，老而无子者谓之独，老而无妻者谓之矜，老而无夫者谓之寡。"孔子说："色难，有事，弟子服其劳；有酒食，先生馔，曾是以为孝乎？"这段话实际上提出了"以色事亲"这一更高层次的孝道要求，要求每一个子女必须和颜悦色地侍奉父母，承顺父母，使父母保持欣慰、愉悦的心情。春秋战国时养老规定"凡五十养于乡，六十养于国，七十养于学，达于诸侯。八十拜君命……"汉代"以孝治天下"，"将孝文化举为国策，从政策上规定奖孝子，举孝廉，将孝作为选用官员的标准，让孝道教化天下。"何为孝，有上中下层次："尊亲乐亲为大孝，不使父母受委屈为中孝，侍奉衣食为小孝。"尊老敬老成为家庭和社会的准则。

在唐朝，子女不仅要在生活起居上孝敬老人，而且要在精神上保证老人心情愉悦，当时称之为"乐养""色养"。说通俗一点，晚辈对待长辈要"和颜悦色"，要让老人"快快乐乐"，不能让老人"不开心"，这叫"笑着养老"。在唐代，如果媳妇不能"载歌载舞"地"乐养"公婆，那就可以成为丈夫休妻的理由。在唐朝，为"七十致仕"的老人办"居养院"，宋代设"养老院"，再大一点的养老机构内，设有"乐班"，专门为老人上演文艺节目，和老人一起吟诗填词，这是典型的文化养老。

古时的士大夫阶层，年老了大都回归田园，享受田园牧歌式的养老生活，他们"悬壶济世"，研究中医中药，为穷苦人免费治病。常州孟河医派，就是老中医治病救人的典型。一里长的孟河街上，开了几十家药店，几十位老中医坐堂，饮誉大江南北。他们"结庐办学"，开展乡村义务教育，常州书院、茅山书院、龙山书院就是这样形成的。他们或"半耕半读""半农半商"，帮助乡人发展生产，富裕一方。陶渊明就是那位"陶令不知何处去，桃花源中可耕田"的县令，对当官不感兴趣，却整天忙碌于"采菊东篱下，悠然见南山"，想建立一个"桃花源式的理想世界"，这是中国式的"乌托邦"。还有南北朝时的陶弘景辞官归隐，在茅山，开馆教学，种植草药，治病救人，成了道教的祖师爷之一。"山中何所有，岭上多白云。只可自怡悦，不堪持赠君。"这是茅山陶弘景咏茅山的诗。面对绿树、奇花、异草，看天空白云飘飘，品酒、吟诗、歌唱，这是多么惬意的养老生活啊！当然他也关心国家大事，朝廷发生大事，都派人向他请教，他就成了"山中宰相"。

苏东坡就是一个典型的"农耕养老"派，他在政坛上失意，却在文坛上大放异彩，在流放时写下一千多首诗词，最后在常州乡下看中了一方水土，买下了一处农庄，想到常州来"农耕养老"，想不到竟客死常州，留下了许多遗憾。但这位文化老人给中国文化宝库留下了璀璨的精神文化，成为我们养老文化的重要资源。苏东坡不仅是豪放型诗词的领军人物，在竹文化、酒文化、茶文化、饮食文化上也有很高的造诣，"东坡肉""东坡酒""东坡茶"，至今仍饮誉大江南北。

朱元璋虽然没有多少文化，但他出身贫贱，深知民间疾苦，对养老事业十分重视。他规定凡是 80 岁以上的贫苦老人，当地政府每年要赠送 100 斤①大米，5 斤猪肉，60 斤酒，给每一位老人特制华美的衣服、帽子、鞋子，让他们可以和当地的县官平起平坐。并且规定，每年要请他们到戏园子里免费看三场戏，在全社会树立了一种尊老、爱老、养老的风尚。

在溧阳做官的孟郊，写下了《游子吟》："慈母手中线，游子身上衣。临行密密缝，意恐迟迟归。谁言寸草心，报得三春晖。"这是孝文化的最高境界，也是一种养老文化。金坛籍的语言文字学大师段玉裁，只当了十年县官，就辞官回乡，他用"著书立说"的方法养老，花了三四十年的工夫，完成了《说文解字·注》，为 9 000 多汉字的音、形、意作了注释，在中国古代语言文字学和近代语言文字学之间架起了一座桥梁，成为中国伟大的"书圣"。中国汉语拼音之父，我国著名语言学家、文字学家，常州籍文化老人周有光，寿终于 112 岁，但在 100 岁后还著书立说为中华文化添砖加瓦，留下了一千多万字的精神财富。

在常武地区，一些名门望族，在学业、事业有成后大都回乡养老。他们或修桥铺路，或兴建园林，或修宗谱、造祠堂，或著书立说，或吟诗作画。常州青果巷集中了那么多的乡贤，留下了那么多的民居文物古迹，这

---

① 斤为非法定计量单位，1 斤＝500 克，下同。

就是典型的文化养老的遗存。在常武地区的祠堂内，大都刻有《弟子规》，这也是养老文化，规范了晚辈敬亲孝亲的一些规则，如"父母呼，应勿缓。父母命，行勿懒。父母教，须敬听。父母责，须顺承。冬则温，夏则清。晨则省，昏则定。出必告，返必面。""亲有疾，药先尝。昼夜侍，不离床。"等等。在中国传统民间故事中，有一个"二十四孝"，其中《戏彩娱亲》，就是讲"老莱子"穿了戏服在老母亲面前表演节目，让老人开心的故事，这也是属于文化养老。在金坛区建昌乡还有一个"望仙桥""董永村"和"老槐树"。据说董永卖身葬父，七仙女下凡"天仙配"的故事就发生在此地。如今，"董永传说"已成为国家级非物质文化遗产。

二、传统的养老方式和挑战

在农耕社会的养老中，主要靠儿子，而不是靠女儿，这就产生了"养儿防老""不孝有三，无后为大""早养儿子早得福""姑娘养不了娘，草灰上不了墙""嫁出门的女，泼出去的水"等习俗。在农村即使养了三个女儿，仍然可享受"五保户"的待遇。而一家养了三男两女五个孩子，老人死了后，丧事花再多的钱，只能由三个儿子分摊，而决不要女儿负担，这就是男尊女卑的陋习，所以就造成了计划生育工作的困难。有的农民说"就是排队排到电灌站，不养个儿子也不歇盼！"可见，盼儿心切。为什么一定要养儿子呢？如果老人"百年归天"，没有儿子就没有人捧灵牌，没有人披麻戴孝当孝子，是被村里人叫"绝屁股"的，这是多不光彩、多没有面子的事情啊。

所谓孝子，一为侍养，二为侍药，三是侍终，就是物质供养，医疗保障，养老送终三件大事。传统养老根本谈不上文化养老，最多不过是，上茶馆，打麻将，听广播，看电视，那也是低层次的文化需求。

当然，如今是新社会，新风尚，养男养女一个样。从某种程度上讲，养儿子是穿长衫，面子光鲜，养女儿才是父母"贴心小棉袄"。没有儿子，女儿女婿照样可以为老人养老送终，照样可以捧灵牌，当孝子。

在市场经济的冲击下，家庭养老赖以生存的文化观念受到新思想、新观念的冲击，曾经孕育和强化了"孝道"的伦理观念、家庭氛围及尊老敬老的社会环境等都发生了较大的变革，传统的家庭养老面临着挑战。主要体现在：

首先，家庭养老关系更加脆弱。家庭养老是建立在道德观念，而不是法律基础上的。在这里，后代是否履行养老义务，以及这种义务的履行程度，都没有一个客观的判断标准和监督机制，加上家庭养老已经演变成了家庭事务的范畴，因而社会的监督和控制在操作上十分困难。老人是否能够获得保障权利完全看后代的道德修养程度。而市场经济下养老文化的弱化，致使这种不稳定的养老关系更加脆弱。

其次，家庭养老功能弱化。所谓家庭功能就是家庭对于内部成员和社会的价值和贡献，亦即家庭对于人类生存和社会发展能起到哪些作用。随着社会工业化、城市化的发展和家庭规模及结构的变化，家庭的许多职能逐渐变化，家庭的生产职能和养老职能逐渐为社会化大生产和社会保障制度所取代。家庭规模的缩小和家庭类型的变化不可避免。家庭养老与人口老龄化发展趋势发生冲突，最终导致家庭养老功能的弱化。

家庭养老功能弱化主要是受下述因素的影响：一是子女数的减少。实行计划生育的明显结果就是子女数减少，这不可避免地削弱现代家庭的养老功能，特别是家庭生命周期进入空巢阶段，身边无子女，家庭的养老功能名存实亡。"四二一"的家庭模式使得"80后"养老负担更为沉重。"四二一"家庭即一对夫妻要赡养父母、岳父母四位老人，还要负担一个子女。三四十年的计划生育，目前，在全国已有1 500多万户"四二一"家庭，也就是说有五六千万老人在"老有所养"上存在危机，存在风险。二是代际居住方式的变化，即从过去的共居转向分居。三是代际关系的中心被下一代取代。传统养老文化注重对下一代的照顾，对上一代的关心相应减少。四是劳动力社会参与率的提高和社会竞争加剧使得不少做子女的陷入了某种角色冲突，即"事业人士"角色和"孝顺子女"角色的冲突。这些变化影响到家庭的养老功能，特别是使精神慰藉功能和日常照料功能弱化。

第三，我国农村家庭养老模式面临着更大的挑战。首先，农村老人没有自己的养老意识，还沉浸在养儿防老上；其次，青年劳动力大多外出务工，对父母的养老也仅仅是经济资助而没有精神资助。青年人自认为在外面见多识广，老一代的观念已经陈旧过时，老年人在家庭中的地位下降，老人不仅不能参与家庭的决策，而且许多家庭越来越少考虑老人的想法。

根据相关数据，在中国农村，与配偶单独居住的老年人高达55％，常住一个子女家或者在子女家轮流生活的老年人只占20％，即使是"养儿防老"观念较强的农村，也只有29％的老年人在子女家居住。外国学者认为，如果说工业化国家的家庭存在抛弃老年人的现象的话，那么，发展中国家在现代化的过程中则存在着忽视老年人的现象。

三、以德养老

唐代著名禅师石头希迁，世称"石头和尚"，91岁时无疾而终，谥号天际大师。他曾为世人开列十味奇药："好肚肠一条，慈悲心一片，温柔半两，道理三分，信行五钱，忠直一块，孝顺十分，老实一个，阴骘全用，方便不拘多少。"服用方法为："此药用宽心锅内炒，不要焦，不要燥，去火性三分，于平等盆内研碎，三思为末，以菠萝蜜为丸，如菩提子大，每早进三服，不拘时候，用和气汤送下。果能依此服之，无病不瘥。切忌言清浊，利己损人，肚中毒，笑里刀，两头蛇，平地起风波——以上七件，速须戒之。"

希迁的养生奇方精要就在于养德，养德"不劳主顾，不费药金，不劳煎煮"，却可祛病健身，延年益寿。有关养生养德的说法，并不始于希迁。早在春秋时，孔子就有"大德必得其寿"之说，与希迁同时代的孙思邈也认为："德行不克，纵服玉液金丹未延寿。"清代石金城提出："惟善可以养性，惟善可以延寿命，避夭折。"到今天，"德高寿自长"的观点已经得到实践证明。巴西医学家马丁斯经过10年对长寿老人的研究发现，90％左右的长寿者都德高望重。那么，养德而成其大德，为什么最终对人体具有奇特的医疗养生功效呢？

（一）德高者有良好的人际关系

良好的人际关系是身心健康的重要条件之一。与人为善、乐于助人是建立良好人际关系的根本所在，其核心是正确认识自我，对现实生活有较强的适应能力。生活在社会之中，德高者尊重整个社会的需要，遵守社会道德规范、与人为善、尊重他人。充满信心与责任感，互谅互助、宽厚待人，能够妥善解决人际交往中的各种矛盾与冲突。在他们"与人为善"的助人行为中，会唤起他人对自己的感激、爱戴和热情，由此而产生温暖的感觉，主要来自脑部的内啡肽，这种天然的镇静剂有助于免除精神紧张。医学研究表明，那些经常与别人在一起，具有良好人际关系的人，比缺少社会关系、无交往的孤独者长寿，是因为在帮助他人的过程中实现自我的良好感觉，能促进人体各组织器官功能的健全，使体内免疫球蛋白和网状内皮系统免疫功能增强，使血液循环、神经调节达到最佳健康状态，从而促进人的身心健康，达到益寿延年的目的。

（二）德高者有善良的品性

德高者正直、富于爱心，遇事出于公心，凡事为他人着想，宁静处世，淡泊名利，不为世俗势力所动，更不会为此而蝇营狗苟，敌意、仇恨、不友好、无谓的争论、恶性竞争等与他们无缘。研究发现，心怀敌意的人患心脏病的可能性最大，而且其冠状动脉也容易被堵塞。人们在动用语言沟通交流时，会对身体产生一定的影响。一般来说，人们在说话时血压会升高，而他们在倾听别人谈话时血压又迅速下降，这样便会取得一种平稳。而那些怀有敌意、仇恨和恶性竞争的人，从来都不会对别人谈话洗耳恭听，只是在寻找机会反驳别人，从而丧失了达到血压平稳的机会。这样，在经常戒备、处处设防中就患了高血压，而血压又总是因为他们的不肯倾听而高升不降，对身体有百害而无一利。

（三）德高者心胸坦荡，有良好的心境

道德修养好的人，对人对事都能胸襟开阔，无私坦荡，光明磊落，因而无忧无愁，无患无求，身心处于淡泊宁静的良好状态中。而那些道德修养差的人，为了一己之利，挖空心思、不择手段，其胡作非为又必然导致做贼心虚，产生紧张、恐惧、焦虑、内疚等心态，食不香、睡不安、惶惶不可终日，这种无形的负担和心理压力，使大脑皮质功能失调，人体器官功能紊乱，并可伴有肾上腺素释放增多，呼吸加深，心跳加快，血压上升，糖原分解等一系列生理变化。长此下去，会使人陷入心理危机之中，出现心悸、失眠、头痛、头晕、食欲下降等症状，严重者还会诱发某些精神疾病，或导致神经性呕吐、胃溃疡、闭经及早衰。同时，由于人体免疫功能下降，也更容易罹患疾病。

四、现代人的养老需求

在传统社会，有"养儿防老，积谷防饥"的传统，有"父母在，不远游"的规矩，那是在温饱半温饱状态下的养老方式。如今已进入小康社会，温饱问题已经解决，物质养老对大多数的老人来说已经实现，现在剩下的就是文化需求，也就是"文化养老"的问题。老年人不满足于有饭吃，有衣穿，有房住，有零用钱花，而且提出了健康幸福的、愉悦身心的"养老文化"方面的需求。当然，养老问题不是子女不管了，子女要尽孝道，最好的孝顺就是"常回家看看"，听老妈唠叨唠叨，给爸爸拍拍身体、揉揉肩，帮老妈洗洗筷子、刷刷碗，如此而已。

老干部、老职工、老教师从工作岗位上退下来后，生活空间不断缩小，人际交往明显减少，精神需求日益迫切。一些老人明显表现出失落、孤单、寂寞、自卑等消极情绪。他们说：我们不缺吃穿，不缺钱，就是缺少交流、倾诉，缺少亲情、友情，缺少老有所学、老有所乐的场所。老年人在退休后最大的心理危机就是情爱的丧失，这种爱情、亲情和友情，一旦被边缘化，被冷漠化，被遗弃化，这是一种最可怕的打击。试想一个人老了，事业远遁而去，整日无所追求，唯有爱的诉求、情的需要才是一个走向衰老的生命对人世最起码的怀恋之情，难道连这点小小的要求我们都不能满足他们吗？

从调查中发现，文化养老包括取悦自我的需求，社会交往的需求，实现自我价值的需求三个方面。

一是取悦自我的需求。其中有琴棋书画、摄影录像、唱歌跳舞、吹拉弹唱、读书写作等兴趣爱好类；还有拳剑棋牌、球艺竞赛、旅游观光等康体休闲类；再有学习新知识、新技术、新文化等方面的教育学习类。

二是社会交往的需求。老人退下来后，由于情感上的需求，需要家人、社会的关注，希望融入社会的集体活动，希望参加兴趣小组、艺术社团，希望展示自己的才艺，希望参加集体性质的文艺表演、体育比赛、报告讲座，展览展示等。

三是实现自身价值的需求。一些老人退下来后，希望得到社会的尊重，得到朋友和家人的认可，获得成就感，产生社会影响。他们为社会建设献策，出版诗词作品，撰写回忆文章，服务社会，奉献爱心，关心下一代等。

老同志普遍认为，离退休后参与各类文化体育活动，主要在于更新思想，增长知识，陶冶情操，愉悦精神，发挥余热，老有所为，缓解孤独，结交朋友，锻炼身体，促进健康。总之，养老不仅仅只是养老，而且要活得健康，活得快乐，活得有价值，活得有尊严，活得有意义。

文化养老的意义，我认为可以从四个方面来看：

第一，"文化养老"具有现实的理论基础。世界是物质的，物质决定精神，同时精神对物质具有反作用。"文化养老"就是在"物质养老"基本得到保证的前提下提出来的，它重视了精神对老年人身心健康乃至社会和谐稳定发展所产生积极的作用。

第二，推广"文化养老"绝不是否定"物质养老"，它不是"唯精神""唯文化"，而是在"待遇养老""医疗保障"都能得到保障的前提之下提出来的，是"物质文化双保险""物质文化双丰收"。

第三，"文化养老"包括人格上的尊重，精神上的关爱，情感上的慰藉，提高养老质量，使老人健康快乐，这就超越了传统的赡养观，体现了当今的人文关怀。

第四，文化养老体现了"以孝为本，孝养结合"的现代孝文化。我们认为"赡养"和"孝养"是两个不同层面的养老观念，"赡养"是低层次的物质层面，正如大多数农民养老那样，儿女为老人买点口粮，送点零花钱，三个儿子养父母，轮流供饭，一家吃十天；而"孝养"就包含了"敬"和"顺"的内容，尊重老年人的尊严，顺从老年人的精神文化需求，提升老年人健康价值和生活质量。

五、机构养老中的养老文化

目前在江苏省常武地区，共有 60 岁以上的老人 85 万多，其中在家庭养老的约占 80%，在社区养老的约占 15%，在养老机构养老的只占 5%，其中金东方颐养中心是一所闻名全国的医养护结合，个人、社区、集体三位一体的具有创新型模式的养老组织。开业三年多来，已入住会员 1 000 多户，2 000 多人，它在关心会员衣、食、住、行、医、护等物质养老的同时，更关注老人的精神文化生活，大力弘扬颐养文化。

金东方颐养中心地处环境优美的西太湖旁，这里，绿树葱茏幽静，四季花草芬芳，绿色生态环保，鸟鸣蛙鼓流萤，小桥流水人家，宜居美景如画。会员说，这里既是公园花园，又是家园乐园。

目前在金东方成立了两个大的组织。一个是金东方颐养文化研究中心，从事养老文化的探索研究；二是金东方老年俱乐部，开展多种多样的文体健康活动。活动内容已经有琴棋书画展，歌舞体操玩，球牌邮游健，影视诗文演等近二十多种形式的内容，并且根据个人爱好建立了书画、摄影、戏曲、垂钓、农艺、球类、棋牌、茶道、舞蹈、旅游、民间文化、健身等近 30 个兴趣小组，参加的会员有 300 多人。

总结金东方的颐养文化，其主导思想可以概括为以社会主义文明与发展为前提，以满足精神信仰需求为基础，以沟通情感，交流思想，拥有健康体魄与心态为基本内容，以传扬个性，崇尚独立，享受快乐，愉悦身心为目的，并且使颐养文化具有群体性、互动性和共享性的特点。总之，金东方的颐养文化体现了传统文化与当代文化的人文关怀，是一种更高境界、更高品位的养老方式。根据三年来的实践，金东方的颐养文化大体可分为六个方面。

一是以老年大学为中心的"老有所学型"。让老年人活到老，学到老，增加知识，增添才艺，老有所获。一些老人说："人老怕松，树老怕空，戒空戒松，从严始终。"还有一些老人成了"学习型"老人，关心国内大事，关心党的建设，关心改革开放事业。他们说："人可以退休，脑子不能退休，要每天读善书，明善事，做善人，从善而终。"

二是以精神文化需求为中心的"老有所乐型"。让老年人根据自己的兴趣爱好参加歌舞弹唱、琴棋书画、健身旅游、体艺表演等文化体育活动，让老人娱乐自己，服务大众，使他们在活动中"舞出年轻，唱出甜蜜，画出豪迈，奏出友谊"，使老人笑口常开，愉悦身心。

三是以"老年志愿者"为中心的"老有所为型"。让老人参与颐养中心的管理，帮助中心管理层挑刺、找短板；帮助编排节目；捐献图书报刊；搞好楼道文化；做好孤独老人的心理疏导；帮助搞好每月一次的"生日烛光晚会"；为会员讲解时事政治，搞好读书读报活动；提供种花养草知识；宣传医护常识，搞好饮食卫生；让老年人走出家门，学起来，唱起来，动起来，乐起来。

四是以节庆文化为中心的"传统文化型"。金东方颐养中心在元宵节让老人吃汤圆，端午节组织老人包粽子，中秋节让老人品尝月饼赏月，重阳节让老人吃重阳糕，腊月初八让老人吃腊八粥，使老人记住乡愁、把根留住。

五是以农艺、工艺为中心的老有所学型。在金东方养老中心，不仅有以编织，刺绣为中心的工艺馆，出现了一大批旗袍奶奶，上台示秀，做老年模特，还开辟了 3 亩①左右的农艺园，让老人过了一把农耕瘾。他们在园地里收取红番茄、青辣椒、紫茄子、黄南瓜、大白菜、长豇豆，收获丰收的喜悦，也收获浓浓的乡愁。这是采豆东篱下，悠然见南山，今日陶县令，乐而不知返。

六是以"老人触电"为中心的"现代化活动型"。让"互联网＋"进入老人生活，帮助老人学会淘宝购物，微信交友，手机上网，信息互动，使金东方的颐养文化既有传统传承，又有现代文明。一些老人在掌握了这方面知识后高兴地说："在手指上周游世界，在键盘上广交朋友，在荧屏上乐享生活，在动漫中返老还童。"

目前金东方有自己的网站，及时发布金东方园区内的重大信息，年底还发布了金东方发生的"十大新闻"。在一些楼道，还成立了"家人群聊网"。这些网站都和会员的微信互联互通，将金东方的信息发给远在国内外的家人、亲友。金东方虽是一处养老 的幽静世界，但信息十分敏捷、快速、畅通，国内外每发生一件大事，金东方每发生一件重大新闻，很快就能在会员及其家人亲友中传播。金东方网站经常发布会员撰写的诗词、歌曲、回忆录、散文、小小说、学习心得、养老健身经验、入住金东方的体会文章，还有大量的摄影、录像、美术、书法作品等。

2016 年，金东方在颐养文化的建设、发展方面，共做了这样十件大事。

一是举办了金东方个人书画、摄影作品展览。共有数十件作品参展，在美术作品方面，既有花鸟虫鱼，又有山水人物，既有国画、版画，又有油画、木刻等。在书法方面，可以说是楷书草书俱全，琳琅美目，美不胜

---

① 亩为非法定计量单位，1 亩≈667 平方米，下同。

收。在摄影作品方面还评出了一、二、三等奖。

二是举办了"首届金东方老人运动会"。一共有200多位老人参加了棋类、球类、牌类、竞走类、游泳类、腰鼓、跳绳、剑舞等民间工艺类等二十多个项目角逐。在一家养老机构举办运动会，这在全市、全省、全国都是首创。

三是中央电视台、江苏电视台、新华日报、扬子晚报、常州日报、常州晚报、常州电视台、香港文汇报、澳门电视台海内外三十多家媒体相继来金东方采访，报道了金东方文化养老的经验，赞誉金东方是"现代养老模式的标杆""现代版桃花源"，是"锦绣江南五星级的养老村"，"村官"金建勇是"老区长"下放当"老村长"。

四是金东方每季度都能举办一次"形势报告会"和"党课活动"。2016年针对"东海局势""南海风波""国际反恐""从严治党"等国内外重大问题，进行了重点演讲，使金东方老人"身在颐养，心忧天下""关心全局，放眼世界"。

五是金东方经常在元宵、五一、中秋、国庆、重阳、元旦、春节等重大节日举办文艺专场演出，节目都是自编、自导、自演，内容丰富，多种多样。演员既是观众，观众也都是演员，每次都能演出几十个节目。

六是金东方经常在老年大学、医院等地举办老年人常见病、多发病的健康医药知识讲座，既有专家开讲，也有老人自己讲，既有西医课，又有中医课，既讲药疗，也讲体疗、食疗。

七是金东方老人独创了一个"老人喝茶聊天养生俱乐部"。媒体报道称为"话聊"，让老人"忆往昔话当年"，这些老人还集体创作了《老年养生三字经》：

动为纲	经常聊	多读书	知识广
少烦恼	多欢畅	东海潮	南海浪
心态好	胸宽广	丝路带	亚投行
做善事	报家乡	惠民生	利共享
好传统	要继承	新常态	互联网
美家风	要发扬	扶贫困	帮老乡
多动脑	好思想	习八条	严治党
常食素	宜粗粮	常牵挂	不能忘

食瓜菜	清胃肠	广交友	学孟尝
谢烟酒	少盐糖	教子孙	正能量
晚早睡	迎晨光	睦邻里	相互帮
接地气	利健康	老年梦	有信仰
日日舞	天天唱	国运好	奔小康
爱体育	益颐养		

八是金东方组织了楼道文化俱乐部。开展摄影展示，体育锻炼，歌舞表演，乐器演奏，短途旅游，邻里互助，棋类演示，时政报告等多项文化活动。2016 年 12 月 31 日下午，他们举办了"楼道文化欢乐颂"，台上台下成了一片欢乐的海洋。楼道文化是自娱自乐，自筹经费，很值得提倡。

九是金东方医院。金东方医院在 2016 年年初开业，实现了真正意义上的医、养、护 三结合，为"老有所医"提供了方便、及时快速的"绿色通道"。

十是金东方"人文堂"实为"善终堂"。将逝去的老人尊严、体面地送往"极乐世界"，为"老有所终"画上一个圆满的句号。善终堂占地五亩，内部设施齐全，服务周到。为逝者家属提供灵堂布置，吊唁祭奠，录像录音，车辆接送，花圈花篮，亲友接待，食宿安排等一条龙服务。既传统又现代，既文明又节俭。

金东方之所以将文化养老搞得这样红红火火，主要是入住会员的文化层次高，品德修养好，集聚了各个方面的人才，他们当中有教授、作家、诗人、企业家、医生、演员、工程师、军人、老干部、文艺工作者、政工干部等，是提高文化养老的最为重要的基础。

金东方对入住老人实现"二十四小时全天候服务"，实现"人性化管理，标准化服务，智能化考评"，对老弱病残等老人实现"助餐、助洁、助医、助浴、助急"等服务。

最能体现人文关怀的有以下三类：

一是每月 6 日的集体祝寿活动。凡入住老人，不管你来自"东西南北中"，还是"汉苗蒙回壮"，只要是同一个月生日，就一起来参加"生日晚会"，一起来"许心愿，吹蜡烛，吃蛋糕"，唱生日歌，戴寿星帽，几十位寿星在一起过生日，上百位老人为他们祝寿，载歌载舞，其乐融融，其福融融。

有时老夫老妻同在这个月过生日，那就"夫妻双双当寿星"；有时"爷爷、儿女、子孙"同一个月过生日，那就"三代同堂庆寿礼"。集体祝寿是金东方人的智慧和创造。黄金有价情无价，大爱无疆金东方。

二是为残疾老人助浴活动。生活秘书将老人用轮椅及换洗衣物送到浴室门口，浴室管理人员，帮助老人脱衣，沐浴，擦背，有时要三个工作人员帮助才能做好一位残疾人的洗浴。一个扶着老人坐在浴椅上，一个跪在地上将老人的腿脚架在自己的肩上，一个拿着水龙头帮老人洗浴、擦背，洗一次浴要花一个多小时，三个工作人员一个个都累得汗流浃背，气喘吁吁，看了真让人感动。一些残疾老人说，他们比我子女都亲，而金东方的领导人说：你们就是我们的父母，我们就是你们的儿女！

三是老人去世后的善后服务。金东方6号楼有一对中老年夫妻带着他们96岁的父亲，共同进入金东方养老，享受"五助"式的人性化服务，2016年春天的一天深夜，老人无疾而终，这对夫妻毫无准备，急得团团转。这时金东方管理层连夜帮他安排丧事，在善终堂为他布置了灵堂，请来和尚为老人诵经祈福并提供了录像等一条龙服务，使老人尊严体面地走完了人生最后一程。这场丧事要在村子办，至少要花十多万元，全村80多户都要来吊丧，要大吃大喝三天，好烟好酒招待，而在金东方办这场丧事，只花了五万元，既文明，又节俭，移风易俗，功德无量。最后以几句打油诗结束本文：

养老贵在养心，文化颐养最佳。

健身健体健心，乐活琴棋书画。

戏曲歌舞体操，棋牌垂钓赏花。

关心时事政治，微信上网读吧。

文化丰富多彩，第二青春迸发！

百 善 孝 为 先

沈成嵩

百善孝为先

孝是中华传统文化提倡的行为，指儿女的行为不应该违背父母，不应该违背长辈及先人的心意，是一种稳定伦常关系的表现。

孝的一般表现为孝顺、孝敬等。孝顺指为了回报父母的养育而对父母权威的肯定，从而遵从父母的指示和命令，按照父母的意愿行事。

我们看孝字的写法，下面是"子"，上面是"老"，所以《说文》讲"孝"为：善事父母者，老在上，子在下。这是长幼尊卑的次序、礼节。

中国孝文化源远流长，在中国历史上发挥了举足轻重的作用。"孝"作为一种文化体系、一种社会意识形态，是随着社会的发展变迁而发展的，而在当代孝文化作为一种最基本的亲情关系，应该也可以发挥它应有的价值，有助于社会主义精神文明建设。

黑格尔曾说过："中国纯粹建筑在这样一种道德的结合上，国家的特性便是客观的'家庭孝敬'。"

中国传统孝文化历经了古时期的萌芽、西周的兴盛、春秋战国的转化、汉代的政治化、魏晋南北朝的深化、宋明时期的极端化直至近代化的变革，是在中国长期的历史发展中积淀而成的。

孝文化是一个复杂的文化现象，从不同的视角来审视可以得出不同的结论。在当代，我们不能对其作简单的二元对立分析，而要从孝文化的历史与内涵中重新审视其当代价值。

孝作为一种社会意志是随着人类社会的产生而产生的。

孔子说，孝的本义是顺从。子女如果不尊敬父母，这和养牲口有什么区别。

孝作为一种伦理观念被正式提出来是在西周，当时孝的涵义主要有两点：一是尊敬祖宗，在宗庙要给祖宗上香，供奉食品，祭祀祖先，这带有一定宗教的形式；二是传宗接代，所谓"不孝有三，无后为大"，《易经》上说："先祖者，类之本也，无先祖，恶出"，因而，孝，就要将先祖的生命延续下去，一代一代，生生不息。

《论语》上说，一个孝悌的人，一个能孝顺父母、敬爱长辈的人，绝对不会造反，不会去触犯上级，不会犯上作乱。由于家国同构，君父同伦，一个孝顺父母的人，作为臣子，必定是个忠臣，忠于君王；对于一个集体来讲，它必定会忠于集体，忠于集团的利益。用今天的话讲，它必然会忠于人民，忠于人民的利益，所以孝顺，是作为一个社会人的最高的品德，最好的道德情怀，所谓"百孝善为先"。

孟子提出了"老吾老以及人之老，幼吾幼以及人之幼"的观点，并指出，"天下之本在国，国之本在家，家之本在身。""人人亲其亲、长其长，而其天下太平。"还进一步强调"事亲，事之本也"，认为尊亲、事亲是人生最大的事情。

孔孟对孝的论述，已经涉及后世孝道的方方面面，从而确立了传统孝道的基本面貌。

西汉是中国历史上第一个"以孝治国"的王朝，并实施了一些举措提倡和推行孝道。例如，除西汉开国皇帝刘邦和东汉开国皇帝刘秀外，汉代皇帝都以"孝"为谥号，称孝惠帝、孝文帝、孝武帝、孝昭帝等，都表明了朝廷的政治追求。除此以外，西汉也把《孝经》列为各级各类学校必修课程，还创立了"举孝廉"的官吏选拔制度，把遵守、践行孝道与求爵取禄联系起来，这成为孝道社会化过程中最强劲的动力。

魏晋至隋唐五代七百余年，孝道观念虽然时而淡薄时而强化，但各朝统治者都坚持汉代孝道的基本精神，比如"举孝廉"作为察举的主要内容之一，一致为后世继承沿用，清代的"孝廉方正"仍是进宫入仕的重要途径。

其间最值得强调的就是孝道向法律领域的全面渗透，凭借法律力量推行孝道，进而实现对整个社会的控制，这也是"以孝治天下"的重要方法。

宋元明清时期，程朱理学成为社会正统思想，理学家认为孝道是与生俱来的、先天的伦理属性，儿子孝顺父母是天经地义、不可违抗的，与此同时孝道的专一性、绝对性、约束性进一步增强，对父母无条件顺从成为孝道的基本要求，"父母可不慈，儿女不可不孝"成为世人的普遍信念。

近代社会，尤其到了晚清民初，随着中国现代化的步伐加快，西方文化的渐渐侵入，民主、自由的思想开始深入人心，人民的自觉性和主体意识不断增强，一大批文化先驱站在时代的高度，从自然人性的高度来揭露封建孝文化的专制性、绝对性，并且使孝文化融入时代的内容。

孙中山先生曾经说过："现在世界中最完美的国家，讲到孝字，还没有像中国讲得这么完全。所以孝字更是不能不要的……要能够把忠孝二字讲到极点，国家便自然可以强盛。"

1939年，中国共产党的《为开展国民精神总动员告全党同志书》指出"一个真正的孝子贤孙，必然是对国家民族尽忠尽责的人，这里唯一的标准，是忠于大多数与孝于大多数，而不是反忠于少数。违背了大多数人的利益就不是真正的尽孝，而是忠孝的叛逆。"在这里，孝成为民族团结、兴旺的精神基础，成为中华民族凝聚力的核心。

从历史的不断发展中我们可以看到，传统孝文化在促进国家和谐、人际关系和谐等方面发挥着不可替代的作用。

中国历史上流传着许多孝敬父母、尊君爱国的动人事迹，仍为人们津津乐道、传颂不休，成为培育中华传统美德的母本。

至今，一首《百孝经》，仍在民间口口相传，这《百孝经》的原文是：

> 天地重孝孝当先，一个孝字全家安。
>
> 孝顺能生孝顺子，孝顺子弟必明贤。
>
> 自古忠臣多孝子，君选贤臣举孝廉。
>
> 人民公仆多孝子，忠孝节义孝当先。
>
> 尽心竭力孝父母，孝顺不独讲吃穿。
>
> 孝顺贵在心中孝，孝亲亲责莫回言。
>
> 惜乎人间不识孝，回心复孝天理念。
>
> 诸事皆顺老人喜，孝顺不分女和男。
>
> 福禄皆要孝字得，天将孝子另眼看。
>
> 人人皆要孝父母，孝敬父母如敬天。
>
> 在家不孝双父母，何必灵山求佛安。
>
> 孝在乡党乡风好，孝在家中老少欢。

孝子齐家农家乐，孝子治国万长安。

父严母慈教子孝，全家和睦尽笑颜。

百行万善孝为首，需知孝字是根源。

羔羊跪乳尚知孝，乌鸦反哺孝亲颜。

为人如果不尽孝，不如禽兽在人间。

尊老尊师都是孝，尽忠报国善大焉！

孝文化对于当今社会的作用

作为中国传统文化的核心，孝文化在当今建设社会主义核心价值观中仍然可以发挥多方面的作用：

修身养性。从个体来讲，孝道是修身养性的基础。通过践行孝道，每个人的道德可以完善。否则，失去孝道，就失去做人的最起码的德性。因此，儒家历来以修身为基础。在今天，倡导孝道，并以此作为培育下一代道德修养的重要内容仍然具有重要的现实意义。

融合家庭。从家庭来说，实行孝道，可以长幼有序，规范人伦秩序，促进家庭和睦。家庭是社会的细胞，家庭稳定则社会稳定，家庭不稳定则社会不稳定。故此，儒家非常重视家庭的作用，强调用孝道规范家庭。在新时代，强调子女尊敬和赡养老年父母具有同样重要的作用。

报国敬业。孝道推崇忠君思想，倡导报国敬业。在封建时代，君与国有时候是同一个意思。据此，儒家认为，实行孝道，就必须在家敬父母，在外事公卿，达于至高无上的国君。虽然其对国君有愚忠的糟粕，但蕴藏其中的报效国家和爱国敬业的思想还是积极进步的。

凝聚社会。儒家思想产生于乱世。孝道的思想可以规范社会的行为，建立礼仪制度，调节人际关系，从而凝聚社会，达到天下一统，由乱达治。客观地讲，孝道思想为封建社会维持稳定提供了意识形态，为中国的统一起到了积极的作用。

塑造文化。中华民族文化博大精深，孝道的思想和传统统领着几千年中华民族文化的发展方向。中华民族文化之所以能够同化无数外来文化，其根本原因在于孝道文化。中华民族文化之所以经久不衰，成为古代文明延续至今的唯一古文明，其根本原因也在于孝道文化。

弘扬孝文化的现实意义

首先，从传统文化的角度来说，孔子弘扬华夏先民的优良传统，第一次将孝道文化提高到人文关怀的理论高度，给予了全方位、多角度的阐述，并不遗余力、身体力行地进行倡导。孝道文化的内涵，在伴随着中国文明社会的发展进程中，形成了丰富的内涵和特定的外延，渐次积淀和内化为中华民族的心理情感，成为一种永恒的人文精神、普遍的伦理道德，熔铸于儒家伦理道德思想体系及传统文化之中，以致于对后来中国两千多年的封建社会产生了广泛的影响，被称为古老的"东方文明"。

对此，19世纪的法国思想家孟德斯鸠曾经给予了积极的评价。他在其名著《法的精神》里写道："中国的立法者们认为政府的主要目的是帝国的太平。在他们看来，服从是维持太平最适宜的办法。从这种思想出发，他们认为应该激励人们孝敬父母；并且集中一切力量，使人恪守孝道。他们制定了无数的礼节和形式，使人对双亲在他们的生前和死后都能恪尽人子的孝道。尊敬父亲就必然和尊敬一切可以视同父亲的人物，如老人、师傅、官吏、皇帝等联系着。对父亲的这种尊敬，就要父亲以爱还报其子女，由此推论，老人也要以爱还报青年人；官吏也要以爱还报其治下的老百姓；皇帝要以爱还报其子民。所有这些都构成了礼教，而礼教构成了国家的一种精神。"

当然，传统的孝道在被封建统治者作为工具时，它过于强调服从，过于强调在下的臣子、幼辈对在上的君父尊长尽忠尽孝的责任；在具体的礼节上，其内容也过于繁缛和刻板；至于养老礼制涉及的受养对象，更局限于一部分退休的达官显贵、耆旧老臣，而不能普及到一般的民众，使之打上了官本位的浓厚的烙印。从此意义上说，孟德斯鸠对于传统的孝道文化都不否认其更多的是中华民族文化的精华，其养老敬老的基本社会道德，是一份弥足珍贵的文化遗产。在大力弘扬传统文化、积极推进公民道德建设的今天，尤其是在我国已经进入人口老龄化的形势下，研究和弘扬传统的孝道文化，具有十分重要的意义。因此，我们应该以兼容并蓄的态度来审视孝道文化，科学认识孝道文化的社会价值和现实意义。

第二，孝道文化的核心是敬老养老。作为中华民族普遍认同的优良传统，它强调幼敬长、下尊上，要求晚辈尊敬老人，子女孝敬父母，爱护、照顾、赡养老人，使老人颐养天年，享受天伦之乐，这种精神无论过去、现在还是将来，都具有普遍的社会意义。不少有识之士大声呼吁：孝道是中华民族的传统美德。不管社会如何进步，社会文明如何发达，这种美德什么时候都不能丢。否则，就无异于大道废弃，淳朴破产，人心堕落，社会倒退。乌鸦尚有反哺之孝，羊亦知有跪乳之恩，更何况人乎？可惜，这些显而易见的道理，过去是因受"左"倾思想的奚落，当今是因"金钱至上"而被迫"靠边"。因此，提倡并弘扬孝道，恢复它的本来面目，应该作为社会主义精神文明建设的一项基本内容来抓，切实让孝道文化这一传统文化在新的形势下发扬光大。

第三，敬老、爱老、养老要发扬光大。古人把孝道即敬老、爱老、养老列为学校教育和社会教化的一项重要内容，我们一定要继承发扬这一优良传统。我们略作考证便可得出结论，古代孝道教育的目标就是，使敬老养老观念由家庭推广到社会，并通过社会教化与社会教育的结合，有效地营造了一种尊老敬老的社会风尚，鼓励人们"老吾老以及人之老，幼吾幼以及人之幼"，把孝敬父母、爱护子女的道德情操推己及人，尊敬、爱护和关心天下所有的老人和儿童，以推动家庭和谐与进步。当代著名作家冰心就非常关心对孩子孝敬父母的教育。她要求，对儿童的教育不能只讲大道理，首先要教会孩子如何关心父母、爱护父母。显见，只有孝敬父母才能家庭和睦，只有家庭和睦才能社会安定，只有社会安定才能经济繁荣，只有经济繁荣才能国富民强。很多事例证明，孝敬父母绝不是一件小事情！孝敬父母的教育是最基础的道德教育。

一个孩子，如果连养育自己的父母都不关心、不照顾、不孝敬、不爱戴，怎么能去爱他人爱集体呢？如果一个孩子对父母都没有深厚的感情，怎么能升华出高尚的爱国之情呢？这方面，有不少小学开展了以"五心"教育活动为主题的传统美德教育系列活动（忠心献给祖国，爱心献给社会，关心献给他人，孝心献给父母，信心留给自己），通过"五心"系列教育活动使学生胸怀大志，具有爱国主义、集体主义、社会主义思想，具有社会责任感和为社会服务的精神。这一活动在社会上引起了良好的反响，也是传统孝道文化在新形势下得以弘扬的有力证明。

第四，弘扬孝道文化，可以促进社会、集体、家庭和谐。提高全体国民的基本道德素质，是当代社会精神文明建设的重要任务。从我国的现实情况看，孝道也是形成现代人际关系和谐的价值渊源，还可以说是保持社会稳定的重要因素之一。事亲行孝，历来是做人的根本，是中华民族的传统美德，是家庭和睦、社会安定、民族团结的基本要素。孝道文化是中华优秀传统文化的重要组成部分，是中华民族爱国主义情怀的感情基础和道德基础。古代的孔孟儒学提倡的孝道，已不仅仅是一种通过行为表现出的人伦道德，而且还是一种社会性行为，行孝者对社会公德负责，肩负着社会责任。从我国社会主义精神文明建设的需求和面临的现实看，当前正处在传统走向现代化的转型期，伴随改革开放的步伐，旧的道德规范与社会主义市场经济不相适应的矛盾日益碰撞、磨合，重塑与重建具有中国特色的现代道德文化体系和体现时代精神的伦理精神，是每一个中国人所面临的道德选择。传统孝道文化，对加强中华各民族的团结、齐心协力进行社会主义现代化建设，起着溯宗归祖和凝聚人心的作用。我们应该认识到这是当代社会公民道德教育的最佳切入点和出发点。尽管在当代社会，人们似乎更加注重社会角色和社会道德，而不重视家庭私德，这有一定的合理性。但中国古代视孝道为一切道德之基本。现在有些人生前不孝敬，等到老人死后却大办丧事，有权有势者甚至圈地筑坟，车队簇拥，络绎不绝，连日宴席，以显示他能"光宗耀祖"。这绝不是什么孝道，而是借着父母的牌位显示自己的"荣耀"。这种现象是对传统孝道文化的歪曲和亵渎！

孝文化的核心是母爱文化

说到母爱文化，使我想起了三首最为流行的歌，一首是《烛光里的妈妈》，一首是《母亲》，还有一首就是《儿行千里》。先说第一首。

妈妈我想对您说，
话到嘴边又咽下，
妈妈我想对您笑，
眼里却点点泪花。
噢妈妈，烛光里的妈妈，
您的黑发泛起了霜花，
您的脸颊印着这多牵挂。
您的腰身偻得不再挺拔，

您的眼睛为何失去了光华，

妈妈呀，女儿已长大，

不愿意牵着您的衣襟走过春秋冬夏。

噢　妈妈相信我，

女儿自有女儿的报答。

另一首《母亲》，也十分感人：

你入学的新书包有人给你拿，

你雨中的花折伞有人给你打。

你爱吃的那三鲜馅有人他给你包，

你委屈的泪花有人给你擦。

啊　这个人就是娘，

啊　这个人就是妈。

这个人给了我生命，

给我一个家。

啊　不管你走多远，

无论你在干啥。

到什么时候也离不开，

咱的妈。

你身在（那）他乡住有人在牵挂，

你回到（那）家里边有人沏热茶，

你躺在（那）病床上有人（他）掉眼泪，

你露出（那）笑容时有人乐开花。

啊　这个人就是娘，

啊　这个人就是妈。

这个人给了我生命，

给我一个家。

啊　不管你多富有，

无论你官多大，

到什么时候也不能忘

咱的妈。

每当我们听到这些歌声，眼前总会浮现起母亲白发苍苍，步履蹒跚的身影，母亲那幸福慈祥、亲切温暖的笑容，母亲那牵肠挂肚、嘘寒问暖的声音。

母爱是人世间最伟大、最无私、最真诚的爱，世界因为有了母爱而变得丰富多彩。每个人的成长都离不开母爱，是母爱成就了伟人的惊人之举，赋予了艺术家美妙的灵感，启迪了科学家敏锐的智慧，也丰富了我们每个人内心的情感。

我们都读到过朱德的《母亲》，冰心的《母爱》，胡适的《娘亲》，郭沫若的《思母》……

母爱就如同满天的繁星，星星点点，映照着山川大地，映照着千秋岁月，也映照着我们每个人的心田。

我们生活在人世间，当我们遇到风雨、挫折、困难时，因为有这伟大的母爱，就为我们撑起了一片艳阳天。

现在再说第三首《儿行千里》：

衣裳再添几件，

饭菜多吃几口，

出门在外没有妈熬的小米粥，

一会儿看看脸，

一会儿摸摸手，

一会儿又把嘱咐的话，

装进儿的兜。

如今要到了，

离开家的时候，

才理解儿行千里母担忧。

千里的路啊，

我还一步没走，

就看见泪水在妈妈眼里，

妈妈眼里流，

妈妈眼里流，

替儿再擦擦鞋，

为儿再缝缝扣，

儿行千里揪着妈妈的心头肉。

一会儿忙忙前，

一会儿忙忙后，

一会儿又把想起的事，

塞进儿的兜。

如今要到了离开家的时候，

才理解儿行千里母担忧。

千里的路啊，

我还一步没走，

就看见泪水在妈妈眼里，

妈妈眼里流，

妈妈眼里流。

母爱，还有一个鲜明的特点，就是只讲付出，不求回报，是一种大公无私的爱，母亲对子女可以"掏心掏肺"，而对子女呢，就只有一个要求"常回家看看""一辈子不图多大报答，只求个平平安安""只求子女回家，洗洗筷子刷刷碗""拍拍腰身揉揉肩""听老爸唠叨唠叨"，就这么一个要求，难道我们子女还做不到吗！

四川汶川大地震时，许多伟大的母亲，在地震到来时，宁愿她自己承受重压，临死也要保护怀中的婴儿，有些学校被震毁了，可有些女教师宁死也护住学生，保护学生，将生的希望留给学生，这也是伟大的母爱。

常州金坛区有位殷雪梅老师，前几年当她领着学生过马路，遇到了疾驶而来的轿车，就在关键时刻，她扑上前去，推开了六个学生，而自己却被轿车撞飞，倒在血泊之中，用自己的生命保护了学生，这也是伟大的母爱。

母爱文化，推而广知，可以是一条河流，一座城市，一个集体，一处故乡，也可以是一个民族，一个国家，一个党派。我们也经常将长江、黄河比喻母亲河，甚至，我们住过的小山村、我们脚下的这片土地，也都可以成为意念中的母亲，成为我们心目中的母爱。当外敌入侵时，我们的人民子弟兵拿起武器，走上战场，保家卫国，也就是保卫母亲，保卫母爱。

常州是中华民族孝文化的重要发源地

常州是我们中华民族孝文化的重要发源地，而今正进一步发扬光大。其理由有四：

一是，在常州长江边有一个孝都乡。据说在我们中国以孝作为地名的，总共只有两处：一是湖北有个孝感市，那是一个地级市，是二十四孝的重要发源地；二是我们常州有个孝感乡。据说，这个乡镇是春秋战国从北方迁移过来的，当时是一个小小的部落，这个部落学孝经，懂孝礼，评孝子，举孝廉，以孝治部落，孔子也曾访问过，并有高度的评价，后来这个部落被秦国灭掉了，许多居民就逃到了南方，继续弘扬孝文化，并将乡名改为"孝都"，这里世世代代出了不少孝子，"文革"时破"四旧"，将"孝都"改为"小都"，现在又改回来了，是新北区魏村街道的孝都社区。

二是，在武进区太湖湾有一座1400多年前的蓼莪禅寺，这是中华第一孝子庙，建于晋代。建这座庙是为了纪念晋代大孝子王裒的。

王裒是晋代的大才子，大孝子，他父亲在司马氏的晋朝为官，被司马昭杀了，王裒发誓不做官，耕读乡里，设馆教学，办乡村教育。他母亲生前怕雷，母死后葬在山上，每逢到打雷，王裒就急匆匆赶到母亲坟前，说"娘，别怕，别怕，儿来了，儿来了"。这就是二十四孝上"闻雷泣墓"的故事。晋代人为了纪念他，就在太湖湾的山下，建了蓼莪禅寺。这座孝子庙，一千多年来，经过六毁六建，如今不仅建有庙寺，并在此基础上兴建了一座占地860亩的中华孝道园，对游客进行系统的孝文化的教育。

三是，在金坛区的直溪镇有一个卖身葬父的"董永村"，有一座"望仙桥"，有一棵千年老槐树。据说二十四孝上"卖身葬父"的故事就发生在这里，后来演绎出黄梅戏《天仙配》。如今已联合申报为全国的非物质文化遗产。

在武进区东安镇，古时也发生过大孝子王祥"卧冰求鱼"的故事。当时大雪封山，天寒地冻，患病的老娘想吃鲜鱼，孝子王祥裸体卧冰，感动苍天，化开冰冻，跳出两条鲤鱼，让老娘喝上鲜美的鱼汤。这件事记载在宋朝《毗陵县志》（毗陵县即武进县）上，"滆湖西孝感渎"，即王祥卧冰求鱼的池塘，位于毗陵县城西七十里处的尚宜乡。据查，古时的尚宜乡，就是今天滆湖西的武进区东安镇。这样，古时的《二十四孝》中，就有最为生动的《卖身葬父》《闻雷泣墓》《卧冰求鱼》三个故事发生在常州境内，这在中华大地上是极为罕见的奇迹。它足以证明，常州是我国孝文化的重要发源地。

四是，为了弘扬孝文化，常州市民营企业家本着"为国家解忧，为群众解难，帮子孙敬孝"的理念，投资十多亿元，在西太湖旁建了一座五星级养老村——金东方颐养中心。

金东方的200多位员工，本着"老吾老以及人之老，幼吾幼以及人之幼"的仁心，全心全意为入住的1 000多老人服务，甘当老人的"孝子贤孙"，帮助老人开展"助医、助浴、助洁、助餐、助乐"等方面的"五助"活动。特别是在颐养结合、文化养老方面，做出了中国特色、常州特色，赢得了国内外媒体的一致赞誉。

"孝有方，金东方"，金东方奉行"乐养""乐孝"，将琴棋书画作为老人的"常青树"，将歌舞戏曲作为老人的"不老丹"，让老人唱起来，舞起来，动起来，脑子常动，笑口常开，快快乐乐活好每一天。

金东方员工对老人说：你们就是我们的爷爷奶奶，你们就是我们的爸爸妈妈，你们的快乐健康，就是对我们的最高赞赏！

金东方的老人，还结合时代特征，集体创作了《新二十四孝》：

经常带爱人、子女回家看看。

每周至少要给父母一次电话。

父母的身边不能缺少急救药。

每三年要为父母办一次生日宴会。

经常听父母唠叨往事。

每年至少要为父母拍一次照片。

中秋、端午、春节这三大传统节日，尽量要和父母在一起团聚。

支持父母的业余爱好。

每年清明，要陪父母一起祭祖扫墓。

每年要帮父母搞一次体检。

关心帮助身边需要帮助的老人。

支持单身父母再婚。

在父母跑得动的时候，陪父母出外旅游度假。

自己发生危难之事，尽量自己解决，不要让父母担惊受怕。

自己外出远行，要及时向父母报平安。

不要干涉父母的经济生活，更不要成为"啃老族"。

父母有重病，子女必须在身旁陪伴。

父母临终，子女要守候在身边尽孝。

要重视继承父母的精神遗产。

帮助父母购买合适的保险。

要处理好家庭、兄弟、姐妹之间的关系。

既要孝顺父母，更要孝敬祖父母、岳父母。

正确处理邻里关系，做和谐家庭、和谐邻里的带头人。

既要尊老，还要爱幼，关心教育好下一代。

霜叶红于二月花（报告文学）

陈　嘉

2017年10月9日，傍晚6点半，金东方颐养园北广场，开园三周年庆典晚会座无虚席，锣鼓喧天，彩灯流溢，百多个老人载歌载舞的开场戏，俨如大剧场的情景剧。大戏台上，24人乐器合奏，38人声乐大合唱；大戏台下，红绸长扇舞，手绢广场舞，腰鼓秧歌，大头娃娃招手祝福。踏着音乐《双脚踏上幸福路》《好日子》的节拍，观看演出的老人们喜笑颜开。

庆典演出连续三晚。有专门从外面请来的折子戏，有会员和员工的演出。会员们喜欢的舞蹈、京剧、越剧、锡剧、沪剧、老年时尚秀、太极拳、诗朗诵、萨克斯独奏、几个家庭的说唱轮流上场，为老人们服务的工作人员工装秀，总经理、业务主管、生活秘书、医生护士、电工、保安、保洁员，在一片掌声中依次登场，游泳池救生员肩挂游泳圈，厨师长白衣、高帽，扛着大勺，餐厅服务员手语舞……不少老人眼睛湿润了。今天是金东方这个大家庭的喜日子，服务与被服务的你与我，都有一个共同的心愿：你们好金东方好！金东方好我们好！祝愿金东方更美好！永远美好！

这，就是我退休后的家园——常州西太湖风景区内的金东方。这里被誉为中国五星级退休村、新时代的"世外桃源"，入住会员有来自国内外的1 000多户老人，大家在这里拥抱一种崭新的晚年生活，开启一段精彩的幸福人生。

这里的每一天，都有令我感动的人和事……

精彩纷呈的大舞台

（一）

金东方有个老人喝茶聊天养生俱乐部，简称聊天吧，每周一、三、五上午，二三十人围坐在颐养中心大堂的沙发或湖边的阳光房，专题讲座、主题发言，讲故事，漫谈讨论，甚至闲聊，形式不拘一格。热衷于前来参与的，有退休前的司局级干部、教授、高级工程师，有常州过去的市部委办领导，还有来自北上广深甚至边疆等地的老知识分子、国内外双栖的学者。他们聊天的话题非常广泛，常常是讨论国内外大事、谈古论今、回忆过去的工作、赞颂今天国内外科技发展的成就，也不乏讲时事、地理、文学、戏曲、风俗、养生、治病、时尚、明星、美食等等话题。当然谁家发生了什么事，也会坦诚地念叨念叨，相互出出主意。

"聊天吧"经常性的主讲，是今年82岁的沈成嵩。沈成嵩退休前是金坛市委宣传部副部长、金坛市文联主席，当过记者，在《金坛日报》总编辑的岗位工作15年，是研究农耕文化的学者和作家，住进了金东方还兼任常州市民俗文化研究会副会长，大家都叫他沈部长。现在他活脱脱就是一个金东方的宣传部长，他不会电脑打字，为"聊天吧"备的课门类众多，写满了厚厚的笔记本，有文学家鲁迅、茅盾、冰心的名著，有《毛泽东与诗词》《秦淮风光》，还有神话的故事《跨父追月》《母性的崇拜》等。中印关系出现紧张那些天，他就主讲了中国与周边各国包括与俄、美的利害关系。那天上午，议论声从"打有打的必要"转为"不能打"的共识，结果下午印军撤了。大家颇有成就感，为自己还没有老糊涂而高兴。最近沈成嵩让儿媳从新华书店买了从幼儿园到高中的语文课本作为聊天吧的题材，说了解这些，老人与小辈的话题肯定就会比原来多了。

沈成嵩是我在金东方认识的第一个名人，当我满怀敬意去拜访他时，他自我介绍："夫人叫我田埂上的作家。"他赠送给我三本书。之前网络上挂有他散文集在卖，除了他送给我的书，还有《农时记忆》《稼禾记忆》《记住乡愁》《农耕年华》《洮湖短笛》《洮湖散记》《洮湖烟雨》，都是江南浓浓的乡音、乡愁、乡韵。读着他的书，我肃然起敬，2014年他79岁，与农业文化专家吴镕编纂出版《农谚800句》，天气、时令、种植、园艺、养殖无所不包。他80岁出版的散文集《乡贤记忆》，著名民俗专家、中国文联副主席、中国民间文艺家协会主席冯骥才题词："农耕文明是中华传统文化的源泉"，著名翻译家、诗人屠岸题词："农耕怎不忆江南"。江苏省文联和常州市文联在金东方召开了他的农耕文化作品研讨会，领导和专家学者对他的作品给予较高的评价，认为许多方面都有存史、励志、育人的文化价值。沈成嵩说，他退了休就从 300 本笔记本开始写书，20 年写了 200 多万字，已经出了 15 本书，要在 90 岁写到 300 万字，再出几本书。

他住进金东方是女儿沈梅强制性安排的，在福建采风时摔了跤，腰椎压缩性骨折，终于躺倒了，不得不按儿女的要求辞去省内外两个记者协会主席的职务。女儿开着汽车把坐着轮椅的妈妈和闲不住的父亲拉到金东方买好的房里，父亲的灵感来了，这是写书的好地方！在金东方修身养性，慢慢调养，夫妻俩身体都好了起来，夫人也甩掉了轮椅。夫妻俩还被请到电视台接受了金婚伉俪采访，在楼栋的会员联欢上，女儿指挥母亲和邻居演唱了锡剧，沈部长高兴地站出来给夫人点赞，大曝当年是怎样把夫人追到手的，羞红了夫人的脸，却羡煞了女儿和邻居。82 岁生日作为寿星参加集体生日会，他上台献诗一首，直呼"不愿做老爷爷愿做小娃娃"。这真是个温文儒雅、幽默风趣的老头儿。

沈成嵩现在迷上了研究养老文化。金东方 2015 年成立了颐养文化研究会，他是积极张罗并自告奋勇主讲的人。在这个研究会他几乎每隔一两天就在"聊天养生吧"主讲。东海潮、南海浪、供给侧、互联网、新时代、十九大、新理念、新思想等都成了他们"话聊"的主题。2016 年他总结了金东方在颐养文化建设发展方面做的十件事，2017 年他的文章《养老贵在养心》在报纸上发表后，被请上了市里的大讲堂宣讲。在党的十九大闭幕的第三天，他就给金东方 100 多位老人上了题为"新时代、新矛盾、新思想、新担当"的党课，联系实际，深入浅出地讲解了学习党的十九大报告的体会。他积极张罗出一本研究养老文化的书。聊天吧一批热心人积极撰稿，87 岁的离休干部蒋经宇潜心研究金东方服务之魂，写了《对金东方颐养文化的见闻和思考》；83 岁的管锦法是原常州市委政策研究室主任，不顾高龄，与蒋经宇一起写出《喝茶聊天话养生——构筑文化养老交流平台》。82 岁的浦国荣原在常州市政府办公室当主任，写出长达 2 万多字的《金东方楼栋文化的探索》，他经历过六任市长，退休多年之后撰写常州 60 年代建设史，填补了史志空白。

在金东方，还有一批我熟悉的人，他们传奇的经历也往往成为文化养老的话题：89 岁的胡艾友，14 岁参加新四军，先后参加过抗日战争大反攻、苏中七战七捷、淮海战役、渡江战役、上海战役、解放福州、厦门等战役，离休前从事教育工作；83 岁的马焕青戎马一生，从抗美援朝到炮兵生涯，隆隆的炮声震聋了耳朵，长期练习烈日侧目寻找目标致使视力受损，一米内看人都是模糊的；86 岁的老军医朱树农，夫妻双双 50 年从军，在部队医院干了一辈子，积累了不少治疗疑难杂症的经验，儿子在美国加州当外科医生，女儿是妇幼保健院院长；76 岁的江恣，原常州市政协副主席，曾当过多年统战部长，曾做过癌症手术，奇迹般地十多年来身体越来越好，退休前任常州市政协书画协会会长；74 岁的赵锦土，入住金东方时刚做完化疗手术，现在看到他跳交谊舞学拉二胡参加诗朗诵，谁相信这个说话幽默风趣的人，两次闯过了死亡线。

在金东方，许多有过辉煌成就的人，都很谦卑，他们无私地分享精神文明的快乐，大家耳濡目染，受到知识的熏陶。于是，这里就有了满满的正能量。难怪来到金东方的人，总感到这里养老文化氛围好。

（二）

中国古代的二十四孝故事，最为感人的有四个，其中的三个就发生在常州：闻雷泣墓，卖身葬父，卧冰求鱼。发生在太湖湾的闻雷泣墓，说的是晋代大才子王裒，每逢听到打雷声，就要赶到母亲坟前，安慰生前怕雷的母亲："娘，别怕，别怕，儿来了，儿来了"。为了纪念这个大孝子，晋代人在太湖湾建了蓼莪禅寺。这座孝子庙 1 400 多年来六毁六建，现在与占地 860 亩的中华孝道园同为旅游景点，成为常州孝文化的教育基地。

如今建在西太湖旁的金东方颐养园，是天下儿女为父母尽孝之地，许多新版的孝子故事十分感人。金东方开园三周年庆典，颐养中心表彰了 15 户孝老爱亲模范家庭，每户都是一个动人的故事。让我们说说家有 102 岁老母亲的萧耀南家庭。

萧耀南 79 岁，母亲蒋桂英 102 岁，是目前金东方最年长的寿星。两年多前，萧耀南和妻子从新疆回到常州武进的老家陪护母亲时，弟弟带他参观了金东方，看到金东方覆盖医养融合的养老理念、完善的设施、优美的环境、热情周到的服务，他立即就决定把母亲安排在金东方安度晚年。

他是家中的老大，17 岁考取了空军第十四航空学校，成为中国民航培养的第一批技术人员，长期在新疆工作，在弟弟妹妹成长期间，他省吃俭用不时寄钱回家补贴家用。母亲含辛茹苦带大了七个子女，也长达 20 年义务为武宜运河边纤夫和路人烧路茶，言传身教形成了好家风，兄妹几个对母亲都很有孝心也很心齐。一个星期后，老人就住进了金东方，七个家庭轮流悉心照顾。

萧耀南夫妇退休后，每年不顾路途遥远，也无论家里多么忙，都要赶回金东方陪伴母亲半年左右，以尽孝心。萧家人家家孝顺，人人尽责，老母亲在金东方生活很开心。不久前她突发短暂性脑梗，在生活秘书的帮助下，弟弟立即将母亲及时送到金东方医院抢救，住了五天医院回家，现在基本恢复了正常。老母亲现在腰不弯、背不驼，还喜欢坐在硬沙发上看电视，看上去与八十多岁的老太太相差不多，这也是金东方的一大奇观。

金东方还有一个在海外的孝女，三天之内为父母把家从千里之外搬来。她的父母是伟大的父母：81 岁的焦祖尧和 78 岁孔维心，带着一对 52 岁的双胞胎残疾女儿，一个长期坐轮椅，动不动就感冒，另一个见了生人就害怕，父母一直唤着"乖乖"倍加呵护。

焦祖尧，早年学工科，从常州到山西整整一个甲子，凭借潜心业余创作，走出了工厂进入市作协、省作协，以独特的艺术风格在"山药蛋派"为主流的山西文坛脱颖而出，成为中国文坛较有影响的代表人物之一。他的长篇小说《跋涉者》，获首届人民文学奖、全国长篇小说乌金奖、第三届《当代》文学奖、赵树理文学奖一等奖，曾被 16 个省、市电台作长篇小说联播。20 世纪 80 年代，他走上山西省作家协会领导岗位，历任作协副主席、党组副书记、作协主席、党组书记共 15 年，享受国务院政府特殊津贴。他是全国第八、九届政协委员，中共十三大代表，中国赵树理研究会副会长，中国作家协会主席团委员。在他任职期间，"晋军崛起"成为文坛佳话。

定居香港的大女儿一直牵挂着父母。父亲患有帕金森症，手脚抖动得厉害，有时喝水都困难。"文革"前父亲创作的第一部长篇小说《总工程师和他的女儿》不能出版，并且在"文革"中成了罪证之一，父亲被关进了牛棚。1978 年，这部作品得以面世并轰动文坛。她一直在寻找最好的地方安置令她牵挂的父母，2015 年 7 月，她在网上看到了金东方，立即电话约父亲从太原出发，她则从香港赶来，在金东方会合。实地考察后，父亲对金东方相当满意。这一次她很果断，第二天就赶回太原收拾东西，第三天全家人从太原乘动车辗转北京到达常州，拎包入住金东方的会员房。精装修的三房一厅两卫一厨，都配好了居住的必需品，一家人安顿下来。

我去拜访过焦老，这位睿智而平和的长者，乡音不改，但已经不太习惯家乡夏天的气候了，要回太原住几个月，秋天才回到金东方。聊起来，他说老了最需要精神上的服务，金东方把国际先进的理念拿过来了，人性的关怀和爱心很到位。养老像住在原来的家一样，医院建得比很多三甲医院都好，不能自理了有护理院。文化养生的氛围好，各种文体娱乐设施起点都很高，还考虑到了佛教、基督教的场地，甚至还搞了一片菜地，满足一些老人习惯种花种菜的需要，这都是想得很细的。

在金东方，焦老遇上了40年前在上海电影制片厂改剧本有过交往的沈成嵩，随后，常州文学艺术界的领导和相关单位来到金东方看望他，金东方为他召开了隆重的赠书仪式，焦老将自己的几十套350万字的《焦祖尧文集》从太原邮寄来，回馈家乡，惠及桑梓。

焦老多年前做的烤瓷牙要换成假牙，那时金东方医院刚开张不久，由于还没有口腔专科，他按医生介绍去了常州二院阳湖分院，拔掉了两颗牙，装假牙要在两个月后去市里的口腔医院，令他为难的是金东方外面修路难打出租车，他希望医院帮助预约上门服务。后来接到了期盼的电话，是金东方当家人金建勇派出自己的司机和轿车，金东方医院社会工作部的陈妍主任派了个年轻人，陪他去口腔医院。接下来，医院派了4次车，开车的小伙子负责接送还帮挂号，跑上跑下，他很是感动。

大女儿回来看他们的时候，他对女儿说："金东方的董事长金建勇很令我敬佩，他要求员工把会员当父母对待，事做得感人。"

（三）

"我当常州计委主任时，常去看民政系统的养老院，房子破破烂烂，大都是孤寡可怜的老人住在那里，死气沉沉的。那时他们一报项目，我都尽最大的努力，争取拨点钱给他们改善一下。就像扶贫帮助解决农村中五保户的临时困难一样，给他们拨点钱也不能彻底改善他们的面貌。现在有金东方这样的养老社区是那时根本想不到的，就是想到也做不起来，但金建勇做起来了，而且做得那么好，不知道他吃了多少苦。"87岁的蒋经宇回忆往事时感叹道，他曾在常州计委工作31年，59岁时被国家计委与能源部属下集团挖去从事电力资源工作，在北京离休。他的晚年生活选择了常州的金东方。

金东方还在建设的时候，他的老部下带他去听金建勇讲金东方的规划，当时他既高兴也替金建勇捏一把汗："建勇呀，做养老事业是钻进猪苦胆里来了，这件事出力不讨好啊，没有人说好话，千头万绪。"金建勇说："没关系，只要认真做一定能做好。"

如今，金东方入住会员达到 1 000 多户，会员来自全国 20 多个省市，平均年龄 77 岁，年纪最长的 102 岁。金东方人气越来越旺了，金建勇在探索养老事业这条路上披荆斩棘，历尽艰辛，也硕果颇丰。

7 年前，常州市委、市政府敲定金东方建设项目的时候，经过市场竞拍，武进区的 265 亩还是一片待拆迁的老村旧房，荒草萋萋，一口水塘，几隅农田。到 2014 年 10 月，这里神话般地凸显出一副崭新的画卷。这里高楼林立，草坪绿树间，曲径通幽，四季花香，小桥流水，还有迷你高尔夫球场。金东方就在这里隆重开园了！现有 8 栋养老公寓楼，其中 26 层的有 5 栋，16 层的有 3 栋，还有近 7 万平方米的医疗护理中心、文化体育中心、商业服务中心、生活服务中心。这里楼与楼之间有风雨廊连接，有地下绿色通道将公寓楼与服务中心相连，配套的医院有 500 个床位，设备按三甲医院装配，护理院也是 500 个床位。会员们的感受是这里：冬天不冷，夏天不热，下雨不打伞，出门是花园，饿了有饭堂，卫生有人搞，购物有超市，病了有医院，走不动了有护理院。正在建设的第二期工程 100 亩，13 栋养老住宅楼同时开工，一年后竣工，还将入住会员 700 户。

如此规模巨大、投资巨大、设施周全、理念现代的养老机构迅速地矗立在常州市，她的投资商是江苏九洲投资集团有限公司，总投资 23 亿元。实现这个养老项目真正的核心——"帮天下子女敬孝，让世上老人享福，为党和政府分忧"，是金东方颐养中心，金建勇就是这个团队的领头人。

金建勇 18 岁当生产队长，21 岁当兵，经历过战场，从部队团职转业地方，多有建树，先后任常州武进常务副市长、常州市钟楼区区长。2010年底，他从钟楼区区长的职位上卸任，组织部门本来对他有安排，他可以到市人大或政协很轻松地向退休过渡。也有些私营企业家希望他加盟。经过反复调研、思考和论证，他决定提前退休，投身养老事业。

55 岁的他觉得自己身体、精力都还很好，应该再为社会做些什么。当有人邀请他做养老事业时，他的神经被深深地触动了。我国迅速地进入老年社会了，这个速度还会继续加快，我们的许多养老观念、养老设施、养老医疗等都还没有跟上，政府也没有那么多财力、人力投入。越来越多艰苦奋斗了一辈子，为国家的各项事业奉献了一辈子的人，面临着养老问题，一种担当的意识在金建勇的心中逐渐形成、坚定起来。一些朋友知道了不无担心地劝他：养老院可比幼儿园难搞多了，复杂多了，费力不讨好！可是在经过反复调研和考证后，金建勇挑战创办养老院的想法却更加坚定了。他想在自己还没有进入老年之前，竭尽全力摸索创办一座现代化的养老院，让更多的老年人在这里舒心、舒服、快乐地度过晚年。

金东方的建设理念为"尊荣、现代、时尚、生态"的养老项目，是江苏省养老示范工程，得到市委市政府的大力支持，定为常州市、武进区重点项目，政府推动引导，紧锣密鼓地投入运作。原常州市委书记范燕青和原常州市长王伟成亲自送金建勇到筹建处上班，他们对金建勇叮嘱道："要干就要干出个与国际养老事业媲美的样板，争取中国第一，国际接轨，世界一流！"

金建勇带领着一批年轻人，在中国传统养老敬老院和普通社区居家养老之间摸索一种新的养老模式，起点就是要与国际养老事业接轨。几经考察美国、新西兰、澳大利亚、日本等 10 多个发达国家及我国台湾地区的养老社区，调研国内先进的养老机构，一次次研讨论证，金东方的模式确定为"CCRC 3＋1"，小户大家亲如一家，在家是宾馆，出门是公园，就诊有医院，护理在家园，设施现代化，服务亲情化，是他们的共识。

美国的 CCRC 社区一般以 300 户为一个单元，管理人员都不多，有的仅为 8 人，而金东方要住 1 800 户，服务岗位达 75 个之多，这需要一个有丰富管理经验和管理能力的总经理。几经周折，从美国请来有 CCRC 管理经验的总经理，他了解情况后，只同意在顾问的岗位上干 3 个月；请来了台湾人，他顾虑重重，不敢干；要请的日本人，也打退堂鼓了。是的，中西方文化和生活习惯有差异，仅仅是吃饭的习惯，国外是需要安静的，而中国人是喜欢边吃边聊才觉得有人气。居家养老，文化养生，酒店式服务，医养融合，都要在服务亲情化下工夫，养老事业最难做好的就是服务。中国的高端养老社区正在起步，没有现成的模式，只能自己摸索着干！经过一番波折，金建勇明白了一切要靠自己！

在社会上公开招聘，金建勇亲自考察，选中了来自常州市知名酒店的副总经理郑美英，郑美英被金建勇甘为世上老人敬孝的高尚精神所感动，她愿意放弃自己已经轻车熟路的酒店管理，投奔金建勇的"夕阳事业"。

要以朝阳的精神干好夕阳事业，一切从为了服务好老人为出发点和落脚点，这是金建勇组建管理团队的指导思想。他要求主管以上要有事业心和责任感，员工要有孝心。他强调亲情化服务，就是要把这里的老人当作自己父母来尽孝道。工作的中心要让每个老人都健康快乐！"微笑服务"是员工每天早班会的口号，那不仅仅是你要面带笑容去上班，而是你的服务要换来会员满意的微笑。

为了这项全新的事业，金建勇事必躬亲，全力以赴。金东方的建设施工期间，他跑得最多的是上顶楼查看，隔热层和防漏层的质量把得很严；下雨或寒冷天气，老人喜欢走地下绿色通道，几万平方米的地下车库通风防潮照明几经整改，非常人性化；大饭堂配备了五星级的厨师，为了调适千人口味，金建勇带着总经理郑美英和膳食经理、厨师长，常常微服私访会员喜欢的周边小店；2015年金东方经历了第一次强台风，许多树木被刮倒，大水包围了金东方，在外地开会的金建勇顶风冒雨连夜赶回，指挥员工全体抗洪救灾，迅速堵住了洪水的蔓延。

"来金东方就是要开开心心，唯一不要生气。"这是金建勇经常对会员说的一句话。每个月颐养中心组织当月生日的会员集体庆生，他都争取参加，每次都上台为寿星献歌、祈福。他插科打诨讲讲生活文明幸福他人的要求，让不同层次的老人在开心的欢笑声中明确"家风家规"，形成良好的养老氛围。

金东方把满足会员追求幸福晚年生活的合理化要求放在首位，金建勇承受的压力和委屈多不为人所知。还在建设金东方的时候，因为是民办非企业，银行批贷没有先例，需要个人担保，作为金东方的掌门人，金建勇和全体股东一起为银行做担保，如有问题他们则倾家荡产。

金东方开园前，民政部社会福利和慈善事业促进司副司长王素英前来考察，指出硬件设施很好，为老年人创造幸福的养老环境，要注意逐步提升软件水平。开园后，国家及省市、港澳有关领导多次前来金东方参观考察，都给予充分的肯定和支持。金东方荣获"江苏省养老示范工程""江苏省民生保障类重点项目""亚洲国际住宅人居环境奖""中国养老产业最具文化底蕴标杆品牌""中国社会组织4A级单位"等荣誉称号。

金东方是老年人颐养天年的一块福地。

在金东方，关上门是各自的小家，打开门是就一个大家庭。入住的会员既有退休的官员、知识分子、企业家，也有把原来的房子卖掉的普通退休职工，还有出自草根家庭的白领父母，甚至有人拿着政府给的拆迁补贴置换这里的养老。来自国内外不同文化背景、不同生活方式的会员，如今形成小户大家亲如一家，共同建设美好家园的氛围，共同开心养老，快乐追求健康养老的目标，金东方社区党支部所起的作用功不可没。

金东方区别于传统养老院的魅力，就在于按照居家养老、文化养生等理念摸索中国式现代养老事业建设。2015 年 6 月，金东方颐养园被特批为常州武进区牛塘镇的社区，来自四面八方的会员，在常州办理出国出境旅游，就省去了返回户口所在地的劳碌奔波。金东方社区党支部也特批成立。金建勇找到河南籍会员张瑞芬，诚恳地请她出任金东方社区党支部书记。金建勇说养老工作是他当作最后一项事业来做的，要让在这里养老的老领导、老党员有个家，不管他们的组织关系在哪里，要让他们有找到家的感觉！要让会员有个家，支部也要成为团结金东方所有工作人员的纽带，会员的需求和管理层提供服务支持无缝对接，支部的中心任务就是让所有的会员文明养老，健康快乐！

张瑞芬是个很感性的人，她与丈夫史选举在河南濮阳市处级领导岗位退休后，来到独生女儿工作和生活的常州，选择了金东方作为养老的地方，也在海南的五指山安置好了"候鸟"之家，家里四世同堂，也将要迎接第二个玄外甥出世。她将自己珍藏的百多本图书赠送给了金东方阅览室，挑起这副担子，面临的将是社区繁杂的群众工作，支部没有工作经费，支委都是义务工作者，说不定还要搭上自己大部分时间。女儿极力反对，丈夫史选举说，你要做就是为老人服务，做点善事，答应了人家就要做好，家里的事不要你管。开始动员会员出来开展活动碰了钉子，史选举说去弄个音响，我跟你一起去跳广场舞吧，不动员大家出门搞活动就没有人气。小外甥出世后都是史选举在忙，还从河南把自己 80 多岁老妈妈和妹妹接来帮忙。

金东方参照国际养老先进潮流 CCRC 模式，倡导会员自主自助自乐。张瑞芬一直忙忙碌碌地配合做具体工作，党支部召开了八一老军人座谈会，向党员发出慰问信，希望他们发挥才智奉献经验，组织选出每栋楼的会员代表，共同动员会员走出小家的门，融入大家庭，鼓励有特长的会员充分发挥带头作用，把各种文化娱乐活动搞起来，让大家庭所有的会员开心快乐。通过党课学习、各种活动形式倡导老党员做文明会员的楷模，创文明社区的先锋。

从 2015 年到 2017 年，张瑞芬连续捧回了当地政府颁发的三张奖状：2015 年"优秀党支部"，2015 年度"优秀共产党员"，2016 年度"优秀党务工作者"。这些奖状，凝聚着她付出的汗水和泪水，记录了金东方这个大家庭所有人的快乐，记录了金东方一批老有所为的会员，无私地发挥自己一辈子积累起来的精气神，在退休后的人生第二舞台书写春秋。

我的相机里定格了 2015 年 7 月的照片：金东方人工湖边的长廊、水榭，一把二胡，一支笛子，一面手风琴，一群唱经典歌曲的老头老太。这，就是金东方党支部书记张瑞芬走马上任组织的第一个活动——"大家唱"。金东方现在红红火火的文化活动，就由此起源。照片上，三位坐轮椅的寿星如今都还健在，两位 89 岁，年纪最长的 93 岁，相伴在他们身边的会员，现在都是金东方文艺活动的顶梁柱了。

吴伯康和吴荷琴与当党支委的吴伯坚是仁兄妹，吴伯康 74 岁，被大家推选当了"大家唱"的会长，一把二胡为大家伴奏越剧、沪剧、锡剧及上台表演歌曲，都是他的拿手好戏，三年如一日，有需必到，被大家称赞是我们的好会员；原来当过居委主任的吴荷琴，69 岁，鼓动 60 多岁的会员参加她组织的时装队、腰鼓队，两支队伍欢快活跃，每每成为金东方活动的隆重开场领戏队伍。

由打架子鼓、扬琴到爱乐团总指挥，欧阳青热心地和刘振刚把乐器爱好者组织起来，刘振刚为此专门买了一台扬琴，成为民乐队的主力。从十几人的民乐队扩展到 50 余人爱乐团，金东方的大型演出都少不了他们。

曹萍和弟媳何新鹤，同为大家唱活动的老师。何新鹤三年如一日，每逢周六教会员唱歌，还积极担当音乐指导老师，已教会歌曲 50 多首。多才多艺的曹萍，策划组织金东方平安夜化装晚会，时过两年多会员仍津津乐道，又组织了"阳光合唱团"，金东方每一次会员文艺活动，她都是党支部书记张瑞芬开展文化活动策划的得力助手。

陆约维与欧阳佑文、王微佳，不时联袂京剧、锡剧联唱，也分别是文化活动的主持人。来自上海的陆约维从小就是文艺骨干，是党支部书记张瑞芬开展文化活动策划的另一得力助手，将戏曲协会组织起来，下面分京剧、沪剧、越剧、锡剧等分会，王微佳是沪剧分会长。欧阳佑文来自甘肃，是欧阳青的妹妹，独唱、歌舞、秧歌、气功都有她活跃的身影。

2016 年 5 月的一天，金东方首届会员健身运动会开幕，这是筹备半年多的一次盛会，员工参加服务保障工作，参加表演的会员 260 多人，平均年龄 70 岁左右，最高年龄 90 岁，表演项目 13 个，其中包括健步走、广场舞、功夫扇、柔力球、交谊舞、太极拳、八段锦、游泳、钓鱼、腰鼓等。竞赛项目门球、台球、象棋、扑克、乒乓球，比赛场次 699 场，历时 90 天。秘书长曹国杰便是这次运动会的总指挥。

三年前，金东方摄影协会由一次摄影展览应运而生。这次运动会后，按会员爱好和需求组成近 30 个协会，文体俱乐部成立起来了，原来的大家唱和时装队发展成为金东方文化的品牌——旗袍秀，名气也越来越大了。

失去的东西找回来

（一）

当你肯尝试新的生活或活动，你会因发现一些新的东西或现象而惊喜不已。

87 岁的张可理和 81 岁的琚敏生夫妇，走出了生活 60 多年的南京，进入了金东方，他们不仅睁大了眼睛观察这里的一草一木、一个台阶一段坡道，感受着这里的人文环境，他们惊喜地看到感受到：这里进家门好似进了带厨房的宾馆；出家门好似进了公园；进了食堂免去了买菜烹调之累，亲友们来了在食堂瞬间就可以摆上一桌宴席，享受推杯换盏的深情厚谊；进了活动中心，就可以看各色的演出；病了，几分钟之内就可以就诊或住院治疗，如此等等，北京的诸多王府也比不上，莫非到了神话中的天堂？

这一对耄耋老人有三个儿女，一儿一女在南京工作，小儿子在国外，孩子们的工作都很忙，对两老也特别孝顺。但是由于长期住在一楼受潮，张可理的哮喘病比较严重，琚敏生患有类风湿，腰腿毛病经常复发。在南京要想找到老人喜欢又感到生活方便的地方很难。朋友介绍了金东方，这是他们挑选了无数个地方之中的最后一个。这里的楼房都是电梯房，干燥、舒适、向阳，还有地暖。他们抱着美好的希望和试一试的心情，搬进了金东方的新家。

2017年仲夏，两老入住金东方半个多月了。这天早上在颐养中心饭堂吃过早餐，他们沿着古香古色的长廊，一边欣赏鸟语花香的风景，一边慢慢回到居住的7号楼。60多年来，他们是第一次离开南京离开儿女那么长时间，两个拄着拐杖来的老人，因为这里没有台阶，他们尝试着丢掉了拐杖。在金东方生活的每一天，他们都感觉新鲜。两次到学术报告厅参加联欢会，一次是庆香港回归祖国20周年暨建党90周年纪念大会，一次是夫妻双双戴上寿星帽，参加集体生日联欢会。

养老院还有灯光音响设施完备的学术报告厅，过去从来没听说过，会员自带道具演出，表演的水平相当专业，最震撼的是金东方旗袍时装队，去香港表演比赛时获得二等奖的节目，美得让他们难以忘怀。夫妻都是7月生日，一个在月初，一个在月中，双双在一起过生日，这还是第一次。老太太拍摄的摄影作品在大银幕上播放，有会员专门为他们表演独舞，还献上鲜花庆贺，金东方的董事长金建勇于百忙之中，亲自到场为他们庆生，场面如此热闹隆重，他们有生以来头一次享受这种高贵待遇和特殊礼仪，老人感到无比激动。

没有遇料到的灾难，这天也突然降临了，老太太坐在床边穿袜子，指头不慎碰到左脚肿胀的脚踝，血便喷出来了，脚上是血地上是血，老两口手忙脚乱，止不住血。突然想起有报警按钮，慌忙挪动按下报警按钮。不到一分钟，生活秘书进门了解了情况，拿起对讲机呼叫帮助，不到两分钟，保安推着轮椅上门，他们立即用毛巾和细绳，将老太太出血的腿进行包扎并扶上轮椅，直奔金东方医院。

老头儿留在了家里，连急带累已是气喘吁吁，望着客厅、房间和卫生间，处处都是血迹和脚印，他上气不接下气，还没有回过神来，生活秘书又来了，还带来了同事，手脚麻利地洗的洗，擦的擦，打扫卫生，瞬间家里又恢复了干净。不到30分钟，保安推着老太太回到了家里，看到老太太的笑脸，老头儿心里的一块石头落了地。这事儿要是发生在南京，上班的儿女都来不及赶回来，就算救护车来了也不管你家卫生啊！老头儿激动地说："看到共产主义了！"

琚敏生老太太在电话里喜笑颜开地向儿女们汇报：金东方与其他地方就是不一样！园区里鸟语花香，所有的路都是无障碍通行的，走遍每个角落都没有垃圾，千户万窗没有窗外晒衣服的。统一安装了固定的晒衣架。在这里，大家见面如同家人，都互相打招呼，不管是员工还是会员见面都报以真诚的微笑。1 000 多人吃饭的饭堂，自觉地排队买饭菜。围坐在一起吃饭，或分享从家里带来的饭菜，总是轻言细语，没有喧哗，没有吵闹，所有的人就餐完毕都自觉地把桌面收拾干净，把碗筷和垃圾拿到指定处。就是一些老人步履蹒跚，也绝不要人帮忙。

所有工作人员都是微笑服务，一口一个爷爷奶奶好，爷爷奶奶走好！在这里，你从清晨起床出门，就会听到值夜的保安和清洁工最早向你问好，到晚上 9 点，在颐养中心大堂跳完交谊舞，或走出棋牌室、乒乓球室，都有礼仪送客。

在金东方生活，你会享受到尊严，和老年人应得到的最高尊重。人到老年还求什么？中央提出的养老事业要做到：老有所依、老有所养、老有所乐、老有所为、老有所医，在金东方都实实在在地实现了！

（二）

"金东方颐养中心"微信群目前有 209 人，这是金东方颐养园的官方群，颐养中心有什么通知在这里公布，会员有什么意见可以在这里反映。这天，会员吴友良发了一条"菜地被淹"的消息。在金东方为会员开辟的"人民公社"菜地，他租下了一块地，和夫人一起打理，权当练书法、拉大提琴后的一种放松。最近一下大雨，他的菜地有一个井就往上冒水，水淹了地，长不出菜。菜地是每年一租的，真是无奈。

很快，跟帖的是颐养中心总经理郑美英：吴叔叔您好，很抱歉您的菜地被淹。大雨非人力所能控制，天气好了我安排人员帮您换块地吧！给您带来的烦恼我们深表歉意！

对一件小事反应迅速，情真意切，反映出金东方管理层对会员的体贴和对会员利益的关心、维护。

我与郑美英进行过一次对话。她今年 35 岁，与我女儿同岁，两代人的对话，使我对这位带着员工为老人一次次表演"跪羊图"的总经理有了更深入的了解。她说："我一直是有情感残缺的。别人六七十岁了还有妈，我没有，父母都走了。我没有在床前尽过一天的孝，这是我的遗憾。逢年过节我心里对老人的思念比别人更深。现在我在为别人的儿女尽孝，我也要求我们的员工都把这里的老人当自己的亲人。"

13岁时，郑美英父亲病逝，是哥哥姐姐打工供她上的学，还借了一笔债。22岁那年家里的债还清了，快过年了，接到哥哥的电话，说母亲病重，她从工作的酒店匆匆赶回家，与哥哥商量好第二天送妈妈去大医院，没有想到天还没亮，妈妈一句话没有留下就走了。没有在父母面前尽孝，是她心中的痛。2012年7月她放弃星级酒店的工作加盟金东方，深深感染她的，就是"帮世上儿女敬孝，让天下老人享福"的服务宗旨，再结合金建勇坚定的信念、高尚的追求，随即一拍即合。养老服务对于她来说是一张白纸，挑战太大了，责任重、风险大，事无巨细的繁杂工作，国内没有更多的经验，国外的经验不能全盘照搬，是"摸着石头过河"，还只能成功不能失败。她很感激金建勇手把手地教她，将她送到"美国加州空军老年社区"基地实训，荣获了"老年服务领袖短期实训"证书，在美国实训的这段时间，让她真正地了解了CCRC持续照料退休社区的精华所在，开阔了眼界，当她知道了入住CCRC的养老社区可以让老年人的平均寿命延长8～11年的时候，她整个人都沸腾了，仿佛看到了中国老年人幸福的笑脸，更加坚定了对养老事业的信心。金建勇带领这个团队反复探讨，以"老吾老以及人之老"为出发点，势必创造孔老夫子"大同世界"的理想。三年来建立岗位责任制、工作流程、台账表格等512项。郑美英说："我们是用西方的理论加中国的儒学，来规范我们的服务操守，我们有信心将中国的养老事业发扬光大！"

金东方新招的员工，起初必须先送到中华孝道园或科德传统文化学习班进行封闭式孝道文化培训。随着金东方的快速发展，2017年居住人口已达到2 000人，郑美英就自己做科德课堂，每周四分两节课听取台湾蔡礼旭老师对"弟子规"的讲解，这一年来风雨无阻。金东方的每个员工都有一本"弟子规"书本，课堂学习、班会诵读、讲解。郑美英说：古人很早就在教我们读圣贤书，做圣贤人。"三日不读书，则面目可憎"，她教导员工，光读书还不行，要将孝道文化植入到每个服务的细节中。虽然我们都是基层员工，我们也要不断地学习，包括研读"朱子治家格言""才德论"等。郑美英亲自做新员工部分大课培训，培训的内容包括企业的价值观、星级饭店礼仪、消费知识、安全知识、中华孝道文化、职业教育等，她认为，一个合格的管理者首先是一名优秀的老师，有理有法才是管理上策。每个员工均需考试合格方可上岗，上岗后还要接受各班组的技能培训，全年每个员工培训时间不能低于 48 小时，强化员工的各项技能。她说：精益求精的服务细节应该从培训教育开始，毕竟理论指导实践。

金东方对会员的服务套餐涵盖基础服务 43 项，也有很多个性化服务来满足不同会员的服务需求。其中，每栋楼 24 小时有人值班，白天是生活秘书晚上是保安。保安晚上值班不允许睡觉，安全检查很仔细，一有情况迅速行动。生活秘书从早上 7 点半上班，晚上 7 点半下班，负责整个楼栋所有服务。比如：帮会员收快递；帮助行动不便的老人晾衣晒被；帮离家外出的会员关煤气断水，会员返回前短信通知，则提前为之开窗透气。会员家出现停水断电等事情，一叫即到。我住的六号楼共有 175 户，其中有 40 多个孤寡独居老人，生活秘书李召云每天 10 点前挨个儿要与这些老人联系上才放心。会员在微信群发信息提问题，不管什么时间，她都及时跟帖处理。

2016 年 6 月，金东方东门外的延政西路进行改造，这条路上的 28 路公交车改道了，会员们到市里办事或回市里的家，就很不方便。有会员把 28 路车改道的公告发到了"金东方颐养中心"微信群。金东方领导连夜开会进行研究，从第二天起，颐养中心每天有班车接送会员往返 4 公里外的公交中心站，上午 8 时至 10 点四趟，下午 2 点至 4 点三趟。这趟班车已经运行 1 年多了，风雨无阻。

"会员至上，微笑服务"这句口号，在金东方是体现在方方面面的，点点滴滴温暖着老人们的心。原来从颐养中心通往人工湖是一条黑白相间的小径，很富有艺术感，因老人步子跨度大小不同容易摔跤，有老人反映，很快他们就改造成一条实心路。一些原来设计的光滑的大理石路面，后来都专门打了防滑坑。随着入住的会员越来越多，他们扩大了公共洗澡区域和餐厅，还专设带轮椅的老人餐厅，现在又筹备第二饭堂，多元化配餐。在餐厅帮打饭送汤的服务员，平时遇有老人饭后聊天忘了时间，她们搞完了卫生就默默等待在一旁，绝不催人走。在包厢参加宴请，一老人不慎将葡萄酒洒在了裤子上，服务员"小百灵"用毛巾又吸又擦，直到将老人的裤子擦干。为残疾老人助浴，员工都脱去外套，有的跪在地上，把老人的腿脚放到自己的肩上，冲洗、擦背、穿衣，几个员工一条龙服务。曾有老人大便失禁，弄脏了地面和员工的衣服，很是不安。员工们却平静地安慰他们说，"你们是长辈，不要紧张！"

郑美英说："金东方的管理层将全心全意为会员服务的核心价值观深入骨髓。70多个员工管理岗位，为200多名员工建立岗位制度、工作流程、看板作业、台账表格512项，实现了标准化作业，管理人员关心所有员工的生活，尽力帮助解决他们的个人问题。例如父母就医、外地子女读书入校等，借用我们的全部资源帮助员工解决家庭问题。员工的家庭幸福了，才能心无旁骛地共同做好服务会员的各项工作。"

在金东方，所有员工都努力做好以孝道为核心的亲情服务，让不同年龄的老人在金东方得到不同的服务，让老人实现在普通小区无法企及的体面养老、优雅老去的美好愿望！

（三）

金东方大型会议报告厅，北京时间下午2:30，技术人员的电脑与悉尼连线视频畅通，大屏幕上出现了图像："爷爷、奶奶好！"看到女儿女婿身边的外孙向他们招手，79岁的郭玉芬和85岁的老伴王世英心情特别激动。金东方为她们搭起了一座桥梁，让远隔万里的一家人在这里见面。郭玉芬说："我们比住在外面时年轻了好几岁！"王世英则哽咽道："我们选择住在金东方，值了！"

两年多前，老两口本来是准备到澳大利亚定居的。儿女都在澳大利亚工作，为他们买好了新房。他们在常州住的房子也被女儿在网上卖掉了，三台空调、两台大彩电、洗衣机、大衣柜，全部送了人。他们暂时住在金东方的会员房，就等着儿子回来接他们出国。

一天，他们和儿子视频通话，突然坚定地说不出国了。儿子耐心地劝导：你们岁数都大了，到国外我们也好照顾你们，而且为接你们来澳大利亚，我们做好了一切安排。不管儿子怎么说，王世英老两口都异口同声：我们看金东方就很好，这里有我们想要的东西，我们不走了。儿子急了，匆匆回到常州。原来老两口暂住在金东方的时候，竟然义无反顾地喜欢上了这里。

我们在金东方找回了尊重，感谢金东方给了我们展示自己的一个平台。王世英说起这个话题，几次哽咽。与许多同龄的老人相比，这对老人有许多过人之处。夫妻俩都是从小学艺献身舞台的，他们一个8岁练功14岁登台，一个13岁拜师15岁进京剧团。王世英家是一家三代科班，从小跟随祖父练基本功，到跟父亲演戏，王世英演的都是很火的戏《小拳王》《双枪陆文龙》《八大锤》等武生戏。王世英的基本功很扎实，曾在上海京剧院演出两年，又在上海新民剧团工作过。郭玉芬是个大青衣，曾经主演过《白蛇传》《盗草》《金山寺》《梁红玉》等，有时候一天演两场。这一对金童玉女在京剧团相识，并组建青年京剧团，双双成为常州京剧舞台名角，鲜花和掌声拥抱着他们。"文革"期间，25岁的郭玉芬正是艺术青春的好年华，却被下放到彩印厂去当工人，从此脱离了舞台生活，至今已整整50年了。同时，王世英也由学毛选的积极分子、学雷锋的标兵，一夜之间变成了反革命，批斗关押，失去人身自由两年半。练功时摔伤和被批斗受伤，使他一度身体很差。平反恢复名誉后，王世英当了常州京剧团团长至退休。虽然他们已经退休多年，可他们对京剧艺术的追求并没有放弃。

在金东方，王世英从网上买回舒适的皮沙发、按摩椅，慢慢疗养两人过去练功受的伤，又慢慢恢复了京剧基本功的练习。踢枪、翻身、转圈、弹腿，一招一式不马虎。夫妻俩还恢复了气功和剑术。气功从胎吸、龟吸、鼻吸到天目，规范到位，这些都有助于他们演唱。但凡有文艺演出的活动，他们都积极报名上台表演京剧。夫妻常常联袂唱京剧《红灯记》《四郎探母》等。他们唱腔高亢，吐字韵味十足，如行云流水，让观众们过足了京剧瘾。

金东方的理念是，大家参与，大家快乐，大家健康长寿。都是年过半百的人了，参与京剧的练功、表演难度太大。怎样才能让更多的人参与到养生健身的队伍里来呢？郭玉芬动了脑筋。

郭玉芬不仅恢复了京剧表演，还拉起了广场舞队，从组织几个姐妹跳一曲《泉水叮咚响》为员工庆生，到每周5次组织会员在广场伴着音乐跳一小时的广场舞，慢慢扩大了人气。现在广场舞队员已经有60多人，每次大型活动都是一个亮点。郭玉芬原来去澳大利亚儿子那里曾摔了一跤致骨裂了，回国后一直是疼痛的，没想到在金东方跳广场舞却跳好了。许多新会员到了金东方，还不好意思出门参加集体活动。广场舞简单、优美、健身是最容易吸引大家加入群体的。一头白发的郭玉芬，教会那些七八十岁的老太太用指尖旋转手帕跳高难度的动作。自己还踏着舞曲《北疆美》耍剑、舞太极。看着她的表演，很难相信这是年近八十的人了。在她的带领下，老太太们都刻苦练习，自备行头参加表演，大家统一买了好几套戏服，配合着各种场合的表演，快乐自己，幸福他人。她们的队伍里，有几个还是癌症患者，竟然在这欢乐的活动中，脸庞慢慢地红润起来了，大家的身体也越来越好了。

（四）

我和先生许鹰，分别是职业警察和职业军人，年轻时都曾有过摄影工作的经历，退休前摄影成为业余爱好，只是工作繁忙无暇顾及，退休后就利用闲暇时间充分享受这一乐趣。入住金东方后，当我们发现用照相机给开展文化活动的老人拍下多彩多姿的照片，他们很开心很快乐时，我们也从中收获了喜悦和幸福。

2015年金东方首次召开八一座谈会，几十名在部队退休的老军人和早已转业退役的老战友欢聚一堂，他们畅谈过去，展望今后的美好晚年生活，表示携手共建金东方美好家园。那天我拍下了许多照片，回到了家，许鹰为这天结识许多当过兵的战友而高兴，一头扎到电脑上，研究用"美篇"软件将照片制作成为电子画册。这是我们在微信圈上发出的第一部电子画册，金东方的微信公众号作了转发，反响很好，点击率很高，会员们津津乐道。一些摄影爱好者也前来学习、探讨摄影知识。既然有共同的爱好和兴趣，有幸结识一批积极拥抱新生活的朋友，共同切磋，还有什么比这更美好而快乐的呢？组建摄影协会的想法在酝酿诞生。

这年的秋天，金东方摄影协会瓜熟蒂落。这是会员中第一个成立的兴趣协会，会员中有的原来是常州市老年大学摄影班的学员，有的已加入市一级摄影家协会，更多的是入住金东方后，为这里的环境之美萌发了学习拍照的想法。许鹰被大家推荐当了会长，他是个不图参加摄影评奖的人，当记者出身并搞过外宣工作的我，乐得给他当个助手。我们给自己定位：义务，觉得有义务为正在起步的金东方积累资料，为老人们留下美好的形象和丰富的个人资料。许鹰根据自己摸索的知识及拍摄的体会，先后给协会的会员上课，讲摄影基础知识、风光摄影、人物摄影、新闻摄影和专题摄影，还讲照片的后期处理、智能手机的使用、境内外旅游摄影的要点，等等。

金东方的文化活动丰富多彩，每月 6 日的集体生日会，都是会员展示才艺的舞台。寿星可以自己表演节目，好友可以献艺为其祝寿，演出时间达一个多小时。重大的节庆日，会员都以各种形式进行文艺演出，既有请外面的业余文艺团体来联欢，也有自己的专场演出。金东方摄影协会的会员都活跃在演出现场拍摄，然后制作电子画册和视频作品，发在微信群里，大家分享，自娱自乐。

我们的开心和快乐，就在一次次拿起照相机的拍摄活动中。我们发现了金东方越来越多的美。这里有个千年的故事——岳家军驻守之地，建了个忠孝亭；有座百年的古桥，当年开工建人工湖，此桥从河里捞起被人以 5 000 元买走，金建勇董事长以 10 倍的价钱买回来，遂成为家园一景。湖畔的老桑葚树也是百年古树。金东方的 15 亩人工湖荷花蹁跹，后又移植了华东地区最大荷花园的新品种，吸引了不少摄影爱好者。荷池一隅、长廊、水榭、忠孝亭，曲径通幽，绿荫葱茏，细柳摇曳，花香怡人。每天清晨，在这里吊嗓子的，吹萨克斯的，垂钓的，健身的，推着轮椅散步的，一位位老人脸上都挂着幸福美满的笑容。这里还规划建一个清水睡莲鱼池，池畔搭个茶楼，让会员赏花观鱼垂钓多一个去处；还要建一个上千平方米的南广场，配套大舞台，方便会员自助登台演出，甚至可以开个人音乐会。金东方的美好生活，召唤着越来越多的老人来到这里。伴着美景抢镜头的摄影协会会员越来越多了，我们与志同道合的朋友用照相机为大家服务，乐此不疲。

金东方为我们养老创造了那么好的条件，我们能在有生之年为金东方建设做点奉献，能为金东方的老人们尽一点儿义务，是我们晚年的不懈追求和精神寄托。我俩使用的照相机，在金东方换过了几次，一人一台宾得半幅单反相机全部换成了索尼全幅相机，录像的器材又增加了运动录像机和索尼 4K 录像机，电脑也换了编辑功能好的，存放资料的 U 盘也换成 1 000G 移动硬盘。针对大舞台的演出，又买回摇臂架、监视器。2016 年，我们萌生了个念头，捐献器材办一个照相室，解决会员和员工到外面找照相馆的麻烦。在金东方的支持下，照相室开张了，摄影师就是许鹰和摄影协会骨干祁振声、洪孝明，每月有固定的时间义务照相，一些老人子女来了就在这里照张合家欢；一些多年没拍过合影的夫妻在这里拍下精美的夫妻照；有的老人专门来拍下照片作为将来的遗照。

在金东方，像我们这样奉献爱心的人越来越多，摄影协会还有一批骨干，他们是刘振刚、张祥华、汤建安、张继英、洪善玲、浦芳如。其中刘振刚、祁振声和洪孝明，2017 年也换了全幅照相机。每次文化活动，大家积极参加，分头摄影，统一制作，有效提高了照片和录像作品的拍摄和制作质量。今年 73 岁的陈国音是新会员，金东方开园三周年前后，专程从上海赶来参加系列文化活动录像工作，制作出视频作品，受到会员赞扬。金东方会员应邀参加侨界和当地有关部门组织的文艺活动，很快就制作出精美的音像资料，深受好评。

久违的大院情怀

（一）

我们这一代人，很多都经历过那样的年代，在部队大院，机关大院，工厂大院，甚至街道大杂院，度过了童年或青年时期。那时候，在一个大饭堂吃饭，在一个大澡堂洗澡，人与人之间的关系是很单纯的。谁家小灶台有好吃的，相邻分享一下。谁家有什么事，相互帮个忙。说说心里话，友谊很纯洁。在金东方，你会感觉到过去的大院情怀，抑或有一种更纯洁的感情，联结着你我他。

2017 年国庆，金东方开园三周年。金东方颐养中心大饭堂异常热闹，20 多个包厢都是满的，大厅的方台和大圆桌座无虚席，孩子来看长辈，父母在这里请子女吃顿饭。入住金东方后相识结成的朋友，在一起小聚。分别 72 年在这里重逢的老战友，89 岁胡艾友和朱小龙，今天吃饭又碰到了一起，两人同岁，同在 1945 年参加新四军，同在一个连队当兵，今天他们各自有小辈陪同，小辈们的同学朋友希望他们把过去的光荣历史整理出一个电子画册，老人很开心地笑着。

这天，是金东方的侨联主席王亮亮和朱珊珊结婚 38 周年的日子，也是他们入住金东方三周年的日子，他们在包厢紫光阁里举行家宴，并以这种形式，为曾在联合国工作过的侨眷骆继宾一家接风。骆继宾 85 岁，妻子 86 岁，在从美国专程赶回来的儿子骆志峰陪同下，昨天从北京飞到了常州，正式入住了金东方。

骆继宾来到金东方，介绍人是侨眷刘华生，他俩 35 年前在瑞士相识，分别是新中国恢复在联合国席位后，由中国气象局和国家邮政局派往瑞士联合国气象组织和万国邮政联盟的工作人员，刘华生回国后，参加筹办了百年来首次由我国承办的 22 届万国邮政联盟大会，退休前是国家邮政总局外事司副司长，骆继宾退休前任中国气象局局长。

骆继宾一家很感激刘华生把自己找到的晚年幸福分享给了他们。定居在美国的独子骆志峰先给各位叔叔阿姨敬一杯酒，说：我专门去其他国家看过养老的地方，吃住医疗便捷还是这里好，感谢刘叔叔和在座的叔叔阿姨。

骆继宾和许多空巢老人一样，需要一个老有所养的地方，需要享受有尊严有体面有健康的晚年幸福生活，儿子在北京上海也看过多处养老机构，直到刘华生介绍了金东方，儿子三次回来考察过，才锁定目标。

刘华生入住金东方快三年了，他对骆继宾说，到了这里，心脏病 5 分钟 10 分钟就能抢救下来，有个小毛病也不像在北京那么无助。我在北京弄伤了腰，想到北京住院挂号排队那么困难，还是回到金东方医院来治疗，做了微创手术，好得很快。我爱人老蒋忙上忙下也闪了一下腰，做了腰椎骨科微创手术，两人都住在一个病房，女儿急了要从瑞士飞回来，我不让她回来，我说这里小户大家亲如一家，金东方的工作人员对我们像亲人，新认识的朋友很快也像亲人一样，每天上午下午晚上都有人去病房看我们，送汤送水果，就是你在家也照顾不了那么周全。

骆继宾说，这样的日子哪里找啊。这次来之前，单位的老干部处领导说，过段时间要来看我们，说我们的眼光总是很独特的。初来乍到，骆家已经感受到浓浓的亲情，昨天参加了金东方侨眷座谈会，市区侨联领导专门来慰问，给每家每户送一盒月饼，侨眷上台载歌载舞，欢庆国庆和中秋佳节的到来。今天，又认识新朋友，席间，金东方的董事长金建勇、总经理郑美英，党支部书记张瑞芬一一进来向他敬酒，他一直很激动。

骆志峰这天下午要返回美国，王亮亮对他说："我们这里是侨胞之家，父母住在这里您放心。"

金东方现有归来侨胞和侨眷 135 户 253 人，2017 年 7 月成立了侨联，这是全国最小的侨联组织。8月，江苏省侨联副主席张倪前来考察，授予金东方"侨胞之家"牌匾。10月29日，刚刚开完党的十九大，中共中央委员、中国侨联党组书记、主席万立骏一行，风尘仆仆来到金东方视察侨联工作，看望了居住在这里的归侨侨眷。正在与国外儿子视频的一对侨眷夫妻，邀请万立骏与儿子聊几句，万立骏接过老人的手机，风趣地对老人的儿子说："你父母过着令人羡慕的生活，请你向海外朋友介绍中国老人这份幸福与满足，这也是讲好中国故事，传播中国好声音。"

在金东方，侨眷的活动是多姿多彩的，曾兴起英语角学英语，唱英语歌曲，97岁的退休老教师也去参加。吟诗作画、时装走秀、旗袍舞蹈，腰鼓秧歌，气功太极，会员中的热门活动，侨眷都是骨干。在颐养中心茶吧，一身唐装沏茶讲养生的吴国成，女儿在加拿大，他和夫人一个每天免费在这里传播友谊，一个热衷参加旗袍舞蹈演出。侨联主席王亮亮在常州海关领导岗位工作多年，妻子朱珊珊退休前是外经系统的国际合作部经理，儿子去美国读研后在美国创业，他俩是金东方的第一户会员，也是金东方的明星夫妻，一个积极为文化活动作贡献，一个热心关注空巢归侨和侨眷，了解到这里住有美国、英国、加拿大、新西兰、澳大利亚、日本、俄罗斯、印尼等20多个国家的归侨和侨眷，王亮亮积极向上级侨联组织反映情况，争取归侨和侨眷得到组织关爱。

金东方侨眷火热的生活受到各级侨联组织的关注。2017年常州市侨办举行庆中秋联欢会，专门点名金东方旗袍舞蹈《最美女人花》参加演出，由朱珊珊参加编导的这个舞蹈，参加过今年常州市月季花展《名园旗袍秀》，后经改编在香港回归祖国20周年庆典活动中旗袍走秀获二等奖。在常州迪诺水镇举办的常州市侨界庆中秋联欢会，最耀眼的就是金东方的旗袍美人，最令人羡慕的，是他们一举手一投足，都是那么的相亲相爱。

（二）

2017年8月18日，凌晨三点，87岁的赵桐浑身虚汗，胸口隐隐疼痛，擦着汗水，她感觉手举不起来，没有劲儿。床边的墙上有紧急按钮，可她挪不动身子，她拿起了手机，想拨个电话给邻居陈玉芳，一想还是半夜，又放下了手机。她怕惊动太大，陈玉芳住她楼上，原来素昧平生，相识时间不长，她不能够太麻烦人家，她希望自己能够坚持挺住，等到早上

5点钟，每天5点钟，陈玉芳都会到她家来看看她。

赵桐是镇江市离休干部，丈夫去世20多年了，她离休后跟独子在青岛生活了20多年，儿子调到上海工作。她于2016年初住进了金东方，与妹妹住一个家园不同楼栋。她给自己买一辆电动自助轮椅，经常开着电动轮椅在花园里散步。与她同居一栋楼的陈玉芳67岁，开始陈玉芳是跟着她的轮椅一起散步聊天，当了解到赵桐已年近90岁，又是一个人住在金东方，陈玉芳就说，你以后有什么事就打手机告诉我，不要客气。说着就给赵老留下手机号。陈玉芳不仅是说说而已，她从此每天都去看看赵老有什么情况。

说起来，还幸亏有陈玉芳的关照。就在她们认识不久的一天，赵老自己也搞不清怎么就从床上摔下来了。当时没感觉疼痛，到了下午右脚走不动路了。陈玉芳来看她，马上按报警按钮，保安抬着担架来了，将她送到了金东方医院。一量体温，高烧，盖三条被子还觉得冷，马上进了重症监护室。医生让办理入院手续。赵桐的妹妹这时还住在市里，赵桐只好一一交代陈玉芳到她家帮拿证件和银行卡。几个小时忙下来已经晚上11点了，陈玉芳才离开医院。第二天早上5点，陈玉芳又来到她病房，送来煮好的鸡蛋、蒸热的包子。

赵桐住院期间，陈玉芳也天天去医院看望她，待赵桐稍好一些，陈玉芳常常推着轮椅带她在院子里换换空气。赵桐出院回到家了，陈玉芳对她说，这里保安很尽责，晚上睡觉时你留条门缝，我每天早晨四五点来看看你。这门一直就留了20多天。

从此赵桐每当有什么事想起求助的第一个就是陈玉芳。可此时正当半夜，怎好打搅人家？赵桐心中默念：坚持坚持……迷迷糊糊中，终于听到了陈玉芳的声音，"婆婆，婆婆，你怎么了，怎么了？"赵桐已说不出话，无力地摇着头。陈玉芳把她从床上扶起来，迅速帮她穿上衣服，把她抱进了轮椅推着就往医院跑。化验结果出来了：缺镁。要补镁，医生很慎重，没有家属签字不行，赵桐自己签了字，医生指着电脑搜索的副作用让她们看，陈玉芳说："我全程陪在这里，有药物反应马上报告你们抢救。"医生问："你跟她是什么关系？"她说："是邻居，但不能看着她得不到救治。"随后输液4天补镁15天补参脉（人参复脉汤），陈玉芳都在她身边。听说白萝卜汤有很好的补镁效果，陈玉芳就陪赵桐吃了半个月的白萝卜汤。赵桐身体慢慢恢复了，她却瘦了两公斤。赵桐拉着陈玉芳的手感动地说，你两次救了我的命啊！

在金东方，人与人之间的关系似乎回到了过去那个"大院"年代，互相帮助的感人场景，是随处可见的。从北京来的张翠华86岁，每天扶着轮椅去食堂用餐，会员沈立经常帮助买饭拿菜；沈立的老伴腰椎间盘病变疼痛，张翠华的女儿赵艳会针灸就帮她治疗；坐着轮椅的离休军医朱树农，身边经常围着一群拿着各种病历的人，请他分析疑难杂症的治疗方案；会员潘伟陪同坐轮椅的朱树农去澡堂洗澡，还每天陪同朱树农去做气功，并且照顾一同做气功的93岁离休干部陈东升……

78岁的周祖缇半年前刚作过一次手术，体检又发现乳房有结节，不由得慌了神。同住一栋楼的赵锦土，用手机拍下她的体检表发给任职上海曙光医院乳腺外科主任的妹妹赵春英，随后的检查、住院、手术都一路绿灯，赵春英亲自主刀，手术圆满成功。在周祖缇住院治疗期间，几乎天天接到金东方邻居的微信问候、电话鼓励。出院回到家天已经黑了，好邻居周小青提前为她包好馄饨，请楼栋生活秘书存放进了她家的冰箱里。虽然丈夫已去世，孩子都远隔千万里，她点火煮上一碗热气腾腾的馄饨，感到亲情就在身边。

80岁的岳其大是个成功的民营企业家，30多年前自筹五百元起家办起了五金加工厂，如今已发展成年销售2.3亿元的汽车零部件厂。他入住金东方后，积极参加聊天养生、文化体育活动，经常义务派车组织老人外出参观红色文化和现代科技产业园。

金东方还有这样一个故事。2017年情人节，10多名会员参加"为残疾人助学义卖"活动，卖花收入作为助学款当天送到收容智障孩子的武进特殊学校。卖花不易，参加活动的会员都受到心灵的洗礼，活动组织者周明达是会员中的慈善家，金东方文化活动的大音箱，就是他办企业的儿子捐献的。而他夫妻俩和儿子儿媳及在美国的女儿，去年一年资助贫困生达112名，9年累计资助达510余名，累计资助金达109万元，其中公益文化资助金达60万元。"常州市武进星火爱心助学协会"是周明达2009年发起成立的，现在由儿子周锷担任会长，9年来这个协会共为常州武进及对口支援的陕西商洛地区、新疆尼勒克等地资助贫困学生累计达5 670余名，累计资助金达412万元。这个协会的微信群现在有500人，其中有金

54

东方 15 名会员，资助贫困生的会员，更把金东方会员之间的邻里关爱当作举手之劳。爱是关心和给予，爱是信心和鼓舞，金东方这个大家园里，就是一种把亲情与友情、天伦之乐和文化之乐相互融合在一起的养生模式。

（三）

2017 年 10 月，金东方门球队首次在家园外赛出好成绩，在常州武进区 17 个队参加的门球联赛中进入前六名，一年前的门球联赛他们打了个倒数第五名，这个进步的确不小。金东方董事长金建勇为门球队举行了庆功宴，将 15 名队员请到一起，鼓励大家再接再厉，明年争取进入前三名，进入甲级队。

说起这支门球队，故事可太多了。金东方的门球场开始只有几个老太太在玩，在党支部书记张瑞芬的动员下，祁振声、洪孝明、徐根荣等一批会员买了球杆，可他们从没有打过门球，击球、过门、撞柱这些名词一无所知。便向打球的老太太学习，其中 87 岁的山东老太太刘雪芬一招一式打得好，手把手地教他们。在女儿家小住的刘老要回山东了，临走专门来到门球场鼓励大家："金东方条件那么好，好好练，认真钻研下去，对人的脾气、心理素质影响很大。"硬留下 1 000 元作为鼓励基金。这对 60 多岁的祁振声等人是很大的激励。祁振声被 2 号楼的会员选为会员代表，大家尊称他"楼长"。门球队随着参与的会员增多就成立了协会，他又被大家选为门球协会会长，他积极努力，参加门球队的人陆续多了起来，75岁的返乡司令员周兴富，党支部委员吴柏建，来自军队干休所的一批会员，相继走上了门球场，门球队有了主心骨，也受到行家的关注。金东方童护士的丈夫张小平是门球教练，专门来给门球队上过两次课。意想不到的是，金东方的保洁员何普庆居然手持江苏省门球二级裁判证，他业余时间热心给予指导，门球队技术、战术提高很快。何普庆是牛塘镇何留人，参加何留门球队已有 10 多年，他先将金东方这支门球队带去与何留门球队练习，然后又将这支队伍领去参加牛塘镇门球协会搞的邀请赛，他既当运动员又当教练。门球队经历过失败，而后总结教训，不懈努力，逐步在周边打出了名声，队伍也扩大到近 20 人。

由会员推选出的会员代表，积极推动文化活动的开展，积极推动文明楼风的形成，这就是金东方区别于其他社区最明显的标志。金东方现有会员楼8栋，建设、加强楼栋文化是金东方的一大特色。良好的楼栋文化形成良好的园风，良好的园风能够有效地增加会员的幸福感。

金东方的每一栋楼都有2个会员代表，被大家尊称为"楼长"，会员代表主任赵兆泉，是常州大学的退休教师，是个正能量满满的人。会员代表都是楼栋文化的坚强倡导者和积极建设者。

周兴富是7号楼推选出的会员代表，曾当过军分区副司令员，从河北省军区退休，他说："我当过党代表，当过河北省人大代表，就是没当过'楼长'，这就是会员代表。"两年多后，7号楼在文明评比中获得最高分。"楼长"周兴富和吴荷琴积极引导会员彼此沟通，形成向心力和凝聚力，为促进楼道和谐建设做出了突出贡献。

把100多户不同文化背景、生活方式、人生观和价值观的个人、家庭聚集在一起，融合在一起，彼此和谐礼貌地相处，把金东方管理的规范宣传到会员中间，推进文明风气的形成，这不是个简单的事情。比如不乱扔垃圾、排队吃饭按秩序不要拥挤、在澡堂洗澡节约用水、小孩不要随地大小便等都是些小事，却直接影响风气和形象。光是批评不行，过多地指责更不行。周兴富除了正面宣传、灌输以外，他喜欢在谈笑风生中指出问题，需要强调的问题他喜欢举一反三，耐心地说服教育，"金东方为我们营造了那么好的幸福生活氛围，我们的子女不在身边，别人替子女为我们服务，我们也要把他们当自己的孩子来尊重。大家住在一起，我们的一言一行都要先想到是否影响了别人，是否给别人添了麻烦。"会员中有个别人脾气不好，三句话不合就吵闹的，他亲自去做工作。他善于将会员的正能量都调动起来，经过大家的努力，7号楼里一些不文明的习气，在正能量的氛围中没有市场，随之就消失了。

6号楼入住会员最多，楼栋文化活动最为活跃，那是献爱心的人多。会员浦国荣夫妇与潘伟夫妇过去都像候鸟一样，夏天到浙江、昆明，冬天去厦门、海南，两家相识在厦门的老年公寓，潘伟教会浦国荣夫妇佳木斯快乐舞步健身操。两家入住金东方同住一个楼栋，结束了候鸟的生活，开始在自己住的楼层跳佳木斯快乐舞步健身操，得到其他会员欢迎。热心的潘伟带头发起集资购买了电视机，80岁的会员岳其大资助了音响设备，健身操舞场搬到了楼栋的底层，退休公务员陈锡坤又把气功的项目增加进去，吸引了本楼许多老人参加。

每天上午八时和下午二时许，6号楼一楼音乐响起，二十多名会员跟着电视屏幕做气功，时长50分钟，有八段锦、六字诀、马王堆导引术。下午三时半，做佳木斯快乐舞步健身操，也有二三十人参加，年龄最大的96岁，其中还有四位年老体弱坐轮椅的会员。

金东方颐养中心每天傍晚都有交谊舞会，会所的"大家唱"活动时间是每星期六，但是，许多年纪大的老人不愿意去凑热闹，在自己住的楼栋也能参加这些活动。6号楼兴起楼栋的"大家唱"和交谊舞会，教大家唱歌的是89岁退休教育工作者胡友艾，他每周六参加会所的"大家唱"活动后，周四下午就在楼栋将学习歌曲教给大家；教跳舞的是80岁的退休医务工作者胡凤玉，当过企业工会主席的杨文林担任辅导员，积极辅道初学者进行练习，每周三下午教大家学跳交谊舞，周四和周日晚上则是本楼会员的舞会。

以文化为底蕴，以文明为支撑。现在金东方的花园里、通道上没有一片碎纸屑，大家相互礼貌尊重，与人为善，和谐共处，团结友爱，这里形成了小家大家一家亲的新型人际关系，"我爱我家金东方"成为一种认同感、荣誉感、归属感。生活在这里，就会有一种高尚、优雅的社区生活意识！

（四）

在金东方，你可以足不出大门，在颐养中心的老年大学教室学习课程，参加兴趣协会的活动，到瑜伽房练形体，到健身房蹬蹬自行车，再到室内恒温游泳池游泳，每一天都可以过得很充实。

金东方有丰富多彩的娱乐设施，老年大学开设了适合老人的智能手机、数码相机、家庭养花、太极拳、八段锦、交谊舞、英语、声乐等课程。金东方文体俱乐部属下30多个协会，书画、戏剧、舞蹈、球类、棋牌类等，每个协会都有丰富的活动内容。

在其他小区，老人顶多唱唱红歌，跳跳广场舞，摸摸麻将，打打扑克而已。在金东方，旗袍舞蹈、时尚走秀成为"名片"，戏剧协会多次组织越剧、沪剧、锡剧、京剧、黄梅戏联台演出，书画协会举办了笔会和作品展览，摄影协会的音像作品频发微信群。最近，朗诵协会、声乐班、打桥牌红火了起来，反映了这里的会员老有所学有了更高的追求。

本是小众艺术的朗诵协会，在金东方成立，是因李兰萍在生日会上朗诵的一首诗，语言的魅力打动了很多人。听别人的美文朗诵很愉悦，自己很享受，就想学一学，一群人拥戴她成立朗诵协会，报名参加这个协会有近40人。她选一些短小的文章带领大家朗诵，后来，大家就不满足了，感觉学普通话太重要了。

李兰萍曾荣获中国广播电视节目主持人"金话筒"奖，两次获中宣部"五个一工程"奖。从广播电台退休后，活跃在常州市老战士艺术团和常州吟诵协会，是常州吟诵协会副秘书长。"常州吟诵"是介于唱和读之间的吟唱古典诗词文章的艺术，它横跨文学、音乐、语言三门学科，在20世纪20年代由著名语言学家赵元任介绍到了全世界，是国家级非物质文化遗产名录的一员。李兰萍在这个活跃的文艺协会里深受熏陶，朗诵在吟诵艺术协会占有很大的比重，李兰萍将朗诵艺术带到了金东方，她在给大家讲语言，鼓励大家轻松学的同时，将自己的知识传授给金东方朗诵协会的会员，鼓励大家加强古典诗词文章学习，把自己的体会通过朗诵的形式表达出来。协会以沙龙形式组织金东方会员分享，一年时间过去了，朗诵协会的活动，不仅仅是一门会员语言艺术的提高，更是会员心智的提高。

77岁的李宁是退休的高级教师，开始一口常州普通话，现在作诗朗诵，累累获得热烈的掌声。金东方开园三周年庆典晚会，朗诵协会18人登台表演，在欢快的音乐中，大家全部脱稿激情朗诵，连82岁的会员金文庆也都是诗稿背熟的。参加表演的有一对夫妻张祥华和张继英，过去职业习惯比较严肃，参加活动声情并茂，脸上的笑容也多了。

声乐，不仅仅是声音的艺术，更是如同呼吸一样深入人们生活的思想艺术。金东方的会员每月生日会，寿星可以自己登台表演节目。有爱好的会员可以登台献艺，独唱一曲，对唱一段折子戏，热热闹闹。现在，大家开始追求提高声乐水平了。在市老年大学声乐班学习多年的会员潘荣生和曹萍，建议把资深教师沈建秋请到金东方的老年大学分校来上课，报名参加声乐班很快超过五十人。金建勇董事长批准颐养中心为声乐班教室配上一台三万多元的新钢琴，沈老师弹琴教课，从练气发声抓起。声乐班现在也成为金东方最活跃的一个群体，每周两次课。开园庆典三周年晚会，声乐班表演大合唱，老师指导排练，要求普通话正音才能登台，班长金超伍请李兰萍两次去辅导，还专门做了录音听效果。在一般的社区，就是在大单位有老干部处管理退休干部的活动，也未见有这样的场面。

文化的力量是潜移默化的。会员们发现，过去说话粗声大气的，慢慢都变得说话斯文，气定神闲，许多人从不苟言笑到笑容可掬，到相敬如宾，这就是发生在金东方的变化。

桥牌是扑克的一种打法，作为一种高雅、文明、竞技性很强的智力性游戏，以它特有的魅力而称雄于各类牌戏，风靡全球。目前桥牌已经成为2002年冬季奥运会表演项目和2007年全国大运会正式比赛项目。

金东方知识分子多，桥牌应该成为一个品牌。两年多前常州大学的钱三鸿教授就开始教金东方的会员打桥牌，钱教授是老一代知识分子，60年代就开始打桥牌了，是他把桥牌协会组织起来，这种高雅的活动大家很感兴趣。

有个爱好桥牌的人到了金东方，他就是新会员金超伍。2017年7月金超伍从南京入住金东方后，这个有三十多年桥龄的桥牌爱好者，就开始关注金东方的这个协会。在江苏省直机关工作的他，在南京曾牵头动员相关有实力又喜欢桥牌的企业有关人员举办了三届全市桥牌等级赛及其他的较大型比赛，当了两届桥协常务理事。2012年曾组队参加全国第二十六届"百龄杯"桥牌邀请赛，获得第一名。他的到来是一个极好的推动，金东方不少会员买书学习，他说："我会尽自己最大努力，不忘推动金东方桥牌发展之初衷，争取两年内形成一定影响力的文化标志品牌。"

大胆追求新的生活

（一）

人老了，怎么开心就怎么过，做你想做而能做的事。78岁的张月霞，她把自己的家从广州搬进金东方，就是一个信念：自己的晚年生活要自己作主。

张月霞是黑龙江人，丈夫的父亲是老红军，在战争年代曾帮朱德总司令挑过书。丈夫毕业于中国人民大学分到中苏边境从事边防工作，她年轻时做过外事工作，跟随丈夫从黑龙江到广州几十年了，住在广州市中心的广东省公安厅机关宿舍大院里，这里静谧、安全、生活方便，可以说是衣食无忧。退休后，伺候生病丈夫的几年是忙的，相濡以沫的丈夫9年前走了，她的孤独感越来越强烈了。女儿跟着澳大利亚的女婿在上海，儿子儿媳安家在广州，孙子则在澳大利亚工作生活，都不用她操心，她就彻底清闲下来了。因为她的热心，她当选为机关所在地街道居委会党支部书记。除了支部工作，闲来她打打麻将，独处的时间很多。

没有人说说话，没有事情让她操心，更没有事情让她干，机关宿舍大院里白天冷冷清清——人们都上班去了。带孩子的阿婆各忙各的。傍晚，大院里突然人流如织，那是人们下班回来了。可是很快人们都钻进了自己的小窝儿，家家灯光下唱响起锅碗瓢盆交响曲。这些都和张月霞没有任何关系，她还是一人一影，冷锅冷灶。

为了排遣孤独，张月霞在积极寻找养老院，她考察过广州附近，也听人介绍到金东方试住了一段时间，她觉得金东方不错，可还是下不了决心。之后她回了一趟老家黑龙江，老家虽然有一些亲人，可在南方生活多年的她已经适应不了东北的寒冷，张月霞还是觉得金东方好。可是儿女们都不同意她离开广州，说怕她上当受骗了。张月霞想念金东方吃饭有星级宾馆感觉的大饭堂，想念吃完晚饭就在会所大堂里伴着音乐翩翩起舞，然后走进宽敞现代的公共浴室痛痛快快冲个澡，再美美地进入梦乡，这就是她要的生活。有过试住经验的张月霞不顾儿女反对，决定从广州搬到金东方了。她对儿女们说："妈78岁了，以后就走不动了，现在安排好我的生活，也是为你们解除后顾之忧，你们不同意我也要去的，等我老死了，你们去把我的骨灰盒背回来放到你爸身边，再分了这房产。"她把新家安顿在金东方，办了爱心卡会员，入住104平方米的两房一厅。把丈夫的遗像放在电视机柜上，她点上一炷香："老杨啊，我把你也带来了，广州的房子租出去了，够我在这里过日子还不用动退休金。等我百年以后，再去广州陪你，你不用操心我。"

张月霞在金东方开始了新的生活，每天都有新乐趣，彻底摆脱了孤独。儿女们做梦也想不到，母亲身边很快有了一批新朋友：原国家邮政总局司局级领导刘华生夫妇；原常州市政协副主席江忞夫妇；太原理工大学退休的朱素渝教授，其丈夫还在北京没有正式退下来，是全国政协常委。儿女们从电话里都可以听出母亲连声音都洋溢着快乐。事实证明老母亲当时决定去金东方养老是对的，他们说："老妈您是对的，我们放心了！"

（二）

"养老要有新的观念，要舍得丢掉原来的老家。80多岁了，在原来住的地方自己管好自己不容易了。现在可以通过微信联络老朋友，交身边的新朋友，生活更充实。"蒋群说。

81岁的蒋群和84岁丈夫刘启成，都是曾经参加过抗美援朝的师级退休干部。原来的家在南京军区总医院宿舍区，楼下就是部队干休所，各种活动也很多。生活本可以就这样一天一天地过下去了。可是，刘老在上海的大姐摔了一跤，整个治疗过程困难重重，看病难，住院难，陪床更难，病还没有好，孩子忙得都累倒了，这件事对他们影响很大。

当儿子刘伟把他们带到了金东方参观，居家养老，医养融合是他们看中的，感觉这里就是自己需要的。看到金东方医院定位老年专科医院，设有神经内科、呼吸内科、消化内科、心脏内科、肿瘤科、骨科、妇科、眼科等十多个专科和病区，核磁共振、CT、B超等检查手段都有，金东方的娱乐活动设施比干休所项目齐全，老两口马上决定要入住。都已经进入耄耋之年了，有病是在所难免的，要找一个能看病，又不过多地连累孩子的地方养老为好。

蒋老5年前在南京摔了一跤，腰椎压缩性骨折，当时采取保守治疗，但是椎体压缩70%，压迫神经总是疼痛，入住金东方以后，得知金东方医院的骨科主任刘瑞平2003年曾在香港学习过微创手术治疗法，她向刘主任咨询了自己的病情，然后决定在这里治疗，做手术就在家门口，第二天就可以坐起来了，15天就回家，她都不让孩子来陪同，说这里照顾得很好，你们不用跑来。全家人都很高兴。

许多老人会认为年纪大了融入新群体难。刘启成和蒋群不一样，他们认为快乐是靠自己寻找的，一定要主动参加活动，要做公益事，他俩都加入了金东方书画协会。书画协会共有38名会员，平均年龄76岁，这是一个活跃的群体，会所的书画室每天都有练书法和画画的会员，微信群每天都有信息交流，或会员书画作品晒到网上交流。72岁的会长吴萍，是第一个在金东方办作品展览的人，常州市美协会员，又参加了省诗词协会、全国楹联家协会，作品曾多次参加国内外书画展览，得过金奖，参加过法国、日本、泰国、德国、俄罗斯的书画家联展。她积极组织协会每月一次集体交流活动，先后举办了三次书画展，两次现场笔会，刘启成和蒋群就在这些活动中先后认识了有共同爱好的会员：年纪最长的吴春元，85 岁，擅长山水画和草书；潘文瑞出版了几本自己的诗词书法集；师级干部退休的周兴富；每天都把书画当作生活一部分的吴友良、戴永银、黄保源、张安莉、张继英、缪杏媛等人。会员中上海交大退休的书法老师金其远，主动为大家的作品点评。

刘启成是 1962 年中印反击战的前线军医，在原始森林、高原缺氧的恶劣环境下救治伤病员，曾经历五天五夜不下手术台的紧张工作，耳朵受伤失去听力。如今儿子也在部队成长为师级干部。从前线返回改行并从南京军区总医院《医学研究》《肾脏病》杂志社退休的刘启成主编，与在副主任护师岗位退休的蒋群，在南京老年大学学书法达十四年之多，正楷、草书、隶书、篆体都能写，协会的作品展览上他们的长卷书法作品八卷，让人叹服，但他们非常低调谦和。刘启成将儿子创作的《东方铭》写成四尺书法作品，花钱裱好交给金东方悬挂在一楼大厅总台旁边。此外，老两口还参加老年时装表演，蒋群进声乐班学习，参加会所阳光合唱团和钢琴协会的活动，唱红歌和老歌，每一天都很充实。

2017 春节前，协会组织写春联活动，刘启成和蒋群领了一百多副春联的任务，每一副春联、一个横批和一个福字，他们在家里认真写好交到协会。协会组织 10 多人现场书写时，他们又参加写了 20 多副，整个活动协会前后书写的春联共 500 多副，他俩的作品就占四分之一。会员都高高兴兴张贴在自家门口。

两老在金东方幸福地生活，老有所为，其乐融融。儿子儿媳也积极为服务于金东方所有的老人尽力，儿媳原是南京军区总医院干部病房的，转业到了省政协老干部处，为南京军区总医院与金东方医院成为共建关系牵线搭桥，两个医院结对子的那天，南京军区总医院的老年医学科、普外科、肾内科、骨科、呼吸内科、心脏内科、神经内科等科室的专家都来到金东方医院出诊，受到老人们的欢迎。

（三）

金东方积极为独居老人克服和改变精神上的孤独寂寞、生活上的无助和安全上的隐忧，创造了良好的条件，鼓励独居老人自由相处，在相互了解、相互有缘的基础上，抱团养老，结伴养老。一种新型的人际关系正在引导老年生活的积极变化，给他们带来了温馨、甜蜜和幸福。良好的人际关系，也为会员们的身心健康创造了重要的条件。

独居老人和空巢老人不仅得到党支部关心，这里还形成了"空巢结对"和"家庭结对"的服务机制和模式。侨联通过征求年轻归侨侨眷的意愿，为年纪较大的空巢归侨侨眷找寻"结对"志愿者，定期探望空巢归侨侨眷，让他们不再孤单。会员有几个家庭结对的形式，有的是兄弟姐妹几家都到了金东方，有的是兴趣相投定期组织家庭旅游，有的是经常一起聊天不时轮流请客。

金东方就像一剂催化剂，进了金东方，你就会发现你与身边的人们的关系发生新的变化，最明显的是团结友爱，抱团养老，亲如一家，互相关心，互帮互助，倾心奉献。大家都明白一个道理，如果要真正快乐，自己受人尊敬，则应与别人关系融洽，只要时常保持心境开朗，快乐是很难舍弃你的。

在金东方，许多独居老人不再感到寂寞、孤单和无助。96岁丁松寿，儿子已经去世，儿媳和孙女婿时常来看望他，老人生活自理能力很强。同一栋楼90岁的独居老人张若珠，经常陪他聊天，有时两人在一起包饺子，情同兄妹。84岁的独居老人冯友香做了肠镜手术，上海来的倪汉珍夫妻给她做饭。独居老人蒋阿嫱摔伤锁骨，被女儿张惠接到了加拿大，治好了伤后就要回来了，尽管女儿女婿每年冬天都回来陪她，可她坚持要自己一个人先回来，因为与这里的老姐妹相处不寂寞。84岁的李中敏，老伴去年走了她回到南京待了半年，金东方开园三周年庆典前，她回到金东方，教会一群姐妹做丝网花，并专门做了一盆玫瑰花，作为六号楼会员的礼物，献给金东方。

78岁的蔡玲华，企业退休的经济师，她和丈夫跳交谊舞曾在常州市大名鼎鼎。丈夫去世两年后，她入住了金东方，在这里很快就没有了孤独、寂寞之感，她遇上了一群快乐自己愉悦他人的姐妹。2017年9月的生日会这天，她请来活跃在交谊舞圈的妹妹，到自己家里为这群姐妹化装，姐妹们身着鲜艳的公主晚礼服，闪亮登场，时尚走秀，全场喝彩。

在金东方开园三周年的庆典晚会上，在中国侨联主席万立骏一行考察金东方社区侨联时，这一群身着鲜艳公主晚礼服的姐妹们就是一道靓丽的风景，她们最小的年龄 73 岁，最大的年龄 82 岁，大部分是高级教师，不少都是侨眷。82 岁的徐璇原是常州大学副教授，化学化工学院党总支书记。领头人张翠模 78 岁，高级工程师。78 岁的金维老师建起了她们的微信群，取名"老乐乐"，群友 22 人。汤顺英，79 岁，原溧水区人民医院副主任医师；杨玉梅，78 岁，原光学仪器厂仓库保管员；程春玲，74 岁，原常州市 11 中学英语高级教师；汪兰芳，79 岁，原镇江市新区大港中学教师；王绣和，73 岁，常州市戚墅堰区人民检察院控告申诉检察科原科长，一级检察官；刘秀兰，73 岁，原常州师专图书馆管理员；顾毓秀，78 岁，原林业部常林集团有限公司高级工程师；金维，78 岁，原雕庄中学数学高级教师；盛莲龄，73 岁，原武进高级中学物理高级教师；赵安，76 岁，原常州大学基础课部办公室秘书。在 77 岁的李宁老师配乐诗朗诵中，她们一遍遍训练，练唱歌，练舞蹈，练走秀，从容优雅，风姿绰约。李宁老师的诗，说出她们的心里话："在我们的心灵深处，始终矗立着一个无线电台，不断从金东方的家人中，从无限的时间中，接受美好、希望、欢欣和勇气。我们虽已耄耋之年，可是却用自己的金手指点出了另一个自信的自己，希望能青春再现，在金东方的百花园中，展示夕阳春色……"

幸福是什么？到底怎么才算幸福呢？或许每个人对幸福都有不同的诠释。

在我写完这篇长稿的时候，我想起了入住金东方的一对夫妇刘青奇、马青美，是金东方第一对夫妻会员志愿者，几年如一日坚守在图书馆管理岗位上，默默无闻为大家服务，先后整理图书几千册，把图书馆管理得井井有条。他们还兢兢业业配合金东方颐养中心的各种接待活动，充分展示金东方文化建设亮点。金东方有一群会员志愿者，负责在颐养中心大门值班，礼貌迎接所有来到金东方的人员，其中 65 岁的张秋芳，是个最热心服务的人，她积极做好各项工作，并努力靠近党组织，要求加入党组织，更好地为大家服务。

我看到了金东方热心宣传旗袍文化的刘玉湘，正在参加世界非物质文化遗产节全国才艺海选，江苏团队第一名，其中常州就她一个人。她放弃了自己正在进行的一场旗袍总决赛，指导金东方艺术团旗袍队排练她改编的旗袍舞蹈《最美女人花》，准备到香港参加国际旗袍文化 T 台秀。这次参赛获得了好成绩。

我看到 70 多岁会员浦芳如组织金秋旅游又准备出发了，她退休于学校的财务岗位，既参加摄影协会活动，又参加朗诵协会、广场舞协会，还参加声乐班。会员们希望有人出来组织旅游，她义不容辞就挑起了这个担子，在"金东方俏夕阳驴友群"发帖，义务与旅行社联系，一次次愉快的短途旅游顺利成行，现在已能组织起 100 人的浩浩荡荡的旅游团队，让外人都惊叹。

我看到微信群里的一条新消息：现在金东方越来越多的人都在默默地为大家奉献自己的爱心，贡献着自己的力量。众人拾柴火焰高，金东方老人的青春之火将越烧越旺，燃起的幸福之光，照亮了大家，也温暖了自己，这就是金东方精神，金东方的魂！

在金东方会员心目中，一幅最美不过夕阳红的美丽画面，就是最大的幸福！

"民办公助"借船出海 医养融合顺势有为

——常州金东方医院在医改大潮中辟新路求发展

金建勇

民办医院与公立医院相比，面临政策支持落地、高级人才引进和市场定位等诸多因素挑战。常州金东方医院沐浴着国家大力倡导社会办医的春风，抓住国家全力推进医改的有利时机，在常州市人民政府和市卫健委等部门的支持下，依托常州市第二人民医院的优质资源和技术平台，走出了一条"民办公助"医养融合的民营医院发展新路子。

一、政府发文件，"民办公助"有章可循

近几年来，国家和省市先后多次发文支持社会办医。国务院印发《"十三五"卫生与健康规划》为社会办医指明了方向。2015年国务院办公厅印发《关于促进社会办医加快发展若干政策措施的通知》明确指出："鼓励地方探索公立医疗机构与社会办医疗机构加强业务合作的有效形式和具体途径。鼓励公立医疗机构为社会办医疗机构培养医务人员，提高技术水平，并探索开展多种形式的人才交流与技术合作。"国家在公立医院支持社会办医方面的明确表态，给常州市人民政府深化公立医院体制改革，促进社会办医加快发展带来极大动力。

2015年年底，常州市委印发《常州市深化医药卫生体制改革试点工作实施方案》指出，"通过特许经营、公建民助、民办公助等模式，支持社会力量举办非营利性医疗机构"跃然纸上，金东方民办公助模式在此大背景下应运而生！

常州市政府高度重视"民办公助"合作模式试点，专门召开市政府办公会议研究部署。《关于常州市第二人民医院与江苏金东方颐养园置业有

限公司合作办医的会议纪要》明确指出："鼓励和引导社会资本，发展医疗卫生事业，形成投资主体多元化，投资方式多样化的办医体制，是深化医药卫生体制改革确定的基本原则和重要内容。市二院与金东方置业合作办医，既是贯彻国家医药卫生体制改革的重要举措，也是落实省、市卫生主管部门批复的要求，更是常州市深化医药卫生体制改革的一次有益探索。双方的合作，不仅有利于增加医疗卫生服务资源，扩大服务供给，满足人民群众多层次、多元化的医疗服务需求；而且有利于完善分级诊疗机制，扩大公立优质资源覆盖面，实现公立医疗机构和民营医院相互促进，优势互补。"会议要求：①金东方置业设立独立法人的民营医院"常州金东方医院"；②常州金东方医院由市二院托管，托管期间增挂"常州市第二人民医院金东方院区"牌子；③常州金东方医院实行独立核算，自负盈亏，用协议规范合作双方行为；④各部门要加大支持力度。市二院要积极探索，创新发展，进一步发挥和放大医院资源，加强与民营资本的合资合作，走出一条医院管理集团化发展新路子，为全市医药卫生体制改革做出更大贡献。2016年2月28日，在轰轰烈烈的医改创新大潮中，弄潮儿常州金东方医院正式开张了。

二、科学建机制，营运管理严密高效

社会力量通过医院管理集团等多种形式参与公立医疗机构管理的成功案例，多年来常常见诸报端，而公立医院托管民营医院的案例较少，成功的经验更少。常州卫健委十分重视，为了起好步，特地带领我们双方人员到汕头潮南民生医院学习取经。汕头潮南民生医院由香港企业家吴镇明先生在潮南高新技术产业开发区投资兴建，委托汕头大学医学院第一附属医院全面经营管理，是我国民办公助的第一家医院，于2006年2月5日正式开业，解决了开发区缺少医疗机构的现状，经历十年的发展，目前已是一所涵盖医教研的大型综合性三级乙等医院。常州金东方医院起步晚，又建在医疗资源富足的常州市，其难度更大于汕头潮南民生医院。我们借鉴汕头潮南民生医院成功经验，结合实际，与常州二院本着"真诚合作、互利共赢、发展为要、造福百姓"的基本原则，在决策机制、医院管理、人才技术、保障支持、绩效激励等方面签订了托管合作协议，建立分工合作、资源整合、责权明确的托管机制，有效保证了医院的正常运营，提高了效率，促进了发展。

一是决策协调机制。成立医院管理委员会，由合作双方人员组成，作为医院决策机构代理行使医院董事会职责，通过定期召开会议的形式，决定医院发展战略、重大经营决策、医院管理团队任免等重大事项；协调医院与政府之间的重大事宜，协调医院与外界的沟通，营造医院经营发展的良好环境。

二是内部管理机制。实行管理委员会领导下的院长负责制，执行院长由常州二院选派、管理委员会聘任，全面负责医院的经营管理并承担相应的责任。通过建立健全医院内部管理机构，制定相应的规章制度，对医疗质量、服务品质、学科建设、人才培养、教学科研、医保控费等严格管理，规范运营。医院工作人员由常州二院派驻人员和常州金东方医院招聘人员组成，其中学科带头人和业务骨干主要由常州二院选派专家组成，保证医疗技术水平和服务质量。

三是保障服务机制。金东方负责保证运营资金，负责保障人事招聘、财务管理、采购、信息、后勤等服务，对托管方经营管理工作给予积极支持并提供必要的条件。

四是绩效奖励机制。医院实行独立核算自负盈亏，分别根据医院年业务收入和税后利润给予托管方经营管理费；常州二院派驻金东方的员工经费均由金东方负责，按市场标准给予薪酬；在医疗质量、医疗安全、服务态度、工作效率、经济效益、医保政策执行、合理用药、降低医疗费用等方面，实行全院目标考核，责任到人，奖惩挂钩。

三、顺势设学科，医养融合错位发展

中国社会老龄化进程不断加快的严峻形势，决定了走医养融合发展之路是民营医院在新时代的必然选择。常州金东方医院由常州二院托管，不可以与二院同类同质发展，造成内部竞争，应当走出一条与二院完全不同的具有自身鲜明特色的错位发展之路。于是"5+1"医养融合新模式在金东方落地了。"5+1"模式涵盖以下具体内容：

健康管理。健康管理是医养融合的基础。做好健康管理工作既能为医疗提供有效信息，也能为养生提供可靠依据。医院依托健康部建立了一套有效的健康管理体系，让居住园区的老人尊享系统化的"家庭医生"和"健康秘书"服务。一是体检评估：全面掌握入住老人的体质状况。二是健康干预：根据老人的体检情况和评估结果为老人制定科学的养生方案和照护方案。三是日常跟踪：健康部对每位老人的日常健康状况进行跟踪服务，及时向老人提出各种健康建议。四是档案管理：每位老人都有一份完整的健康档案，全面记录其入住以来的健康状况和既往病史、健康干预等情况，并有计划组织健康教育，充分提升老人自我管理水平。

紧急救治。老年性疾病具有突发性、高发性、紧急性的特点，金东方建立一支由健康部、保安部、生活部等人员组成的紧急救护队，全体人员全部进行专业训练，熟练掌握CPR技术和安全运送病人的方法，24小时待命。健康部和各楼栋及重要活动场所均配备担架、轮椅、防护雨布等紧急转移设备。开院以来，救护队24小时工作，真正做到招之即来，累计为266人次提供紧急救助服务，无一人因为时间和方法问题而影响救治。

疾病治疗。针对老年病特点，医院开设神经内科、心血管内科、肿瘤内科、呼吸科、老年医学科、康复医学科、骨科、普外科等36个专科门诊，设老年医学科、康复科、神经内科、心血管内科、肿瘤科、呼吸内科、骨科、综合外科、创面修复专科共9个专科7个病区。常州二院不仅精选了一大批精兵强将在金东方院区常驻，每月还派驻一百多人次的专家团坐诊、手术及业务指导，确保患者得到优质的医疗服务。医院还与市内外大医院建立绿色通道，与南京军区总医院结为军民共建单位，享受更高医疗水平保障。

康复护理。依托金东方护理院开设康复科，针对失能、半失能、失智老人，开展康复治疗、康复护理。根据ADL评分建立"介助、介护、海默氏症（阿尔兹海默症）"三大护理体系，探索护士长带领下的护士、护理员一体化的护理管理机制，专门引进了台湾先进养老护理信息系统，使医疗护理、生活照护有机结合，更具专业性、个性化，实行"全人、全程、全员、全方位"的全身心照护模式让老人在享受科学医疗的同时也得到温馨、专业的照护。同时，在医疗支撑、技术指导、药房、医技检查、消毒供应、医废处理等方面给予金东方护理院全面保障，尤其是完善的会诊、转诊机制，既为入住护理院的老人提供医疗保障安全，也增加了医院的病人来源和业务收入。

文化养生。常州金东方医院所在的社区已入住 1 073 户，2 000 余人。为了使这些老人尊享健康，医院配合社区搞好文化养生，让他们吃讲营养、住讲舒畅、玩讲健康，雅俗共赏。食堂每天提供丰富的营养餐供老人们选用，主辅粗细搭配合理，不仅品种多而且营养讲究，有专门的营养餐软件监测，每人每餐吃了多少营养都能一目了然。每月还有医院和专业人士来开展健康讲座，老人的"健商"在常州人人夸奖。另外，医院重视老年人的精神生活，配合社区开展各项有益活动。先后成立了文体俱乐部、艺术团和 30 多个协会组织，做到"节日有晚会，月月生日会，天天在聚会，人人乐开怀。"

机制保障。医养融合的难点是机制，关键是服务。常州金东方医院积极配合社区做好各项服务工作，坚持"以孝为先、以乐为天、以健为本、以情为源"的服务理念，运用"一套班子，一管到底""首问负责，一问到底""分工不分家，转换不断线""一站式，一条龙，全方位，全天候"的管理机制，在社区形成"小户大家，亲如一家，共同建设美好家园""我爱我家，我做典范，谦诚文明，博爱包容"的家文化，并且实现社区党支部、居委会、俱乐部、颐养中心、医疗中心、护理中心"六轮驱动"全面保障。

医养融合，错位发展，医是保障，养是重点。"5＋1"医养融合模式是金东方在实践中探索出的民营医院发展的新路子，也是现代医疗与养老有机结合的新尝试。

四、各方扬优势，资源共享合作共赢

"民办公助"医养融合涉及多个利益主体、多种管理体制和多种人才支持，能否充分发挥好各自优势，实行资源共享、合作共赢是能否成功的关键。我们在实践中探索，主要把握以下几点：

一是扬长处，补短板，使长处更长，短板变长。公立医院的技术、管理经验和平台人才优势非常明显，而民营医院的机制灵活，危机意识和客户理念也非常突出。我们在合作中注意双向引导，教育培训，交流任职，用足长处，弥补不足，使工作效率和业务绩效大大提升。

二是用平台，拓市场，让客户既喜欢常州二院又喜欢金东方医院。常州二院是省内知名三甲医院，医疗质量和服务品牌在常州有口皆碑，但苦于近几年受投入机制制约，部分专科已无法满足病员需求，而金东方是常州规模最大、设施最好的民营医院，又是常州二院托管，完全可以帮助二院分流病员克服困难。如经二院治疗，病情已趋稳定的病员可以到金东方医院进行康复，还有不需要在二院治疗在金东方医院就可以解决问题的病员，可以不必去挤占二院的资源，把床位让给更需要的人。通过这样的安排，常州二院大大提高了床位使用率，提升了医疗效率，金东方医院也拓展了更大的市场，满足了病员的需求。常州金东方医院是以老年学科为基础的"大专科，小综合"民营医院，针对老年人"一人多病、一病多因、急发、频发、对医疗依赖度高"的特点，实行医养融合是医和养的最佳选择。养利用医提升了健康保障水平，医有养的老年人固定一批病员，用好医和养两个平台，医、养市场拓展能力大大提升。

三是降成本，增效益，实现资源共享，互利共赢。在金东方，降本增效已成为全员共识。为用好二院的资源，常州金东方医院的消毒和部分医技检查均由二院负责。在二院实习的医生和护士需进行社区健康管理和居家护理培训的，均由金东方护理院负责。医院的病员可以享受金东方颐养中心公园般的环境，在树林中、小桥上、亭湖边休闲。建筑占地不到 20 亩的医院享受 200 多亩绿地公园环境，这在任何地方都是难得的。常州二院在托管常州金东方医院的过程中积累了丰富的医联体管理经验，受到各级卫健部门的赞扬和同行认可，公立医院的资源效率不断放大，人民群众的幸福感倍增，而金东方也有了强大的医疗保障，医养融合成为行业内的标杆。

党建引领方向明　养老生活满园春

李兰萍

金东方社区党支部成立于 2015 年 6 月。社区共有党员 580 名，其中组织关系转入社区支部的党员 133 名，设有 6 个党小组。支部自成立以来，在牛塘镇党委的领导下，始终把党建工作摆在突出位置，深入学习贯彻党的十九大、二十大和习近平总书记系列重要讲话精神，特别是认真习近平新时代中国特色社会主义思想，发挥党支部的战斗堡垒作用和党员先锋模范作用，努力推进养老社区全面建设，为老年人创造幸福生活。

金东方社区党支部注重自身实际，以党建促发展、以示范带全盘、创新党建理念，促进和谐、文明社区的建设。2016 年、2017 年、2021 年被评为牛塘镇"先进基层党组织"。

社区党支部定期组织政治学习，全面理解和贯彻党的二十大精神实质；加强对年轻党员和青年的政治学习和思想教育；根据社区老龄人口多的特点，打造"小户大家，亲如一家，共同建设美好家园"的金东方家文化；组织各种文体活动，不断满足老人的精神文化需求，确保社区党建工作落到实处。

（一）加强思想建设，提高思想水平

思想建设是党的基础性建设，是党的建设系统工程的先导性要素。党的思想建设质量决定党的建设成色。金东方社区是一个养老机构，社区老党员居多，占全体党员的 90%，年龄最大的 93 岁（金东方会员）。这些党员大致有以下几种情况：离退休干部、机关工作人员、医生护士、教师、军人、企业领导、职工等，几乎涵盖了各行各业的人员。其中有本地的、有异地迁来的，也有为数不少的年老多病行动不便的党员等。

对于这样的党员群体，党组织不仅要关心他们的生活和健康，而且要从政治上关心他们，组织他们过好党的组织生活。社区党支部认真贯彻落实上级党委的各项重大决策部署，紧密结合金东方社区自身特点，落实每月学习制度，坚持集体学习和个人自学相合。组织大家认真学习党组织下发的文件精神，学习十九大以来的一系列精神，始终与党中央保持一致，根据不同时期的重点确定具体的学习内容。

我们为每一位党员购买了《习近平新时代中国特色社会主义思想学习纲要》并且组织专题学习会。社区党支部召开支委会，讨论学习计划，研究落实方案。我们利用喜马拉雅平台，开展"十九届五中全会精神"的学习活动。特别是在抗击新冠肺炎疫情期间，通过线上学习，即解决了人员集聚的问题，也解决了老年人眼神不好影响学习的问题，还解决了老年人看的效果没有听的效果好的问题。

从2021年3月开始，由支部书记发布《党的十九届五中全会"建议"学习辅导百问》中"十个问"的链接，分期分批、有计划地学习党的十九届五中全会精神。

同时，社区党支部为每一个党小组购买了《中国共产党简史》，利用"共产党员网"的《中国共产党简史》有声书，组织党员收听学习。党支部还定期发送《十九大党章知识精粹》，供青年党员和积极分子学习。

这种线上线下的多种学习渠道，灵活机动的学习方式广受欢迎。

（二）发挥党员作用，团结抗击疫情

2020年新春佳节、万家团圆之际，却因一场来势汹汹的新型冠状病毒感染的肺炎疫情，让这个假期显得格外的壮烈。党支部班子成员始终与党中央保持一致，思想上紧随党中央，坚决服从党组织的领导和指挥，严格贯彻落实各级政府的方针政策和指令，随时待命，不折不扣贯彻上级的抗疫防控要求，落实有关政策精神。

在"不聚集"的要求下，党支部充分利用网络，随时开通线上渠道，不延误、不定期地传达各级政府的方针政策，让大家第一时间了解上级指示精神，凝心聚力确保一方平安，为保金东方一片净土做出了应有的贡献。

金东方社区党支部及时开启金东方《健康之声》广播，班子两名主要成员，担任主播。宣传委员将每一次节目都整理成文字稿，播发在各个楼栋群，以便所有会员了解、落实。在疫情防控期间成为党联系人民群众的

桥梁和纽带，为上情下达、稳定民心，做出了不可小觑的贡献。《健康之声》已经开播 45 期。

金东方党员队伍的新生力量拓展了社区党支部为社区群众服务的途径。疫情防控期间，他们舍小家为大家，坚守一线岗位，24 小时为社区群众提供服务，积极为会员代购物、代购药、订餐、送餐、储备防疫物资等。

抗疫期间金东方的党员干部带头捐款、捐物。金东方党员、领导干部和会员通过金东方爱心协会向武进区红十字会自愿捐款 342 000 元，还有许多在金东方居住的党员向原所在单位党组织捐了款。金东方社区党支部上交武进区委组织部的抗疫捐款为 47 730 元，起到了良好的先锋模范作用。

金东方社区是一个养老机构，党员中年老体弱者多。根据离退休党员年老多病体弱的特点，党支部在安排他们过组织生活时，考虑到次数和时间不宜过长，对行动不便的老同志不强求他们参加党的组织生活，指定党小组负责向他们传达文件和有关会议精神，听取他们的意见和要求，与他们保持经常的联系，还对体弱多病的老党员上门慰问。

（三）培养新生力量，永葆党的活力

全面从严治党，党在革命性锻造中更加坚强，焕发出新的强大生机活力。严格依据党章规定发展党员，做到优中选优，确保党员质量和队伍纯洁，才能使党永葆青春活力，不断增强吸引力、凝聚力、战斗力，始终保持旺盛的生机活力，始终成为中国人民和中华民族的主心骨。我们党不断吸收新鲜血液，不断增强自我净化、自我完善、自我革新、自我提高的能力。

为加强党组织的战斗力，支部积极培养入党积极分子，为党输送新鲜的血液，更好挖掘、培养优秀的年轻党员，积极发挥党员在员工中的先锋模范作用。支部结合工作实际，强化对青年和预备党员的教育考察，关心他们的工作、学习、生活，积极创造有利于健康成长的良好环境。

"赓续精神血脉，传承红色基因"。支部赓续共产党员精神血脉，筑牢忠诚灵魂。支部对青年党小组召开专题学习会，在工作繁忙的状态下，通过网络推送团中央宣传部的青年网络公开课、中国首档青年电视节目《开

讲啦》公开课等让大家学习，不断提高政治思想水平。

在庆祝中国共产党成立100周年之际，支部组织全体党员重温入党誓词，面对鲜艳的党旗，党员们高举右手庄严宣誓，重温自己对党忠诚的誓言，表达了为党的事业奋斗终身的决心。青年党员纷纷表示将不断增强党员服务意识，充分发挥党员先锋模范作用，进一步弘扬奉献精神，以实际行动为党旗增光添彩。

截至2020年9月，在我担任支部书记以来有4位同志成为中共正式党员。同时，对3名同志进行培养、考察和锻炼。

金东方红色资源丰富。老党员不忘初心，自愿地加入传承红色基因的队伍，社区党支部或主动或配合开展了多项革命传统教育活动。如：积极参与武进区委组织部《百张图片忆初心》活动；武进区委的"桑榆进基层，治理当先锋"志愿服务项目；与武进区星火爱心助学协会党支部联合举办"建党百年·伟大复兴——听革命故事·诵中华经典"活动；与常州市侨联等联合举办庆祝中国共产党成立100周年"侨心向党，永跟党走"主题活动；与勤业中学党支部联合开展"重温红色故事·传承红色基因"主题党日活动；配合常州电视台拍摄老革命佟仲连同志传统教育的专题片；配合中共常州市武进区委宣传部、共青团武进区委、中共牛塘镇委在金东方颐养中心举办"实境课堂"活动等。

（四）组织文体活动，丰富养老生活

随着年龄的增长，老年人生理、心理必然产生各种不同于其他年龄群体的特殊需求，满足其需求的生活模式也随之发生变化：一是逐渐从劳动职业生活活动中退出；二是社会政治活动明显减少，与社会接触减少，人际交往的频率显著降低；三是精神文化生活的内容发生明显的变化；四是家庭生活成为活动的主要内容；五是生活空间明显缩小。为此，社区党支部组织了丰富多彩的文艺活动。

文化养老是金东方的鲜明特色，这里的文化活动丰富多彩。金东方社区有40多个协会，几乎涵盖了社会上所有的文体类项目。社区党支部牢记初心使命，以服务为中心，以活动为载体，开展丰富多彩的活动，充实会员的日常生活，用真情感召大家，增强社区党组织的吸引力和凝聚力。

由党支部牵头组织的就有《八一建军节》主题晚会、《教师节》主题

晚会、金东方经典节目回放等。特别是在庆祝建党百年华诞期间，党支部开展了《永远跟党走·同心向未来》系列活动，如："光荣在党五十年"党员座谈会、《翰墨丹青颂党恩》书画展、《纪念中国共产党建党 100 周年》主题晚会（100 分钟讲述 100 年的故事）、《唱支山歌给党听》主题晚会、《金东方十年庆》文艺晚会等多项活动，深受欢迎。

2020 年金东方朗诵艺术协会参加了江苏开放大学、江苏省社会教育服务中心举办的《"苏"声朗朗·诵读中国》2020 年江苏省社区朗诵大赛，我们的作品《我和我的祖国》荣获一等奖，该作品还获得了江苏省教育厅、江苏省语言文字工作委员会颁发的《2020 年"诵读中国"经典诵读大赛江苏省选拔赛》"社会人员组"一等奖。

习近平总书记在庆祝中国共产党成立一百周年大会上，首次阐述了中国共产党的伟大建党精神，即"坚持真理、坚守理想，践行初心、担当使命，不怕牺牲、英勇斗争，对党忠诚、不负人民。"这是中国共产党的精神之源。社区党支部将夯实信仰之基、铸造忠诚之魂，永葆赤子之心、砥砺奋进之志，始终把老人们的健康管理放在首位，以更加饱满的政治热情、更加昂扬的工作状态，为养老服务高质量发展作出应有的贡献。（2021 年 10 月）

（李兰萍系金东方社区党支部书记）

从金东方颐养中心的实践
看文化养老的趋势

沈成嵩　刘　洋

江苏省常州市金东方颐养园（以下简称"金东方"）是一所由民营企业家投资 23 亿元兴建的会员制民营养老机构，现有住宅楼 22 幢和一座文化会所，总建筑面积达 32 万平方米，居家养老床位 3 558 张，入住了来自全国28 个省市区的 3 000 多位老人（含侨胞、侨眷 300 多人）。其中，百岁以上老人 3 人，90 岁以上 56 人，80 岁以上 656 人，平均年龄 75.5 岁。

金东方秉持"以孝为先，以乐为天，以健为本，以情为源"的养老理念，以"帮天下儿女敬孝，让世上老人享福，为党和政府分忧"为宗旨，在不断提高"衣、食、住、行、医、护"等物质保障水平的同时，更注重满足老人的精神需求，大力倡导文化养老，受到了老年群体的普遍欢迎，也为我们如何高质量发展养老事业提供了一个可供效法的样板。

文化养老，新时代高品位养老方式

文化养老，是在老年人物质生活需求得到基本保障的前提下，以学习知识、交流思想、活跃氛围、升华情操为基本内容，以张扬个性、崇尚自立、发挥专长、愉悦身心为主要目的的高品位养老方式，既传承优秀传统文化，又体现当代人文关怀，具有广泛性、群体性、互动性、共享性等特点，可以让老年人有所学、有所为、有所乐、有所爱，极大地提高晚年生活质量，幸福地度过人生的第二青春期。

（一）古人着意养心优良传统的有益启示

养老贵在养心，对此古人心得多多。孔子曰："色难，有事，弟子服其劳；有酒食，先生馔，曾是以为孝乎？"意思是说子女必须和颜悦色地侍奉长辈，使之保持愉悦的心情，即所谓"以色事亲"。唐朝有"乐养""色养"之说，媳妇如果不能"载歌载舞"地"乐养"公婆，竟可以成为丈夫休妻的理由。古时士大夫阶层年老了就想着回归田园，享受牧歌式的养老生活。陶渊明对当官不感兴趣，整天忙着"采菊东篱下，悠然见南山"，怡然自得；陶弘景辞官隐居茅山，开馆教学，种植草药，治病救人，也关心国家大事，以致朝中有事总会派人前去求教，被称为"山中宰相"，活到 80 多岁。苏东坡更是一个"农耕养老派"，政坛上失意，却在文坛上大放异彩，他的诗词作品中有一千多首佳作是在流放和农耕境况下写出来的，不仅成为宋代豪放派诗人的领军人物，而且在潜心研究竹文化、酒文化、茶文化、饮食文化的过程中，充实了人生，寻得了乐趣，也给后人留下了丰富多彩的文化遗产……凡此种种，古人着意养心的优良传统，很值得今人借鉴。

（二）现代老年人追求高品质生活的内在要求

习近平总书记在党的十九大报告中指出："中国特色社会主义进入新时代，我国社会主要矛盾已经转化为人民日益增长的美好生活需要和不平衡不充分的发展之间的矛盾。"新时代呼唤新生活，同人民大众一样，老年人也不再仅仅满足于吃饱穿暖、有病可治的温饱型生活，而是希望得到更加环保绿色的居住环境、更加丰富多彩的文化生活，更多的人文关怀，更好的医保条件，更为和谐的邻里和人际关系。

据金东方的调查分析，现代老年人追求高品质美好生活的需求主要表现在以下三个方面：一是取悦自我的需求。老年人普遍有琴棋书画、摄影录像、唱歌跳舞、吹拉弹唱、读书写作、练功打牌、技艺竞赛、旅游观光等兴趣爱好，并且渴望获得新知识、新技术、新文化。二是社会交往的需求。老人退休之后，特别需要获得社会的关注，融入集体活动，希望在兴趣小组、文体社团和各类座谈、讲演、比赛、展览中展示自己的才智。三是实现自身价值的需要。一些老人退出职业岗位之后，仍不舍自己的专长，继续进取，并常有所收获，其心得成果希望得到家人、朋友和社会的认可，以求产生广泛影响，在对社会有所贡献中获得成就感，如著书立说、技术革新、义务兼职、关心下一代等。这三个方面的需求，是在物质生活基本无忧之后，对美好生活的更高要求，说到底就是一个文化需求。提倡文化养老，正是满足现代老人内在要求的重要方略和不可或缺的举措。

（三）高质量发展养老事业的必然取向

党的十九大报告指出："我国经济已经由高速度增长阶段转向高质量发展阶段。"虽然，这主要是就经济建设讲的，但也应该是对我国各项事业发展的共同要求。经过几十年的努力，特别是近十来年的迅猛发展，我国养老事业已经取得长足进步，居家养老得到了社会关注，社区服务逐步完善；面向"五保"老人的敬老院普遍改进了居住条件，服务水平有所提高；机构养老的规模快速扩大，床位大量增加；医养结合的模式越发受到重视，正在向越来越多的养老机构和社区延伸……与过去比，我国养老事业的进步和发展是显而易见的，但是与发达国家比，与现代化养老要求比，仍然存在很大差距。受经济基础和诸多其他条件的束缚，以往的工作，多偏重于物质保障方面，着力解决"雪中送炭"问题。如何在初步解决了养老事业中的物质保障之后，进一步提升养老水平，力求养老事业"锦上添花"，使之得到高质量的发展，是摆在全国人民面前的一个重要课题。这个高质量，一方面体现在养老物质保障水平的进一步提高，另一方面就是要把文化养老提上重要议事日程，更多地满足现代老人追求美好生活的精神需求，不断提高老年生活的文化含量。大力实施文化养老，是高质量发展我国养老事业的必然取向。

文化养老，金东方的成功探索

（一）设置老年大学和"聊天养生俱乐部"，让老人活到老、学到老

为引导大家做新时代的学习型老人，金东方与武进开放大学、常州大学、江苏理工学院等高校合作，在中心开办老年大学，常年开设老人喜欢的课程，帮老人提升文化修养。同时，成立"聊天养生俱乐部"，组织老人座谈聊天，主要议题包括传统文化、红色文化和改革开放文化三个方面，特别是新时代的新思想、新理念、新文化，让老人在聊天中

相互学习，取长补短，共同进步。聊天形式分为讲座式、评话式和杂谈式三种。据不完全统计，几年间这个俱乐部共组织"聊天"500多场次，从"南海潮"聊到"东海浪"，从"供给侧"聊到"互联网"，从"贸易战"聊到"华为强"，从"惠民生"聊到"扶贫棒"……让参与活动的老人学了知识，长了见识，添了乐趣，活了思想。

（二）组织老人根据自己的兴趣爱好参加歌舞弹唱、琴棋书画、健身旅游、文体表演等活动，让老人身心不惰，笑口常开

金东方老人艺术团，下辖歌咏、舞蹈、戏曲、书画、摄影、朗诵、门球、台球、太极拳、游泳、围棋、象棋、桥牌、扑克、麻将、钓鱼、茶艺、旗袍等40多个非正式协会组织，大的有一两百人，小的也有十多人。老人们根据自己的兴趣爱好参与活动，场地、服装、道具一般由颐养园提供，以保证活动的正常开展，以至"天天都见演艺场，周周都有锣鼓响"。5年来，金东方还先后举办生日聚会60多场，大型文艺活动5场，会员们纷纷上台展示才艺，八仙过海，各显神通，其情恰恰，其乐融融。金东方技艺人才众多，艺术团将一些具有专业水准的人员，组成小分队参加对外表演和比赛，桥牌协会、门球协会、旗袍协会、太极拳协会常在园区内外举办的赛事中大放异彩，展示了金东方老人的精神风貌。

（三）经常开展节庆、民俗文化活动，帮助老人打开记忆的闸门，留住乡愁

金东方十分重视弘扬传统文化和民俗文化。建园之初，在原址保留并修缮了明朝洪武年间始建的"长队"古桥，保留了一棵高龄老桑树，在当年岳飞屯兵处修建了忠孝亭。另外还在园区的中央架置了脚踏水车，既可锻炼身体，又可提水灌溉。留置了小块农田，夏育水稻，冬长小麦，让有农耕情结的老人们足不出户就能感受四季更替，记住乡愁，不忘本色。每年元宵节都邀请专业舞龙队到金东方表演文艺，在喜乐祥和的气氛中欢度佳节。端午节组织老人包粽子，中秋节组织赏月晚会，重阳节吃重阳糕，腊月初八吃腊八粥。每到春节，颐养中心食堂里数百人一边吃团年饭，一边欣赏精彩的节目，浓浓的年味让大家春风满面，流连忘返。

（四）将互联网融入现代养老生活，帮助老人展开想象翅膀，赶上时代节拍

入住金东方的老人中不乏高级知识分子，有较好的传统文化根基，但对现代互联网的运用却不太适应。为此，金东方采取三条措施帮助解决：一是经常开设互联网培训班，系统讲授互联网知识和运用技巧；二是规定入住老人可以随时随地向在岗工作人员求助；三是遇到难题可以到总服务台或者拨打服务电话解决。经过一段时间的努力，这里七成以上的老人学会了手机上网、微信交友、视频通话、手机导航、淘宝购物、滴滴打车等知识技巧，不少人通过微信建立了学习群、聊天群、兴趣群、活动群，在群里分享学习心得和家长里短，有的还能自己用手机或电脑写文章、创作佳篇。中心还不时开办防止网络诈骗和保障老年人合法权益的专题讲座。如此等等，让传统文化和现代文化接轨，让老人充分享受现代科技进步成果。

（五）提供学习农艺、工艺场所，让兴趣广泛的老人实现在职时未曾了却的夙愿

金东方颐养园既有工艺馆，又有农艺园，可以让老人在这里过一把工艺、农耕瘾。有些老人一辈子从事某项专业工作，对其他行业技能虽曾有过念想，但从未曾付诸行动，而在金东方手工作坊里，许多愿望都可以实现。有人学会了插花、编织，将自己的作品放到食堂的餐桌上美化环境；有人学会了裁剪缝纫，在工艺馆里收获旗袍、刺绣等产品送给亲友。金东方还给农艺园取了个响亮的名字，叫"金东方人民公社"，一些过去从未干过农活的老人在菜地里种瓜得瓜，种豆得豆，看着赤橙黄绿青蓝紫的七色瓜果蔬菜交相辉映，真个是"采蔬东篱下，悠然见南山，今日陶县令，乐活不知返。"

（六）鼓励老人参与园区管理，帮助老人找回"工作岗位"，离职后一样可以实现人生价值

金东方建有会员代表大会制度和园区管理智囊团，鼓励入住老人作为会员志愿者参与园区党支部、居委会、社区侨联、营养膳食委员会的管理。智囊团成员和会员代表分工协作，各司其职，有的著书立说为园区建设出谋划策，有的写回忆调研文章为老年读者提供精神食粮。一些从党政领导岗位退下来的老同志，把自己多年积累的宝贵经验梳理出来，向社会分享。

金东方文化会所里设有迎宾志愿者、茶吧志愿者、图书馆志愿者等诸多服务岗位，让热心公益的会员参加服务。志愿者们协助管理日常杂务，编排活动方案，建设楼栋文化，对孤独老人进行心理疏导，等等。一次金东方举行大型文艺活动，一位部队退休的司令员和一位飞行员，为了让在岗员工安心观看节目，自愿到园区门口当了一天保安。

（七）提倡结伴养老，解决单身老人的孤独感，使老人心有所依

金东方有近200多个或丧偶或离异的单身老人，常年与子女分居生活，感到特别孤独。为了逐步消除单身老人的孤独感，金东方甘当"月老"，鼓励单身老人结伴生活，以利于生活上相互照顾，情感上相互慰藉。可以是"男男结合""女女结合"，也可以"男女结合"。特别在男女结伴养老方面，出现了很多喜人的现象，他们不仅能愉快地生活在一起，还形成一套不成文的默契：结伴不结婚，称谓不改变，财产不混淆，经济AA制，儿女公开，互不侵扰，结伴自愿，退伴自由，反对见异思迁，不违伦理道德，一般要签订结伴协议。金东方的这一特别倡议，让许多传统型老人解放了思想，摆脱世俗偏见，再次享受到了亲情和友情，消除了孤独感，重新燃起对生活的希望。

（八）贯彻"全心全意为老人服务"的宗旨，员工甘心当老人的孝子贤孙，给以更多的人文关怀，让老人情有所托

金东方受聘员工入职前都会受到严格审查，尤其重视品德表现。员工入职后要参加《弟子规》《孝经》《三字经》等中国传统慈孝文化的教育、培训，强化"入住老人就是自家亲人"的观念，并参加宣誓："我热爱养老事业，我热爱我的岗位，我愿意把老人当父母奉献孝心，说到做到，绝不反悔！"每天上班前的班组会上，大家都要响亮地高喊："微笑服务，会员至上！"有这样一批甘愿给老人服务的员工，老人们自然会经常得到温馨的人文关怀。特别为他们津津乐道的是这样两件事：一

件是定时举行的集体生日晚会——每月六日晚上六点半，是中心雷打不动为当月过生日的老人举行集体祝寿的时间。数百老人齐聚一堂，带生日帽，唱生日歌，许生日愿望，吹生日蜡烛，吃生日蛋糕，观看或表演文艺节目；有的还在现场跟外地子女视频连线，分享生日会的欢乐，一个个笑得合不拢嘴。另一件是为即将病逝的老人专门开设临终关怀病房，多方面给予精神慰藉，让老人有尊严地走完最后一程。金东方还在距离园区 2 千米处购地 5 亩，建造了 500 多平方米的"人文园"，为家属祭奠逝者提供灵堂布置、吊唁司仪、录音录像、接待亲友、安排食宿等一条龙服务，既传统又现代，既文明又节俭。"人文园"实际上就是"善终堂"，逝去的老人在这里被体面地送往"极乐世界"，为碌碌一生画上圆满句号。

（九）引导入住老人营造健康的家文化，树立文明家风，建立和谐的邻里关系

金东方的规划理念是尊容、现代、时尚、生态，打造"社区里的园林，园林里的社区"；做到"在家是宾馆，出门是公园，就诊有医院，护理在身边。"功能布局上实现医养康护一体化，全面满足老人的"医、食、住、乐、安"需求，对住房安全、食品安全、医疗安全、交通安全、水电安全、重大自然灾害安全和文体活动安全全都建立了防范制度和处理突发事故的预案，同时大力推崇以德养老，努力践行社会主义核心价值观，构筑"小户大家，亲如一家，共同建设美好家园"的社区和谐，打造"我爱我家、我做典范、谦诚文明、博爱包容"的文明家风，确保老人在这里"安居乐业"，平安快乐地安度晚年。还定期在会员中评选"十佳特殊贡献人物""十佳孝老爱亲家庭"，促进了文明家风创建水平的提升。

（十）拓展文化养老内涵，编撰书籍，创办报刊，开设网站，引领"文化养老"新时尚

金东方专门成立了颐养文化研究会，为颐养中心的工作进行理论探索，经过多年研讨，较早提出了"文化养老"新概念，使养老工作的理念实现了新的突破。从 2016 年起，颐养文化研究会每年收集编辑"金东方年度十大新闻"，在金东方网站上发表，激发了各楼道"我爱我家"的创

新热情。一些楼道成立了"家人聊天群"，家庭间互联互通，有时还将园区信息发给远在外省外国的亲友。国内外每发生一件大事，金东方每有重大新闻，很快就能在会员及其家人亲友中传播。金东方网站经常发布会员撰写的诗词、歌曲、散文、回忆录、小小说、学习心得、养老心得、健身体会文章，以及摄影、录像、美术、书法作品。2017 年，由 100 多位老人共同编撰的《话说文化养老》一书，经由中国农业出版社出版后，在社会上引起热烈反响。2018 年创刊的《金东方报》，刊登园区动态和老人们的所思所想，现已出版 5 期，深受会员们喜爱。2019 年《金东方画册》正在征稿编辑中，即将面世。

金东方的文化养老引起了社会各界的高度关注，2019 年 2 月，中国新闻社、中央人民广播电台、中央电视台、经济日报、人民网、中国网、中国青年报、健康报、中国社会报、中国人口报、中国老年报、中国老年杂志、环球老龄杂志等 10 多家国家级媒体聚焦金东方，关注文化养老的发展动向。

文化养老，放眼大局的几点思考

（一）推行"文化养老"，绝不是否定"物质养老"；没有"物质养老"的保障，"文化养老"只能是空中楼阁，纸上谈兵

"物质养老"和"文化养老"是一个问题的两个方面，前者是普及，后者是提高，没有物质养老的基础，就谈不上文化养老的实行。实事求是地讲，从我国社会的全局看，物质养老的水平并不很高，一些欠发达地区和部分农村还相当差，当下多数地方的工作重点还应该放在不断提高养老的物质保障水平上，致力于让更多社会老人衣食无忧，恙疾有治。当然，强调物质养老为基础，也不是说一定要在物质保障水平全面提升之后，才去做文化养老的工作。事实上两个方面的工作都是同时展开的，大多数养老机构和社区在努力做好老人物质生活保障工作的同时，也都关心老年文化生活，或多或少地开展了一些老年文体活动。虽然他们不像金东方这么自觉全面持久，认识上或许还没有上升到文化养老的高度。金东方的成功，有其自身的条件，在这里常住的老人经济都比较宽裕，文化程度也比较高，特别是颐养园与同在一地的常州市第二人民医院紧密合作，组建了一所"民办公助"的常州金东方医院，为入住老人的健康管理、紧急救治、防病治疗、康复护理、临终关怀提供了有力保障，实现了高度的医养融合。金东方医院的建立可以说是文化养老的成果，也为文化养老更加深入地展开创造了条件。全国各地，具备金东方这样物质条件的养老机构很多很多，如果都能自觉全面持久地推行文化养老，那将会对国家养老事业的高质量发展带来多大的示范效应啊！

（二）"文化养老"超越了传统的赡养观念，养老的着力点既在"保健"，也要"保康"

文化养老，包括人格上的尊重，精神上的关爱，情感上的慰藉，体现了当今的人文关怀，大大超越了传统的赡养观念。说起养老，人们通常认为就是为了保证老人的身体健康。至于什么是健康？通常的理解又只是"身体强壮，没有疾病"（见《新华字典》）。殊不知"健康"一词的含义是包括"健"和"康"两个方面的。康，我国最早辞书《尔雅》的解释是"康，安也。"又注："五达谓之康，六达谓之庄。"可见"康"原本为平安通畅之意，用以形容人体，便含有平和、顺遂、舒心、随意等意思，所以就有"康平""安康""康乐"等名词存在。这样看来，所谓健康，就应当包括"健，体质好"和"康，精神好"两个方面，健是硬件，康是软件，硬软俱佳，才是健康的人。老人颐养天年，既要"保健"，注意合理饮食、经常锻炼、防病治病；也要"保康"，做到文化滋补、精神慰藉、人文关怀。世界卫生组织的《宪章》早就为"健康"作了定义：健康，不仅是免于疾病和衰弱，而且是保持体格方面、精神方面和社会方面的完美状态，并于1990年提出了"健康老龄化"的目标。老人不仅要有一副健壮的身体，还要做一个全面健康的人。金东方强调文化养老，在重视老人"保健"的同时，把为老人"保康"的事情提到了很高的位置，这是对传统赡养观念的重大突破，是对国际通行的"健康老龄化"目标的完整实行。

（三）机构养老更利于文化养老的实现，社区一样大有可为

从某种意义上讲，文化养老是一个系统工程，牵涉到方方面面，需要具备人才、设施、管理等多方面的资源条件。大多数项目，分散的居家养

老搞不起来，一般的"敬老院"也难以实行。而近年各地雨后春笋般出现养老中心、老年公寓等养老机构，因具有相当规模，更有利于文化养老项目的开展。就说金东方吧，这是一家个人、社区、集体三位一体新模式的养老机构，经过多年发展，园区已经蔚然成型，打造成了绿树葱茏幽静，四季花草芬芳，小桥流水人家，鸟鸣蛙鼓萤飞的宜居住所，既是公园花园，又是家园乐园。如此规模相当、设施齐全、人才众多，组织起文化活动来自然得心应手，游刃有余。一般而言，各地养老机构都有一定规模，具有开展多项文化活动的条件。即便条件差一些，只要有心，就能搞起来，不求一步到位，可以逐步展开。至于管辖范围更大的社区，文化资源大多比较丰富，只要思想重视，提上日程，经过调查摸底、宣传发动、组织落实、紧抓不放，把广大老人的愿望和兴趣激发出来，聚拢起来，就一定能在文化养老这个事关老人福祉和社区兴旺的事业上大有作为！

（四）"文化养老"能否有效实现，关键在于有没有一支懂文化又熟谙文化养老要旨的领导骨干力量

从前文的陈述和分析中可以看出，金东方确是一家可以为入住老人提供舒适生活环境、优质医疗服务、丰富文化滋养、持久人文关怀的高品位养老机构。在这里，各样文化活动蓬勃开展，气息浓，格调高，文化养老已经成为人们习以为常的养生习惯和普遍追求的生活时尚。要问：这样的局面是怎么产生并得以持续的？一个回答是，这里有一支高度文化自觉且熟谙文化养老要旨的领导骨干团队。

金东方颐养园创立者刘灿放热心养老服务事业，对园区实施的多种文化养老举措十分赞赏，并予以充分支持。董事长金建勇，早先在部队和党政部门当过领导，多年的政工干部，对思想文化工作情有独钟且有深刻理解，深信文化乃企业之魂，养老单位亦不例外，认为文化养老的要旨就是激活人的精气神。当初，在规划金东方建设蓝图的时候，他就力主在园区中心位置先行设计建造了文化会所，老年大学、颐养书院、图书馆、大舞台、健身房、游艺室、游泳池等应有尽有，甚至还为信教老人设置了小型佛堂和礼堂。对中心开展的各个文化养老项目，他都亲自参与策划和组织实施，并身体力行，经常参加活动。他要求员工入职时必须参加集体宣誓，每天上班前的班组会上要响亮表达竭诚为老人服务的心意，并亲自拟

定了誓词。金建勇在文化养老方面的建树受到了入住老人及其子女的赞赏，也得到了社会的普遍认可，2018 年被常州大学聘为客座教授。颐养中心总经理郑美英曾就职于五星级酒店，也曾到美国接受过专业培训，她将国外先进的养老理念、五星级服务规范与传统孝道文化融为一体，带领员工努力用优质服务让老人们住得舒心，吃得称心，玩得开心。

入住金东方的老人中有院士、教授、作家、文艺家、科学家和众多行家里手，有省级作协主席、县区级的宣传部长和报社总编等。其中部分热心公益者积极行动，率先示范，形成了一个庞大的文化养老骨干团队。农耕文化学者、作家沈成嵩入住金东方之后，很快融入其中，成为团队的主要成员之一。他建议组建的颐养文化研究会，为开展文化养老不断进行理论探索，为开拓项目、设置活动出谋划策；他参与主持的"喝茶聊天养生俱乐部"常聊常新，几年间亲自主讲了数以百计的主题茶会，给众多老人带来了知识和乐趣；他主编的《话说文化养老》一书出版后在园内外广受好评。

就这样，一个文化自觉的团队带出了一个文化繁荣的园区。（2019年4月）

（注：本文已入选中国民俗学会 2020 年年会周论文）

金东方颐养中心老年教育的实践与思考

王如青

老年教育是全民教育、终身教育体系的重要组成部分，是创建学习型城市、提高公民素质、生活质量、社会文明程度的一项重要措施，是维护老年人权益、促进社会稳定、全面建设社会主义现代化国家新征程中的一项战略任务。党中央和江苏省、常州市领导就加强老年教育作了一系列指示，有关部门也提出了明确的要求。

金东方颐养中心自 2014 年 10 月 1 日开园以来，就规划了如何开展老年教育，把它作为养老工作的重要内容。由于高度重视，工作认真，措施扎实，办学效果明显。广大学员始终保持较高的积极性，学习勤奋，收获颇丰。学校被常州市有关部门作为对外文化养老交流的一个窗口。

一、金东方颐养中心老年教育的基本情况

金东方养中心拥有 1 789 户老年住宅，入住 3 000 多位老年人，平均年龄 75.5 岁。2016 年与武进开放大学合作创建了"学习苑"教育平台；同年 9 月与常州老年大学联合成立了"常州老年大学金东方分校"。五年多来，学校共开设了 51 个班，参与学习的老年人有 1 530 人次。金东方颐养中心老年教育结合自身实际、老年人的需求，以及师资的情况，对老年教育不断探索，在专业设置、教师选聘、制度完善、后勤保障、成果展示等方面都取得了明显的成效，深受老年人的欢迎和社会的好评。

（一）专业的设置

金东方颐养中心老年人来自祖国的四面八方，老年人的文化基础、年龄状况、兴趣爱好各不相同。为此，他们作了调查研究，充分听取老同志

的意见，尽可能地满足老年学员的需求，先后开设了语言文学、古典文学、书画摄影、舞蹈表演、音乐戏曲、休闲健身、医学保健、电子应用、形体走秀等 40 余门课程，其中"红楼梦讲堂""中国成人舞教学""手机修图教程"等深受老年人的欢迎。金东方颐养中心积极探索文化养老的新路径取得了良好的效果。

（二）教师的选聘

金东方颐养中心老年大学没有专职教师，教师的来源主要是两个方面：一是聘请武进开放大学的老师来校授课。武进开放大学大力支持金东方颐养中心老年大学，每学期提供 8 门课程让广大老年学员选择，而且教师在金东方颐养中心老年大学上课不要报酬，他们尽心尽职，为发展老年教育作出了积极贡献。二是从入住金东方颐养中心老年会员中选聘教师。金东方颐养中心的会员有一部分是从教师岗位上退下来的老教授、老教师，也有的是从党政机关和企事业单位退下来的老干部和专家、学者。金东方颐养中心从中选聘一些适合做老年大学教师的人，请他们来担任学校教师。他们与老年学员有共同语言，便于交流，效果非常好。老年大学先后聘请教师 48 位，其中从老年会员中聘请教师 8 位。

（三）办学设施

金东方颐养中心老年大学教室共有 10 间，其中通用教室 4 间，专用辅助教室 7 间。专用教室是器乐教室 2 间，配有架子鼓、扬琴、二胡、古筝、钢琴、电子琴等乐器。书画教室 2 间，配有书画专用桌椅。舞蹈教室 3 间，配有镜面、舞蹈房、音响等，并铺设了地板。

（四）教学管理

金东方颐养中心老年大学由康乐部具体负责管理事务，配有两名事业性强、有工作经验的同志担任领导，其中一位是从日本学习养老专业回国的优秀员工。他们工作认真、细致。每学期开学前都做好充分准备，落实师资，做好招生工作，与教师沟通，与学员商量，召开班长、骨干会，听取他们意见，同时提出明确要求，平时发现问题及时与老师和班长协商妥善解决。班长们都能热心为老同志服务，带头遵守学校规章制度，协助任课老师做好工作，提高班级的凝聚力。

金东方颐养中心承担教学场所内所有水电费、教学用具购置费，以及教学成果展示的费用。对学员除了一个班级外，基本不收学费，尽量减轻学员学习的经济负担。

二、主要成效与收获

（一）老年人继续受教育的权益得到有效落实

对照省有关部门提出老年教育要做到"六有""四固定"的要求，即有牌子、有班子、有经费、有场地、有计划、有教材；有固定教室、有固定人数、有固定时间、有固定教师。金东方颐养中心老年大学全部落实。

（二）专业设置让老同志都比较满意

课程是根据老同志的需求而设置的，因此报名踊跃，上课自觉，入学率高，教学效果也比较好。学员们把学到的知识和技艺不断在金东方颐养中心和社会上展示，提高了学员养老的质量，扩大了社会影响，推进了金东方颐养中心的文明建设。

（三）老年教育与社团组织（协会）密切配合

金东方颐养中心为了满足广大老年人精神文化需求，先后成立了各种类型的 45 个协会。这些协会是会员自发协商组成的自我管理组织。他们与老年大学互相学习，相互借鉴，有分有合开展各项活动。如门球协会、桥牌协会、朗诵协会、太极拳协会、舞蹈协会、摄影协会等。金东方颐养中心为他们安排了活动场地、教室。老年大学与一些协会的学习和活动内容有很多类同的地方，人员也互有交叉。为了避免学习与活动在时间安排上的矛盾，相互注意衔接，确保互不影响，互相促进，互相支持与配合。由于工作做得细，双方学习和活动开展得都比较顺利，学员反映他们在老年大学学到了知识，广交了朋友，增加了生活情趣，丰富了晚年生活，消除了生活中的无聊和孤独，带来了自信和充实。老年教育的深入开展，也帮助了老年人尽快转变角色，树立了正确的人生观、生死观，积极应对最后的人生之路。

三、一点建议

在养老机构创办老年大学，是一条崭新的前途光明而又广阔的事业，一方面是让老年教育机构的职能发展延伸到机构养老领域，另一方面提升养老机构的建设水平和老年人的养老质量，具有重要的意义，值得提倡和推广。五年多来，金东方颐养中心老年大学做了大量工作，取得了骄人的成绩，在现有条件和基础上，只要不断努力，积极探索，老年教育还有提高和上升的空间。为此，提出如下建议。

老年教育是一种特殊教育，一方面是教育的对象特殊，都是老年人，而且相对封闭和集中；另一方面是教育本质的特殊，它是补需性的按需教育。因此，老年教育往往比较重视老年人的需求，为满足老年人的康乐兴趣而设置专业，容易忽视老年教育是终身教育的一部分，除了满足老年人自身的需求外，还需适当引导他们与社会需求相结合来设置一些课程。一是开设政治思想课程。当前国际形势复杂严峻，国际冲突此起彼伏。在这样的国际形势下，国内工作面临许多新情况、新问题，社会矛盾时有突发。老年人不是生活在世外桃源，老年教育要帮助他们了解形势，正确、全面地看待社会发生的问题，跟上时代前进的步伐。二是开设法律知识课程。我国已进入老龄化社会，国家颁发了《老年人权益保障法》。在老年人群中开展宣讲《老年人权益保障法》以及与老年人合法权益相关的法律非常重要，使老年人知道国家对维护老年人合法权益作了哪些法律规定，如何维护自身的合法权益。目前社会上访反映问题的老年人比例比较高，反映的问题也比较多。原因之一是部分老年人不懂法，不会维权，因此对老年人进行民主与法制宣传，开设这类课程非常必要。这类课程可采用讲座形式，或穿插在其他专业课程中，每学期讲几次课，一面讲法，一面听取老同志的意见，解答问题，提高广大老年人的法治意识。具体可请司法部门的同志或有经验的律师来授课。

金东方颐养中心经过五年多的实践，搞好管理，精心服务，脚踏实地，不断创新，老年教育工作取得了可喜成绩，文化养老引起社会的广泛关注和广大老年人的好评。2019 年 2 月，中国新闻社、中央人民广播电台、中央电视台、中国老年报等十多个国家级媒体聚焦金东方颐养中心，关注金东方颐养中心老年教育，报道金东方颐养中心的养老模式。2021年6月24日，来自上海、江苏、浙江、安徽三省一市的老年教育研究工作者60余人前来参观，考察了金东方颐养中老年大学的教室和活动场所、大舞台、书画展示，观看了金东方艺术团表演的节目。颐养中心理事长金建勇作了题为"文化教育引领，积极养老精彩纷呈"的书面情况汇报和简要说明。上海老年教育研究院马院长评价说：金东方颐养中心的文化养老理念极具前瞻性，金东方颐养中心的养老模式非常接地气，祝金东方颐养中心越办越好。（2021年9月）

金东方楼栋文化的探索

浦国荣　李召云

楼栋文化是金东方颐养文化的组成部分。在金东方首期向社会开放的六幢楼栋中，六号楼最先开展了楼栋文化的探索。

一

六号楼的楼栋文化，有一个逐步形成、慢慢发展的过程。那么，这个楼的楼栋文化，怎么能够从无到有、逐步兴起的呢？

（一）开展楼栋文化，是入住会员过好晚年生活的自觉要求

到 2017 年 2 月底止，六号楼入住会员有 133 户、共 226 人。这些入住会员有以下特点：一是入住会员多。入住户占同期金东方入住总数的近四分之一。二是高龄老人多。平均年龄在金东方最高。80 岁以上的高龄老人，占入住人数的近 40%。其中，90 岁以上的有 12 人，最高年龄为 96 岁。三是独居老人多。独居户有 40 户，占入住户数的 30%。四是来自全国各地、五湖四海的入住户多。他们来自新疆、西藏、四川、甘肃、广东、福建、浙江、山东、河北等省份和上海、南京、苏州、无锡等城市，还有来自美国的归国华侨，共有 29 户，占入住总数的近 22%。这些老人入住金东方，作为金东方的会员，主要目的是为了能快快乐乐、健健康康地过好老年生活。因而，他们对开展楼栋文化的要求和期望，十分迫切，十分强烈。许多独居老人，还有那些外地来常州养老的老年人，更希望通过一些文化活动来互相熟悉、扩大交流，广交朋友，融入常州老年社会，与常州老人结伴养老。

由于六号楼入住的高龄会员较多，与此相关的还有坐轮椅的会员也多。据统计，六号楼坐轮椅的会员有 16 人之多。这些高龄会员在日常

生活中，很少到会所去参与活动。究其原因，主要有两条：一是"不太方便"。他们普遍感到，住所离会所较远，要从住所走到会所，再从会所走到住所，已感到力不从心。二是"不好意思"。他们认为，会所活动一般档次较高，参与者的年龄相对较轻，都有一定的才艺水平，有些还要承担演出任务。一些活动很少见到男性参加，而且多数人并不认识。在年龄结构、才艺水平等许多方面，他们感到与会所文化参与者并不在一个水平线上，不好意思前去参与会所活动。因此，许多高龄会员特别希望能从实际出发，在自己所在的楼栋里，搞一些楼栋文化活动，便于自己能就近参加，以满足精神生活的需要。而且，同住一个楼栋的会员，大家相互熟悉，便于沟通与交流，并不存在不好意思的想法。

金东方作为一个大型养老社区，会所文化是必要的，是不可缺少的。这是金东方的一张名片。但是，随着养老事业的不断发展，仅有会所文化还不够，还不能完全满足不同老年人群的不同需求，客观上要求在开展会所文化的同时，还要组织开展楼栋文化活动。要用会所文化与楼栋文化两个层次的活动，来满足广大会员不断增长的精神文化生活需要。

楼栋文化就是在这样的背景下应运而生的。由于楼栋文化能够反映许多老年会员的愿望和要求，因而得到了大家的认同，受到了会员们的欢迎，成为许多老年会员参与活动的首选，从而推动了楼栋文化的不断发展，逐步成为金东方颐养文化的一个组成部分。

（二）开展楼栋文化，要有一支热心公益活动的积极分子队伍

六号楼的入住会员，从离退休前从事的职业来看，有以下特点：一是医务人员多。有市一院、二院、三院、四院的医生，也有外地、部队的医务人员。二是教师多。有小学、中学的老师和校长，也有大学教授。三是工程技术人员多。包括机械、电子、化工、纺织、建筑等方面的工程技术人员。四是机关、事业单位人员多。有政府机关的工作人员，也有党群部门的干部。在上述人员中，相当一部分是具有高级职称的专家。由于文化素质较高，兴趣爱好较多，他们从工作岗位上离退休以后，大部分人积极参与了社会组织的各种有益于身心健康的文娱体育活动。入住金东方以后，继续以不同的方式坚持活动。其中，有一部分

热心公益活动的积极分子，他们本着"既要自己健康快乐，也要大家一起健康快乐"的理念，在自己锻炼的同时，积极引导和帮助其他会员一起活动，逐步成为楼栋文化活动的"领头羊"和"排头兵"。在这些积极分子的带头和引领下，群众性的楼栋文化活动就逐步地开展起来了。

一方面，有广大会员参与楼栋文化活动的积极性和自觉性；另一方面，又有一批热心于群众文化的积极分子起着引领和带头作用，星星之火，可以燎原。就这样，六号楼的楼栋文化，就逐步地形成，不断地发展。例如：

住在24层的丁荷英夫妇，多年来坚持做佳木斯快乐舞步健身操（以下简称"健身操"）。入住金东方以后，夫妇俩每天晚上，继续在楼道走廊坚持做操。邻居看到后，也自动加入做操。

住在20层的退休教师周小青，因手术后需要进行康复锻炼，于是，积极建议将24层的健身操，移至20层走廊进行，这样又吸引了住在20层的一些会员前来参与，逐步形成了一支有两个楼层，七八人参加的锻炼队伍。随着参加健身操的会员越来越多，楼层走廊空间有限，于是又移至楼栋底层空间进行。为了让更多的会员参与这项活动，退休工程技术人员潘伟，主动带头并发起集资，购买和增添了电视机、音响、电视柜等相关设施，吸引了越来越多的会员参与这项活动。目前，每天下午，一支有20～30人参加的队伍，随着音乐声，聚在一起做健身操。

会员胡凤玉是常州二院退休的医务人员，她对文艺活动有广泛的兴趣，特别热爱跳交谊舞，在常州老年大学接受过正规培训。她看到楼栋有许多会员，对跳交谊舞有浓厚的兴趣，但苦于不会跳而不敢参与；有些会员虽然能跳，但是没经过系统培训，水平不高，因而，也不敢去会所参与交谊舞活动。于是，胡凤玉就在六号楼发起了学跳交谊舞的活动。她自告奋勇，充当老师，义务教授会员学跳交谊舞，吸引了一批交谊舞爱好者也参加学习。会员杨文林是交谊舞的爱好者，并且有较高的舞蹈水平。他毛遂自荐，担任辅导员，积极辅道初学者进行练习。目前，由胡凤玉发起组织的交谊舞活动，吸引了越来越多的交谊舞爱好者前来参与。

（三）开展楼栋文化，受到了生活秘书的热情帮助和积极配合

六号楼由于入住会员多，生活秘书工作复杂和繁忙。但是，两位生活

秘书把会员当做自己的亲人，想会员之所想，办会员所需之事，把为会员服务、让会员满意作为最高标准，在做好本职工作的同时，支持楼栋文化活动的开展。他们协助做好各项活动的组织工作，帮助解决活动中的各种困难，为楼栋文化的探索与实践，创造了良好的外部环境，促进了楼栋文化的健康发展。他们是楼栋文化的促进者、组织者和参与者。尽管对生活秘书要不要参与楼栋文化活动，有着不同的看法，两位生活秘书也遇到来自多方面的压力，受了许多委屈，但是，六号楼的广大会员都肯定他们，支持他们，鼓励他们，不断地为他们鼓劲，为他们撑腰，为他们加油，为他们点赞。与此同时，金东方的领导也充分肯定六号楼的生活秘书工作，并给以"先进生活秘书"称号，以资鼓励，从而增强了两位生活秘书做好楼栋工作的信心和决心。

（四）开展楼栋文化，得到了金东方领导的充分肯定和大力支持

在金东方，要不要开展楼栋文化活动，是有不同看法的。一种意见认为，有了会所文化，就没有必要再搞楼栋文化活动；另一种意见认为，开展了楼栋文化，会直接冲击和影响会所文化的正常开展，把楼栋文化与会所文化对立起来。在这种情况下，没有领导的肯定和支持，楼栋文化是无法健康发展的。

六号楼组织过两次会员联欢活动，金东方颐养中心的董事长金建勇、总经理郑美英先后应邀参加。两位领导在讲话中，充分肯定了六号楼的楼栋文化活动，提出了殷切的期望。他们明确指出：金东方入住的会员越来越多，如果所有的会员都挤到会所去活动，那是不可能的。金建勇董事长还应邀表演了自己的节目，与广大会员一起，共享欢乐。

金东方社区支部领导张瑞芬，对六号楼的楼栋文化进行了实地考察，多次参与楼栋文化活动，并应邀表演了自己的节目。她明确提出，要从楼栋文化的高度，来认识和组织各项活动，使老年活动更加丰富多彩，不断满足广大会员在精神生活上的需求。

楼栋文化活动的开展，还得到了颐养中心各个部门的积极配合和大力支持。在健步走集体活动中，健康部都安排一名医务人员，全程跟踪；环境部通知保安部门，指定一名保安，骑着自行车，随着行走队伍巡逻，以确保内、外环路的安全畅通；住房部派出生活秘书，提供全程

跟踪服务。在两次楼栋联欢活动中，工程部派出专人，安装和管理音响设施；住房部提供了话筒、座椅和茶水供应。营销部的工作任务十分繁重，但策划经理王杰，还能从百忙之中挤出时间，为楼栋文化提供文字资料的打印任务。他良好的服务态度和高超的打印技术，给会员留下了深刻的印象。

金东方各级领导的关心、重视和支持，为楼栋文化的开展，提供了强有力的组织保证。

天时、地利、人和的有机结合，使楼栋文化这一新生事物，能在金东方这片乐土上生根发芽，茁壮成长！

二

到目前为止，六号楼的楼栋文化，主要开展了以下一些活动：

（一）做健身操

每天下午三时半，按时在楼栋底层做健身操。这种把体育元素与舞蹈元素结合起来的健身运动，深受广大会员的欢迎。现有 20～30 名会员参加，其中近一半的参与者是 80 岁以上的高龄会员，年龄最大的已有 96 岁。还有四位年老体弱坐轮椅的会员，包括一位下肢截肢的会员。

这种健身操分八节进行，从头至尾，需要 30 分钟，风雨无阻，每天进行。这是六号楼参加人数最多、坚持活动时间最长的一项活动。

（二）练健身气功

每天上午八时许，按时在楼栋底层，练三种健身气功：一是八段锦健身气功；二是六字诀健身气功；三是马王堆导引术健身气功。前后共需 50 分钟。下午四时，还有一场健身气功活动，内容相同。凡是上午没有时间参加活动的会员，则选择在下午进行。这项活动，是由退休公务员陈锡坤首先发起和组织的，开始只有 3 人参加，之后，吸引了越来越多的会员参与。目前，参与这项活动的会员已有 10 多人，其中包括两位坐轮椅的会员。这项活动从开始起，坚持每天按时进行，从不间断。

（三）跳交谊舞

每星期三下午两时，为学跳交谊舞的时间。由会员胡凤玉担任老师，用一对一、手把手的方法施教。有六号楼和其他楼栋的 10 多位交谊舞爱好者参加学习。每星期日晚上，是学跳交谊舞的复习时间。一方面，由初学者进行复习；另一方面，也有些会跳交谊舞的会员，纷纷自动加入。这样，就逐步形成了楼栋的交谊舞会。目前，已先后学完三步、四步、吉特巴等舞种的基本步伐。学员们已经能够随着舞曲翩翩起舞，共享晚年生活的甜蜜和乐趣。

（四）楼栋报刊阅览

为了方便会员，特别是方便年老体弱会员的阅读需求，六号楼从实际出发，自己动手，利用底层的会客室，办起了楼栋阅览室。报刊架和图书架由会员自费购买，书报杂志由会员们自愿提供。报刊的主要品种有：《常州日报》《常州晚报》《武进日报》《扬子晚报》《中国剪报》《参考消息》《老年周报》《特别文摘》《特别关注》《晚霞清影》等。

自办楼栋书报刊阅览的好处：一是便于会员，特别是行动不便老年会员的报刊阅览，使他们能及时阅读到有关报刊，了解国内外大事；二是便于会员之间自订报纸杂志的相互交流，使他们能看到自己没有订阅的报刊，扩大了知识面和信息量。

（五）开展聊天养生

六号楼开展聊天养生，主要有 4 种形式：一是积极参与会所聊天俱乐部的聊天活动，每星期一、三、五上午进行。六号楼是俱乐部参与人数最多的楼栋。二是每天上午、下午，楼栋做操、练气功活动结束后，由参与活动的会员，三五成群，坐在一起，一边休息，一边聊天。三是由一些志同道合、有共同兴趣爱好、有共同语言的会员，自由组合，形成朋友圈，利用会员家庭，轮流做东，开展以聊天为主要内容的联谊活动。如以会员周小青、朱镜芳为首，共有 7～8 人组成的朋友圈，每天下午进行聊天。四是组织楼栋茶话会。如 2015 年，当时的入住会员还只有 20 多户。为了相互熟悉、相互了解，就组织了一次会员茶话会。主题是"小小一杯茶·滋润你我他"，一边喝茶，一边相互介绍，相互交流。通过聊天的形式，逐步建立起大家庭的人际关系。

开展聊天活动的主要方法是，自由结合，自愿参加，无事就来，有事就走，不要报名，不要请假，不拘形式，不需花费，自备茶杯，只要清茶一杯，即可畅所欲言，海阔天空，互相交流。聊天的内容，可以是养生方面的经验交流、相互探讨；也可以是国事、家事、史事、天下事、开心事、心里事，等等，没有限制。只要有兴趣，大家就可以聊。

（六）组织短途旅游

六号楼的许多会员喜欢旅游，他们把旅游当做养生的一大内容。这些旅游，多半以朋友圈为核心，自发组织，短途为主，大体有以下三种形式：

一是农家乐短途旅游。一般是赴浙江长兴作农家乐短途旅游。这种旅游，不仅给会员们带来欢乐和健康，而且价廉物美，安全舒适。每人每天70元，包吃包住。而且派车到金东方来接，旅游结束后，再把大家送回到金东方。如2016年6月，六号楼会员自发组织，有作家沈成嵩、画家吴春元等12名会员参加，赴浙江长兴望谷农庄作三日游。此处山清水秀，蓝天白云，竹海密布，泉水叮咚，鸟语花香，空气清新，风光怡人。许多会员，把这种山野农家乐旅游生活的感受概括为："有吃有喝，有唱有跳，有说有笑；无拘无束，无忧无虑，无牵无挂；自由自在，自娱自乐；桃花源中，延年益寿。"

二是自备车辆，短途旅游。这种形式的好处是，自主选择旅游目的地，自主选择景点，自主选择出行时间。但条件是自备车辆，同时在旅游目的地，最好有熟人或导游陪同。如2017年3月25日，由会员沈成嵩、周小青夫妇俩发起，组织了一次赴泰州姜堰的短途旅游，共有10位楼栋会员参加。在溱潼古镇，大家游览参观了三院士院、茶花院、民风民俗院、历代砖瓦院、大槐树院等，看到了正在盛开鲜花的已有100多年树龄、国内最大的一棵茶花树，还欣赏了已有1 200多年树龄的大槐树。在姜堰，一行人参观了大面积的油菜花，并摄影留念。又特地参观了地处姜堰刘家巷的徽商旧宅，原中共中央总书记胡锦涛同志，就出生于此宅。大家对泰州市姜堰重文化、兴教育、出人才的文化底蕴和悠久的历史文明，留下了深刻的印象。

三是参加旅行社组织的短途旅游。这种形式的特点是简单易行。只要有人发起，确定旅游目的地，选择旅行社组织的短途旅游，并由旅行社负责来金东方接送。但要求有较多的人参加，并要按旅行社规定的行程游览。如 2017 年 4 月 11 号，由会员蔡玲华发起，通过旅行社组织了一次赴江阴一日游，参观游览了国际花鸟园和马匹博览园等景点，共有 80 多名会员参加。4 月 14 日，由会员浦芳如发起，也是通过旅行社，组织了无锡一日游，游览了鼋头渚等景点，共有 50 多名会员参加。这种通过旅行社组织的一日游，由于时间较短，行程不长，花费不多，来回接送，颇受老年会员的欢迎。

（七）开展健步走活动

在金东方，六号楼最早倡导、发起健步走活动。因为这项活动，既简单易行，又安全可靠，是老年人健身强体的最佳选择。在社区支部的支持和领导下，金东方文体俱乐部成立了"健步走分会"。六号楼有 30 多名会员报名参加。

六号楼的健步走活动，大体有三种形式：一是以家庭或朋友圈为单位的健步走活动。这种形式灵活多样，个性化强，可以按照各自的体质、作息时间和生活方式，自主选择活动的时间、强度和方式。有的选择早晨活动，有的选择下午活动，有的则选择晚上活动。多数会员可以保持每天 30 分钟以上的活动时间和运动量。二是以楼栋为单位的集体健步走活动。由会员自愿报名参加，活动范围在金东方园区的内环路和外环路，每次活动时间大约 30 分钟。像这种形式的集体健步走活动，六号楼每年组织 2~3 次。三是参加金东方会员体育运动会。2016 年 5 月，金东方举办了第一届会员运动会。健步走作为一项运动项目，单独举行了集体行走，并提出了"走出健康·走出快乐"的响亮口号。六号楼共有 30 多名会员参加了这项活动。

2017 年 4 月 13 日，六号楼组织了一次以"清明踏青"为主题的健步走集体活动。这次活动的口号是，"健康就在脚下"。参加这次活动的会员，约有 90 多人，其中一部分是来自 8 号楼的会员。根据参与会员的不同年龄和不同体质，活动分成甲、乙两组进行。甲组的参与者年龄相对较轻、体质较好，因而活动要求行走的速度较快，强度较大，从园区外环路和内环路，连续绕行两圈。参加甲组活动的会员有 30 多人，其中年龄最大的是 86 岁。在健步走活动中，甲组会员个个昂首阔步，健步行走，雄赳赳，气昂昂，仿佛重新回到了激情燃烧的岁月。乙组活动以高龄会员为主，考虑到安全和体质差异，一般要求行走较慢，强度较小，只需绕行一圈，行程约 30 分钟。高龄会员参与活动的热情很高，报名参加人数出人意料，达到 60 多人。其中，90 岁以上的高龄会员有 4 人，他们是丁松寿（96 岁）、陈东升（93 岁）、沈正昌（93 岁）、肖家旗（92 岁）等。健康老人丁松寿，一手扶着手杖，坚持走完了全程。他说："我只要慢慢走，走一圈还是可以的"。这些高龄会员，虽然年事已高，但仍然神采奕奕，精神抖擞，没有一人半路掉队。在乙组的活动中，还有 8 位坐轮椅的会员，也主动报名参加，其中还有两名残疾会员。他们克服种种困难，在亲人的陪同下，有的推着轮椅行走，有的坐着轮椅由亲人推着走。如参加活动的沈永明夫妇，因老伴腿脚不便，就由丈夫推着轮椅走完了全程。

所有参加健步走的会员，都能以参加这项集体活动而感到骄傲和自豪，并以自己的实际行动，体现了金东方老人"年老不怕老""革命人永远是年轻"的精神风貌，同时也展示了"我锻炼、我健康、我快乐"的信心和决心。

在这次集体活动中，金东方摄影协会会长许鹰自告奋勇，主动承担了活动的全部摄影、录像任务。他冒着烈日，流着汗水，快步奔走于甲乙两组之间，把会员们高举红旗、健步行走的神态表情、精神面貌，一一拍了下来，并连夜进行视频制作，忙了一夜，终于在第二天早晨 8 时，在楼栋的电视机中，播放了健步走的实况录像，吸引了许多会员前来观看。大家兴致勃勃，欢声笑语，指指点点，纷纷在寻找自己和朋友的影像画面，脸上充满着孩子般天真的笑容，沉浸在节日般的欢乐之中。大家在欢乐兴奋之余，并没有忘记会员许鹰为此付出的辛劳和汗水，并对他热心于公益活动、一心为大家的优良品德和精神，表示深深的敬意和衷心的感谢！

（八）体验红色文化

2016 年 10 月，金东方颐养文化研究会负责人沈成嵩，组织部分会员，赴革命老区金坛建昌圩学习，体验红色文化。建昌圩，被誉为"苏南抗日战场上的小'莫斯科'"。新四军在这里设有兵工厂、后方医院、被服厂、银行、党校、党报和电台等。陈毅、粟裕等老一辈革命家，先后在这块土地上战斗过。陈毅元帅曾说过："建昌圩是茅山东麓的沙家浜"。

金东方的会员，饶有兴趣地听取了介绍，参观了中共苏皖区一大会址、新四军苏皖区抗战史陈列馆、文化广场等历史文化景点，受到了一次深刻的红色文化传统教育。

（九）举办楼栋文化联欢会

六号楼会员人数多，能歌善舞、才艺出众的人才也很多。为了扩大交流，广交朋友，增进友谊，强化大家庭"一家亲"的氛围，楼栋先后举办过两次楼栋会员的联欢活动。如2016年举办了"辞旧迎新联欢会"；2017年举办了"大家乐春季联欢会"。

这种群众性联欢活动的特点：一是地点选在楼栋底层的活动场所，没有舞台，没有固定的座椅。虽然空间较小，但大家热情很高，有的会员甚至一直站着观看。二是节目由楼栋会员自编自演。两次联欢会共演出27个节目，其中由80岁以上高龄老人演出的节目，就有15个，占将近一半。节目主持人也由会员自己担任。三是节目小型化、多品种。主要有京剧、沪剧、越剧、独唱、对唱、小合唱、双人舞、广场舞、国标舞、朗诵、器乐独奏等节目。四是时间紧凑。每场联欢活动，不超过一个半小时。

广大会员积极支持并热情参与联欢活动。所有演出的节目，都由会员自觉报名。由于大家参与的热情高，报名的节目多，节目主持人不得不把一些节目合并演出，还把一些节目安排在下一次联欢会上表演。

两次联欢活动的摄影、录像、视频制作、下载U盘等工作，都由会员许鹰、陈嘉夫妇俩负责。每天在楼层的电视中，经常可以看到两次联欢会的实况录像，让会员们共享节日般的欢乐！

两次楼栋会员联欢活动都取得了圆满成功。基本上做到了四个满意：即金东方领导满意，广大会员满意，节目表演者满意，会员家属参加后也感到满意，大家幸福感满满的。

三

六号楼的楼栋文化活动，有以下四个特点：

（一）目的明确

北宋文学家欧阳修在他的名著《醉翁亭记》中说："醉翁之意不在酒，在乎山水之间也。"六号楼开展楼栋文化的目的，并不是为了舞台演出，不是为了比赛，不是为了追求时尚，更不是为了钱，而是为了大家的健康和快乐，为了能享受晚年生活的甜蜜和幸福。这是老年人的最大愿望，最高境界，最美梦想。

快乐与健康，不仅是追求个人的快乐和健康，而是要让大家庭所有会员一起快乐和健康，共建美好家园，共圆延年益寿之梦。这是楼栋文化的目的，也是楼栋文化的任务。

楼栋文化的所有活动，都是围绕快乐和健康这个目标展开的，并把快乐与健康，贯穿在各项运动之中。努力做到，看得见，摸得着，学得会，做得到，实实在在。许多会员，正是冲着快乐与健康这个目标，来积极参与各项活动的。通过这些活动，也确确实实为会员们带来了健康和快乐，带来了精神上的满足感和幸福感。

（二）群众性强

由于楼栋文化反映了广大会员的愿望和要求，因而受到了大家的支持和欢迎，纷纷自觉地投入到各项活动中去，成为楼栋文化健康发展强劲的推动力。因此，群众性强，是楼栋文化的一个明显特点。主要表现在：

自愿参加。所有活动以自愿参加为原则，没有指标，不要报名，愿意参加的则来，不愿参加的不勉强；如有事情，可以不来，事情办好以后再来，不用请假；参加后感到没有兴趣，可以不来，有兴趣时可以再来，来去自由。许多活动在开始时，往往是由一些积极分子带头活动，而许多会员旁观。一旦他们觉得有点"意思"，就慢慢地自动加入活动的行列，如同滚雪球一样，队伍越滚越大。

不设门槛。所有活动，都敞开大门，对会员们开放。只要有兴趣，愿意参加，不问性别，不讲年龄，不论文化，不管会与不会，不分水平如何，都欢迎参加，不收取任何费用。即使是坐轮椅的病残老人，只要健康状况允许，本人愿意，也可以参与展示些力所能及的节目。

重在参与。楼栋文化的主体是老年会员，而这些会员之间，在年龄结构、文化素质、健康状况等方面，差异性很大。因此，开展楼栋文化活动，需要从老年人的实际出发，按照各自的体质，量力而行，实事求是。不要求达标，不强求水平，不讲究好坏，贵在参与。只要动起来，自我感觉好就行，把群众性与个体性、差异性结合起来。如在健步走活动中，参与活动的会员，一般按自己的不同体质和生活方式，自主选择不同的活动时间、活动方式和活动强度。在活动强度上，少数会员每天步行达 8 000 步以上，而有些会员则坚持每天步行 6 000～8 000 步，也有些会员每天步行在 6 000 步以下；有些会员坚持迈大步行走，而有些会员则按常规步速活动，也有的选择小步快走的方法，不搞一刀切。

坚持开放。六号楼开展的各项楼栋文化，实行对外开放。一是向其他楼栋的会员开放。不管是做健身操，练气功，跳交谊舞，或是体验红色文化活动，都有其他楼栋的会员参加。二是向会员家属开放。星期天或节假日，许多会员家属来探望亲人，包括在日本、美国、加拿大、澳大利亚的子女回国探亲，短时间陪陪老人，他们对楼栋文化很感兴趣，纷纷自觉、主动地参与了各项活动。三是向工作人员开放。六号楼的会员，把两位生活秘书当做自己的亲人和大家庭的成员，本着一家亲的理念，也欢迎他们在下班以后、工作之余，参加各项文化活动，进一步拉近生活秘书与会员之间在感情上的距离。实践证明，生活秘书参与楼栋文化活动，不但不影响生活秘书工作，反而更有利于对会员健康和生活情况的了解，更有利于生活秘书和会员之间在感情上的交流和沟通，更有利于楼栋管理工作的开展。四是向残疾人员开放。六号楼坐轮椅的会员很多，他们按自己的体质和爱好，都参与了一些力所能及的活动。他们这种坚持与疾病抗争、追求健康和快乐的精神，受到了会员们的尊重和赞扬。

（三）自主管理

楼栋文化的立足点是楼栋。六号楼开展的各项活动，都本着"自己动手、丰衣足食"的精神，坚持自力更生，实行自主管理，依靠广大会员的智慧和力量，解决各种实际问题。主要表现是：

自选项目。六号楼入住会员多，楼栋活动场所相对较小，因而在活动项目的选择上，一是选择占用空间较小、硬件要求不高的小型项目，如健身操、气功、聊天、阅览等。而占用空间较大，并需要一定设备条件的活动项目，如乒乓球、羽毛球、台球等一类的项目，就不宜在楼栋文化项目中选择。二是活动项目的品种多样化，便于不同年龄段、不同体质、不同兴趣爱好的会员，自由选择。可以选择一项，也可以选择多项。

自掏腰包。开展楼栋文化活动，需要有一定的物质条件，这也是开展活动中遇到的一个实际困难。解决这些困难，六号楼并没有向上面伸手，而是眼睛向下，立足自己，依靠群众，群策群力，在克服困难中不断前进。例如，做健身操开始时，参与的人少，只需在楼栋走廊中进行，并用点唱机播放乐曲。之后，移至底层活动场所进行，参加做操的会员多了，原来的点唱机就不适应要求，而需要有电视机、音箱、U盘等。所有这些，从何而来？健身操的主要发起人和组织者潘伟，就发动群众，组织会员集资。在他的带头和组织下，共有 47 户热心会员，每户出资 100 元，共集资 4 700 元。由潘伟负责采购和安装电视机、电视柜、U盘。音箱设备则由会员岳其大捐赠。这样，一支由 20 多人参与的健身操活动，就热热闹闹地开展起来了。

利用剩余的集资款，六号楼又为楼栋购置了两个书报架，增添了四台电扇。会员朱镜芳捐赠了一个挂衣架，会员许鹰夫妇又捐赠了两个储存柜。这样，又把楼栋书刊阅览处给办起来了。

众人拾柴火焰高。六号楼通过会员群众的力量，解决了活动中的一系列困难，把群众性的楼栋文化活动，不断地推向前进。

自请老师。有些活动的开展，需要有人教授或指导，如跳交谊舞、做健身气功、做健身操等。六号楼采取能者为师、自请老师的方法，由一些熟悉这些活动的能者、会者，承担教授和指导工作。一般实行自愿担任、义务教授。并鼓励和提倡会员之间，互相学习，互相交流，取长补短，共同提高。做到人人都是老师，人人都是学生。金东方会员文化素质较高，各项活动都不乏能人高手，这就从师资力量上，为楼栋文化的开展创造了有利条件。

自我约束。六号楼开展的各项文化活动，并没有明确的组织机构和领导人员，也没有制定规章制度。只是有人发起组织，有人牵头，由一些积极分子带头，先活动起来。其他会员看到活动的内容不错，有益于健康和快乐，也符合自己的兴趣爱好，于是纷纷地投入活动。大家约定一个时间，由牵头人放乐曲，大家就随着乐曲活动起来。久而久之，大家习惯了，一到约定时间，纷纷从四面八方赶来，一起活动，基本上实现自我管理，自我约束。

（四）贵在坚持

楼栋文化能否持续开展，并取得实效，贵在坚持。六号楼开展的各项文化活动，一般能坚持下来。特别是健身操和健身气功，除春节休假三天外，其他时间，不问星期儿，不分春夏秋冬，不管刮风下雨，基本上天天坚持，按时进行，变成了老年生活的一部分。会员陈锡坤坚持天天锻炼，包括有事回老家处理，在老家也坚持做健身气功，他说："我一个人做，也要坚持"。在健身操的行列中，有四位是坐着轮椅做操的高龄老人，基本上也能天天坚持，而且准时到场。退休教师缪杏媛在常州办事期间，听到楼栋组织健步走集体活动的信息，立即赶回金东方，虽然迟到了几分钟，但还是追上了甲组的行走队伍，坚持走完了全程。活动结束后，缪杏媛又去了常州老家，继续办事。

六号楼的楼栋文化活动，之所以能够坚持，主要是重视了以下几点：

针对性。这就是要根据会员的实际需要来组织活动。尽量使这些活动，能够体现会员们的兴趣爱好和养生要求，努力把各项活动建立在会员自觉自愿的基础上。不是要求会员们参加，而是会员们自己要参加。不是自上而下，而是自下而上，从实际出发，从群众中来，到群众中去。用现在的语言来表述，这就是楼栋文化一定要接"地气"。

可行性。这就是在选择活动项目时，要考虑到会员能否参与、能否坚持的基本要求，并按照会员的不同个性、不同生活方式和不同兴趣爱好，设计出各种不同的活动内容、活动形式和活动时间，让会员自由选择。如组织楼栋健步走集体活动时，就根据会员的不同体质，分成甲乙两组来进行，从而吸引了更多会员参加。

安全性。楼栋文化活动的主体是老年会员。因而，开展各项活动，要根据老年人的特点，坚持安全第一的原则。例如：由于考虑到安全，楼栋文化就不组织楼栋自行车、长跑等活动；在健步走集体活动时，就没有选择去西太湖和淹城，只是在金东方园区内进行，以防万一。同时，还请金东方有关部门，派出医务人员、保安人员和生活秘书，为集体活动提供相应的安全保障服务。

受益性。这就是以健康和快乐作为中心，凡是有利于健康和快乐的项目就组织，而不利于健康和快乐的活动项目，就不予组织。同时，又对能否促进会员的健康和快乐、能否使会员有获得感的要求，对项目进行评估。只有广大会员亲身感受到，这些活动能对健康和快乐带来实实在在的好处时，他们才能自觉、主动、积极、持续地参加这些活动，才能使楼栋文化有强大的生命力。

四

楼栋文化作为颐养文化的一个组成部分，对于推动和发展金东方文化养老事业，起到了积极的作用，并具有一定的现实意义。在这方面，六号楼会员感受最深的，有以下四个方面：

（一）丰富了老年生活，提升了会员的幸福感和满意度

对于金东方广大会员来说，在物质生活方面，并没有多少缺失感。他们不愁吃，不愁穿，不缺钱，不少房。他们缺少的是精神生活，普遍存在程度不同的失落感。作为社会上的弱势群体，他们怕的是冷漠、寂寞、无助、孤单和边缘化；喜的是热热闹闹、开开心心和健健康康；想的是能过一种平平安安、幸福快乐的晚年生活。

老年人乐从何来？

老年人的乐，不是天上掉下来的，而是自己找出来的。而楼栋文化的开展，正好适应了老年人的精神需求，体现了他们要求享受快乐、健康，享受幸福晚年生活的迫切愿望。

六号楼举办过两次楼栋文化联欢会。这种由会员自编自演、自娱自乐、自得其乐、大家群乐的联欢活动，受到了广大会员的热烈欢迎，收到了意想不到的效果。

两次联欢会近一半的节目，都是来自 80 岁以上的高龄会员。93 岁高

龄的离休教师陈东生独唱了红歌《解放区的天》；89 岁高龄的离休中学校长胡友艾清唱京剧《我们是工农子弟兵》；85 岁高龄的福建离休干部于元超和 85 岁高龄的退休工程技术人员、画家吴春元搭档合唱《革命人永远是年轻》；84 岁高龄的会员王世英（原常州市京剧团团长）清唱京剧《打金砖》。这些老人虽然年事已高，但仍然充满当年的激情，焕发出革命的青春，重新找到了自己的人生价值，展现了一幅夕阳下也有春风杨柳的美丽画面。

楼栋联欢活动，也成为许多会员展示自己高水平才艺的平台。上海交通大学老师屈一东在联欢会上，朗诵了田华在获电影终身成就奖典礼上致辞的片段，当朗诵到"你们是太阳，我们也是太阳，你们是一轮火红的太阳，正在蒸蒸日上，我们是一轮绚丽的太阳，同样灿烂辉煌"时，引起了大家的共鸣，会场上响起了热烈的掌声。金东方书画协会主任、画家吴萍用《小城春秋》的曲调，唱起了自己创作的歌词："入住金东方，充满喜和乐；环境优美设施全，服务真不错；看似一幅画，听像一首歌，人生境界真善美，这里也包括；谈的谈，唱的唱，大家小家，亲如一家；请你的朋友一起来，逍遥度晚年。"

作家沈成嵩在楼栋春季联欢会上，朗诵了自己为联欢会创作的诗歌《春之歌》，诗曰：

> 春风春水满地春，春时春花春草生。
> 春桃春李春杨柳，春戏春曲舞春耕。
> 春日春人饮春酒，春燕春鸟鸣春生。
> 春茶春饼和春卷，春雨春山挖春笋。
> 春城春乡春池塘，春锣春鼓春龙灯。
> 春爷春奶唱春歌，金东方四季都是春。
> 春雷滚滚天地动，夕阳老人又青春。

楼栋联欢活动，受到了会员家属的大力支持和热情参与。以周小青为首、由五人组成的女声小合唱《拔根芦柴花》，先后认真排练了 15 天，不断改进，精益求精。周小青的大女儿沈梅，利用业余时间，帮助母亲排练节目，并自告奋勇，担任节目指挥。母女联手的精彩节目，博得了阵阵掌声。现年 89 岁高龄会员夏戈，在女儿董萱的陪同下，两人齐唱歌曲《南泥湾》。会员蒋阿娟的女儿张惠从加拿大回国探亲，也在联欢会上表演了京剧清唱《贵妃醉酒》。

六号楼的实践证明，开展楼栋文化，对于培养老年人的兴趣爱好，展示他们的才艺和精神面貌，使老年生活更加丰富多彩，有声有色，有滋有味；让大家开开心心、轻轻松松、快快活活，在晚霞里享受甜蜜和温馨的人生乐趣，有着现实的意义。这样就把"养老"，转变成为"享老"和"乐老"！

（二）增强了会员的体质，提高了老年生活的质量

楼栋文化参加的人群，从年龄结构上分析，有一个明显的特点，这就是老年会员参与的人数较多。相当一部分都是 80 岁以上的高龄，甚至还有 90 以上的老年会员参与活动。究其原因：一方面，随着年龄的增长，他们越来越珍惜自己的身体，越来越关注自己的健康，越来越明白"钱财是子女的，功劳是大家的，只有身体是自己的"；另一方面，老年人体弱多病，生活质量下降，他们在与疾病进行抗争的过程中，更加清楚强身健体的重要性，更加明白"健康就是幸福""没有健康，就没有一切的道理"。因此，许多老年会员不仅积极参与了各项文化活动，而且在活动中，表现出高度的自觉性、主动性和坚持性。

已有 92 岁高龄的肖家旗，每天做操都是靠在墙上做的，以防跌倒；90 岁高龄的顾凤英，走路扶着手杖，她是扶着手杖做操的；86 岁高龄的离休老军医朱树农，扶着轮椅做操，坐在轮椅上练气功；退休的小学校长周林海，因脑梗半身瘫痪，但是他还坚持坐在轮椅上做操；还有一位来自上海的会员陈龙妹，因病截了下肢，平时在轮椅上生活，每天坐着轮椅从八号楼赶到六号楼，坐在轮椅上用上肢活动做操和练气功，等等。这些高龄会员和病残会员，克服种种困难，坚持做操，坚持锻炼，其精神令人感动！充分反映了他们对健康生活的渴望，体现了对生命的珍惜和对健康的追求。

许多会员已经从参与活动中初步尝到了"甜头"，有了一定的获得感。切身体会到"活动与不活动，大不一样"，确确实实有利于增强老年人的体质，提高老年生活的质量。即使那些有慢性病、有行动障碍的会员，通过参与并坚持活动，都得到了程度不同的改善和康复。

会员丁松寿已有 96 岁高龄，是一家进出口贸易公司退休的职工。他

天天坚持参加健身操活动，刮风下雨，从不间断，而且每次活动都是提早到场。他脸色红润，脸上极少皱纹，没有老年斑，动作灵活，没有"三高"，而且还不吃药。旁人从不相信，他已有96岁高龄。他一人独居，自己买菜，自己做饭，自己洗衣，衣冠端正。自从入住金东方以后，他还没有住过一次医院。他对别人说："我现在最怕的就是生病住院。只要不生病，我自己照顾自己的生活，还是可以的。"这位丁松寿会员，是六号楼的一位"年老不见老"的健康老人。

还有一位92岁高龄的肖家旗会员，在深圳从事外贸工作30余年，退休后一直住在深圳，一人独居。女儿肖克俭是六号楼的金东方会员，多次动员父亲，回常州入住金东方养老，跟女儿女婿团聚，但老人习惯了南方的温暖气候，害怕到常州冬天难熬。因此，坚持一个人留在深圳。为此，女儿肖克俭每年要去深圳，帮助料理父亲的生活。去年夏天，肖家旗老人终于同意，回常州住金东方"试试"。到了金东方以后，他亲身感受到这里空气清新，设施齐全，服务良好，又靠近医院，第一印象不错。之后，他慢慢地参与了楼栋文化活动，每天坚持做健身操，逐步感受到了大家庭的温暖，终于转变了观念，认为"回常州、住金东方是对的，他女儿没有骗他"。并决定，住在金东方，不是"试试"，而是"不走了"。由于心情好了，生活条件也不错，又得到女儿女婿的照顾，并天天坚持活动，肖家旗的体质不断增强，生活质量不断提高。肖克俭对熟悉的会员说："我父亲来后非常满意，来了十个月，不仅没有住过医院，连感冒都没有发生。作为子女，我们也就放心了。"

会员周小青因患腰椎间盘突出症，动过手术。入住金东方时，行动离不开轮椅。之后，她坚持锻炼康复。开始时，她在走廊里扶着扶手，慢慢行走锻炼，逐步康复到能在走廊里独自行走。之后，就开始做起健身操，每天坚持。在此基础上，她逐步练习健身气功，从练八段锦、六字诀养生功起，一直做到马王堆导引术。三套气功做完，共需50分钟。由于坚持锻炼，周小青的体质逐步增强，不仅丢掉了轮椅，而且一个人能够独自去会所洗澡。从此她的生活内容也更加丰富多彩，每天除做健身操和练健身气功外，还参与聊天、唱歌、短途旅游、联欢会演出、做好人好事等各项活动。从坐着轮椅入住金东方，到能赴浙江短途旅游，这就是周小青坚持活动、坚持锻炼的结果。

下面，再讲述一个故事，介绍一位癌症病人，是如何在金东方与疾病抗争、恢复健康生活的。

六号楼会员赵锦土，是一名癌症患者。2009 年，因患肾癌，在上海曙光医院做了手术，切除了一个肾。2015 年 1 月，又因癌细胞转移到肺部，在上海胸科医院进行二次手术，切除了一叶肺。之后，在常州康复医院进行康复治疗。2015 年 4 月 25 日，他出院后，随即住进了金东方，一边吃药，一边休养。到目前为止，他已在金东方生活了两年多时间。按照医生的观点，癌细胞转移，一般诊断为晚期癌症，存活率很低。可是，赵锦土不仅存活了下来，而且活得很好，很健康。在他所知的癌症病友中，数他恢复得最好。他一人独居，自己照顾自己，不仅能够和常人一样生活和参与活动，而且，每月还独自一人赴上海医院检查和配药。每月一次，从不间断。他脸色健康，步伐轻快，反应灵敏，精神抖擞。旁人不仅不相信他是个癌症病人，甚至也不相信他已是 74 岁的老人。

作为一个动过两次大手术、属于癌症晚期的病人，为什么能恢复得这样快，这样好？赵锦土感受最深的，可以概括为以下四个主要原因：

一是心情好。在金东方这个大家庭，大家互相关心，和谐相处，互帮互助，亲如一家，他享受到一种大家庭的温暖。赵锦土感受最深的，还是金东方每月为会员过集体生日的活动。每月 6 号，是金东方为会员集体过生日的日子。凡是当月出生的会员，都在这一天集体过生日。6 日晚上，金东方多功能厅灯火辉煌，披上了节日的盛装。数十位甚至上百位的寿星，身穿节日般的服装，头戴金光闪闪的寿帽，在优美的乐曲声中，热热闹闹、开开心心地在这里过生日。大家在一起，唱生日快乐歌，吹蜡烛，吃蛋糕，跳舞，演出节目，照相留影，等等。同时，接受金东方领导，金东方的好邻居，好朋友，以及自己的子女家属，对老人们的祝寿、祝福。这是所有会员一生中从未经历过的、令人难忘的时刻。什么是尊重？什么是温暖？什么是幸福？过去，人们只停留在概念上的认知，自己可能并没有多少感受。一般说来，概念性的东西，并不等于真正得到的东西。在金东方，在生日晚会上，人们才真正懂得，这就是对老人的尊重，这就是温馨，这就是幸福！真正感受到的东西，才是人们想获得的东西。同时，赵锦土还通过参与各项文化活动，经常听听音乐，拉拉二胡，跳跳交谊舞，唱唱歌，始终保持一种良好的心情。对病人来说，心情好胜过吃补药。这是病人与疾病抗争、恢复健康的关键因素。

二是饮食好。癌症病人对饮食的要求很高，可以吃什么，不能吃什么，要求非常严格。而金东方的食堂，基本能满足病人健康饮食的要求。食堂有严格、完善的用具消毒制度，有对食材农药残留的严格检测，有少油、少盐、少糖的管理规范，有不同日期、不同餐次营养搭配的品种安排，还有健康部对不同慢性病人，不断提供的健康饮食提示等各种保健措施。

三是服务好。金东方的设施和服务，具有人性化的特点。一方面，金东方设有专门为老年人服务的各种人性化设施。例如：室内外的紧急呼叫按钮；走廊、浴室、厕所等处，都设有安全扶手；园区内，所有通道无台阶，可以无障碍通行；浴室、游泳池设有专人巡逻，以防万一。另一方面，金东方还为会员提供 24 小时的人性化服务。赵锦土说，在他入住金东方的两年时间中，先后有两次，被紧急抢救后化险为夷。一次是发高烧40℃，一次是大吐大泻。两次都是发生在凌晨二三时。他一人独居，经按紧急呼叫后，7 分钟内，保健站的医生、护士，还有保安和驾驶员，赶到了现场。众人把病人扶着、背着送上了汽车，急送医院抢救。到了医院，他们找来推车，代为挂号，送进急诊室，看护照顾，直至脱离了险情，再用汽车送回住所。赵锦土说："如在家里，遇到这种情况，后果不堪设想。"

四是环境好。金东方占地面积 260 亩，约 17.6 万平方米。东近春秋淹城，西临西太湖。园内环境优美，绿树成荫，鸟语花香，阳光充足，空气清新，风光秀丽。按照天人合一的理论，人与自然的和谐相处是生命活动的基本要素。人类的健康，离不开大自然的恩赐。优美的环境，能使人心旷神怡，使心情得到放松。充足的阳光，有利于提高人体的免疫功能。清新的空气，可以为人们提供更多的负氧离子。在金东方这个大环境中，无病的可以多活十年，有病的可以尽快康复。赵锦土的故事，就是一个具有充分说服力的典型事例。

赵锦土说，以上四个好，能使病人有一种安全感，增强了战胜疾病的信心和决心。有了坚强的精神力量和良好的物质条件，完全可以创造出不断战胜疾病、实现健康生活的奇迹。

（三）发扬了团结友爱、互帮互助的精神，形成了小家大家一家亲的新型人际关系

六号楼现有会员 200 多名，来自全国各地，五湖四海。即使是常州会员，也来自不同区域、不同地方、不同行业、不同单位。这许多老人相聚在一起，一方面，大家感到兴奋。"有缘千里来相会"，能在金东方相聚，这也是一种缘分。另一方面，尽管住在一个楼栋，共用一个走廊，但相互之间，并不认识，并不熟悉，并不了解，甚至姓名也不知道。因此，初到金东方，大家还以小家庭为主要活动形式。会员之间，天天见面，但没有交往，相见不相识，并没有形成大家庭的氛围。

楼栋文化的开展，拉近了会员之间的距离，搭建了会员之间相互接触、相互了解、相互熟悉的平台。通过楼栋文化活动，大家在相互沟通、了解的基础上，一些有共同兴趣爱好、有共同语言的会员，纷纷自由组合，广交朋友，形成了较为亲密的好朋友圈和好邻居圈。在这些圈子里，会员之间建立了进一步的联系，相互交往，相互关心，相互交心，互帮互助，视同家人，情同手足，形成结伴养老、抱团取暖、大家小家亲如一家的新型人际关系，使会员充分享受到大家庭的温暖！

在楼栋这个大家庭里，团结友爱、互帮互助的精神，得到了进一步发扬。助人为乐，积德行善，蔚然成风。好邻居，好朋友，好人好事，层出不穷。

周祖缇是一位退休的医务工作者，单身居住。去年冬天，她在体检中发现乳房有结节，有癌变的风险，需要进一步检查和诊断。见到体检报告，周祖缇顿时慌了，不知所措。正在百般无奈之际，正好遇到会员赵锦土。问其原因，周祖缇如实相告。赵锦土安慰说："不要急，我妹妹赵春英，是上海曙光医院的乳腺外科主任，可以请他帮忙。"赵锦土取了她的体检报告，摊在地上，用手机一一拍了下来，随即发给他的妹妹。赵春英看了体检材料后，立即回电"考虑癌症，尽快手术。"赵锦土一方面请她妹妹设法安排病床，同时通知周祖缇立即去沪。周祖缇星期三下午，赶到了上海医院，没有排队，就直接住进了病房。星期四，进行了入院检查，明确了乳腺癌的诊断。星期五，就由赵大夫亲自动手，手术取得了圆满成功。赵锦土自己也是癌症患者，每月需去上海检查与配药。他利用去上海

之机，特地去医院看望了正在接受治疗的周祖缇。在周祖缇上海住院治疗期间，他的好朋友周小青，几乎天天用电话询问她的病情，不断进行鼓励。另一位会员周桂英，也打电话进行慰问。周祖缇治疗结束出院回常后，周小青特地包了馄饨迎接她。因回金东方时间已晚，她请生活秘书打开她的房门，把馄饨放在冰箱里，供她晚餐食用。由于发现早，治疗早，在好朋友、好邻居的关心和帮助下，周祖缇的病情恢复得很快、很好，目前已能与常人一样，跳起了交谊舞。

会员冯友香已有 86 岁高龄，她以随军家属的身份在西藏生活了 40 多年，老伴去世后，在金东方一人独居。2016 年夏，因病住院做膀胱切除手术。住院期间，她的邻居和朋友薛玉梅、倪汉珍等人，纷纷到医院探望。出院回金东方休养时，更多的邻居和朋友前去探望。陪她散步，陪她聊天，送饭送菜。倪汉珍还专门包了饺子，请她到自己家里用餐，使老人感动不已。

在小家大家一家亲的新型人际关系中，感受最深的，要数许多独居老人。他们不仅不再感到冷落、孤单和无助，而且通过大家庭的生活方式和开展的各项活动，加深了相互之间的接触和了解，这就为那些"有缘"的独居老人，相互结合，结伴养老，创造了良好的条件。在六号楼，就有这样一对"老年伴侣"。杨复辰是一名退休教师，现年 85 岁，老伴因病去世，一人独居。周毓进是一位退休的医务工作者，现年 80 岁，丧偶已有三载，孤身只影。这两位会员，经常在一起吃饭，一起活动，相互了解，相互熟悉，相同的处境产生了共同语言，慢慢地产生了感情。但是，这种爱情的萌芽，深埋在两人的内心深处。2016 年 6 月，他们随楼栋其他会员自发组织，赴浙江长兴农家乐三日游。在蓝天白云下，在鸟语花香中，两颗孤独的心，一下子更加投缘和陶醉。在景点照相时，在众人的一再鼓动下，两人终于鼓足勇气，相互依偎，照了一张张合影，从而揭开了爱情的面纱。从长兴回常后，两人就启动了与自己子女沟通的程序，获得了双方子女的一致赞同和支持。两人终于按照"不领结婚证，经济独立，生活费用共担，互帮互助，结伴养老"的原则，走到了一起，重新找回了青春的气息，成为六号楼独居会员中相互结合的典型。

在金东方，人与人的关系正在发生新的变化。这种大家庭式的新型人际关系，其主要特点有四：一是团结友爱，亲如一家；二是互相关心，互帮互助；三是与人为善，和谐相处；四是鼓励独居老人，在相互了解、相互有缘的基础上，互相结合，结伴养老。这种新型的人际关系，正在引起老年生活的积极变化，给他们带来了温馨、甜蜜和幸福。

（四）楼栋文化的探索，推动了养老模式的创新

我国已提前进入了老龄社会。在常州，60 岁以上的老年人口，占常州户籍人口的比例已超 22%。随着经济的发展和人们物质生活水平的提高，如何在传统养老的基础上，进行养老模式的创新，这是老龄社会面临的一个重要课题。

在这方面，金东方在常州率先进行了文化养老的探索。而楼栋文化的发展，对于金东方养老模式的创新，起到了积极作用。

什么是金东方养老模式？金东方的养老模式到底有哪些特点？不同的人站在不同的角度上，有着不同的表述。在这里，根据入住会员的亲身体会，概括了金东方养老模式有两个主要特点：

一是把小家庭养老和大家庭养老结合起来。

传统的居家养老模式，是在一定的经济、社会发展的基础上逐步形成的。它有一定的特点，但也有局限性。随着经济的发展和社会的进步，这些局限性逐步显现，面临着许多挑战，已经不能适应新形势下老年生活的需要。

金东方的养老模式，就是一种把小家庭养老和大家庭养老结合起来的一种新型养老模式。它既保持了小家庭养老的特点，又发挥了大家庭养老的长处，一定程度上克服了居家养老的局限性，扬长避短，取长补短。这种模式，得到了入住会员的一致认同和热情赞颂。

在金东方，原有的小家庭依然存在。每户家庭，都有自己的卧室、起居室、厨房和卫生间。既可以在食堂用餐，又可以在小家庭做饭。子女可以陪伴老人居住，也可以"常回家看看"，共享天伦之乐。

打开小家庭的门，就是一个大家庭。六号楼每一楼层住 7 户，共用一个走廊，整个楼栋共有 26 层。入住会员在楼层里、在电梯间、在底层活动空间，天天见面，朝夕相处；并可通过各种楼栋活动，广交朋友，增进友谊，互相关心，和谐相处，情同手足，"不是兄弟姐妹，胜似兄弟姐妹"。金东方有完善的生活设施和活动场所，有健全的管理和良好的服务。

特别是生活秘书，天天与会员相伴，像对待自己的亲人一样，24 小时为老年人提供服务，任劳任怨，笑口常开。小家大家亲如一家，实实在在地提升了广大会员的安全感、满意感和幸福感。

关门小家，开门大家；晚上小家，白天大家；休息小家，活动大家。大家小家，有机结合，优势互补，延年益寿。这就是金东方养老模式的一大特色。

二是把物质养老和精神养老结合起来。

物质生活的养老，是老年生活的基础。在这方面，金东方有先进的顶层设计和完善的生活设施。基本上能做到，老有所养，老有所护，老有所医，老有所终。

在老有所养方面，金东方有食堂、浴室、理发等各种完善的生活配套设施，有健全的管理制度和良好的服务，基本上能满足老年人的物质生活需要。

在老有所护方面，金东方设立了护理院，主要为行动不便和缺乏独立生活能力的高龄老人，提供半护理、全护理的生活服务。护理院紧靠医院，设施完善，服务良好，受到了老人和许多家属的欢迎。到 2017 年 4 月止，已有 110 多位老人入住，其中包括 32 位离休干部，他们按国家规定，都享受到优惠政策。

在老有所医方面，金东方不仅有保健站，为会员提供保健服务；还建立了金东方医院，设有神经内科、呼吸内科、消化内科、心脏内科、肿瘤科、骨科、妇科、眼科等十多个专业和病区，共有 500 张病床；还设有检验科、医学影像科，具有核磁共振、CT、B 超等检查手段；还设有 20 多种疾病的全天候专家门诊。医院经常举办健康讲座，为金东方会员普及各种常见病、多发病、老年病的预防和治疗知识。会员们足不出户，就可以享受到市二院负责提供的、具有三甲医院资质的医疗服务；还与南京军区总医院建立了"军民共建单位"。

在老有所终方面，金东方还设有人文园，专门负责处理会员去世后的所有后事，让老人安详地、有尊严地离开这个世界。

随着经济发展和社会进步，当人们的物质生活得到基本满足以后，精神生活的需求，就慢慢上升为主要需求。在老年生活中，同样如此。金东方在安排好会员物质生活的同时，重视了会员们的精神生活需求，按照老有所学、老有所乐、老有所为的要求，开展了颐养文化的探索与实践。金东方设有高尔夫球场、室内游泳池、健身房、篮球场、门球场、羽毛球场，以及台球桌、乒乓球台等各种体育设施；建有多功能厅、小剧场、阳光房、钢琴房、手工房和卡拉 OK 室、棋牌室、阅览室、民乐室、书画室、摄影室等一系列文化娱乐休闲场所。创建了老年大学，开设了智能手机、数码相机、家庭养花、太极拳、八段锦、交谊舞、英语（初、中级）等 10 多门课程；成立了金东方文体俱乐部，建立了书画、摄影、戏剧、乒乓球、台球、民乐等 20 多个分支活动机构。此外，金东方还设有佛堂和基督教堂，供信教会员从事宗教活动。为了便于会员家属小孩玩耍，还设立了室内和室外两个儿童乐园。

2016 年 5 月，金东方举办了首届会员健身运动会。参加运动会的运动员有 260 多人，480 多人次。运动会设立表演项目 13 个，其中包括健步走、广场舞、功夫扇、柔力球、交谊舞、太极拳、八段锦、游泳、钓鱼、腰鼓等。竞赛项目设立了五项，包括门球、台球、象棋、扑克、乒乓球等，参赛运动员 139 人，比赛场次 699 场，历时 90 天。首届运动会参加会员平均年龄 70 岁左右，最高年龄 90 岁。女运动员占总数的 58.4%。首届运动会取得了圆满的成功，不仅提高了会员对体育健身的认识，增强了参与体育健身的积极性和自觉性，而且展示了老年人的精神风采，扩大了交流，增进了友谊，丰富了生活内涵，提高了生活质量，营造了金东方文明、健康、积极向上的家园生活氛围。

综上所述，金东方通过会所文化和楼栋文化两个层次，把越来越多的会员，组织到参与各项文化体育娱乐活动中去，不断满足老年人在精神文化生活方面的需求，从而把物质养老和精神养老有机结合起来，充实了老年生活的内涵。

金东方的养老模式好不好？最有话语权的是入住的广大会员，他们的共同感受是：

在金东方，大家感到，安全、舒心、温馨、开心和放心（有安全感），原来不想来，现在不想走。

在金东方，大家感到，越活越年轻，越活越开心，越活越有劲，越活越有信心（健康长寿）。

在金东方，大家感到，他们的心理年龄和健康年龄，普遍轻于实际的生理年龄。

在金东方，大家感到，"七十小弟弟，八十多来嘻，九十能做操，共圆百岁梦"，已成为常态。

这里，刊载一首由会员杨文林创作的自由诗，题目为《金东方是个大家庭》。这是六号楼2017年辞旧迎新联欢会上，由会员集体朗读的节目，它反映了广大会员发自内心对金东方的点赞：

> 我们来到金东方，养老是个好地方。
>
> 我家住在六号楼，事事处处觉得好。
>
> 这里是个大家庭，温暖如春心舒畅。
>
> 温馨服务真周到，烦恼事情抛云霄。
>
> 人人见面迎笑脸，个个招手问声好。
>
> 不远千里来相会，四面八方聚一堂。
>
> 邻里之间互相帮，和睦相处太美好。
>
> 楼下客厅常活动，动听音乐太美妙。
>
> 佳木斯和健身操，常年坚持身体好。
>
> 神仙日子过晚年，这辈子是太值了。
>
> 今天举办联欢会，六号楼里好热闹。
>
> 谢谢我们好管家，谢谢谢谢金东方。
>
> 祝贺大家新年好，健康快乐乐逍遥。

事物都是一分为二的。金东方并不十全十美，也有不足之处，还不能完全满足不同老年人群的不同需求。在常州，社会上对金东方有不同的评价。在金东方，入住会员不时也会发出不同的声音。这种现象，并不奇怪。一方面，金东方作为新兴的大型养老社区，同任何新生事物一样，有一个不断探索、不断实践、不断总结、逐步完善、逐步提高的过程。这是事物发展的客观规律，是不以人们的意志为转移的；另一方面，不同的评价，不同的看法，往往反映了不同的养生观念。而不同的养生观念，又反映了不同经济基础、不同文化素质的不同人群，在养老思想、生活方式、兴趣爱好和价值观、人生观上的差异。只要有人群，这种差异就永远存在。金东方不是百分之百的好，也不是一无是处。人们完全可以按照自己的价值观念和实际需求，做出不同的选择。金东方有一种试住制度，三天两夜，免费入住，合则留，不合则走，来去自由，绝不勉强。但是，那种"又要马儿好，又要马儿不吃草"的想法，是不切实际的。

目前，楼栋文化在金东方尚属起步阶段。在这方面，六号楼率先做了一些探索性的工作，取得了阶段性的成果，还需要不断总结，不断完善，不断提高。但楼栋文化作为金东方颐养文化的组成部分，其方向是值得肯定的！

喝茶聊天话养生

——构筑文化养老的交流平台

蒋经宇　管锦法

金东方颐养中心，是一个颐养天年的好地方。可是在有些人的心目中，走进金东方就是过享受、休息、等死的生活。甚至有些好心人也是带着怀疑的目光劝人说："你们目前还不是去那个地方的时候啊，等到生活不能自理的时候再去也不迟嘛！"

殊不知时代不同了，物质条件、人际关系等各方面都已发生了很大的变化，也有些同志对金东方情况不太了解，对当代老人的心理状态、欲望、追求还停留在历史想象的原点上。其实金东方在满足物质文明和精神文明需求的同时，正在探索一条跟上时代变化的文化养老新路子。

众所周知，以习近平同志为核心的党中央，把对老年人的关心、照顾、爱护、抚养列入提高全国人民生活质量的一个重要组成部分，从城市到农村，从沿海到内地，各族人民都从内心体会到，有一种明显的幸福感、获得感。从社会环境、生活条件、生活质量、医疗服务等各个方面来看，当前都是历史上最好的时期。

在当代的太平盛世中，大家都想活得长一点、好一点、健康一点。一是分享改革开放的成果，二是亲眼看见祖国的繁荣昌盛。想到这些，老年人心里都是乐滋滋的，绝对不会满足于等死。必须说明的是，这一代老人都是在历史变革中成长起来的，前半生吃尽了千辛万苦，经历了各种折磨，有的为革命前赴后继，有的为了事业呕心沥血，能在历史的巨变中活到今天，确实是来之不易的。所以在有生之年的最后一站旅途中，千方百计争取活得更有意义一点。这是大家的心愿，也是大家的追求。

金东方这个地方环境优美、管理到位、健身设备、娱乐设施齐全，人性化服务体现在方方面面。但是，尽管这里有卡拉OK厅、有歌厅、有乐器、有舞蹈室，还有书画室、阅览室、老年大学等，但总感觉到还缺少点什么，如果能补上这个短板，将会感到生活得更有情趣。

从中可以看出，到金东方颐养中心来养老，绝不是简单地追求物质享受，从平淡、无聊中老去，更重要的是对精神生活和文化生活的追求。希望能真正达到老有所养、老有所医、老有所学、老有所乐、老有所为。其中有不少有"智"有"识"之士还期望把一生累积的知识、经验、专长、体验与人分享，继续发挥自己的社会价值。在这样的背景下，金东方聊天养生俱乐部应运而生，为人们提供了一个宽松愉快的喝茶、聊天、话养生这样一个交流平台。

现在入住金东方颐养中心的成员（即会员），许多是教师（含教授）、专家、学者，还有许多医护人员、机关公务员、企业家，有的还曾在部队担任过领导职务的军人，也有家庭主妇和一般社会成员。他们对参与聊天，有的是自然习惯，有的带有各种各样的期望和要求。从两年多的实践中看出，这个平台交流的不仅内容丰富多彩，而且睦邻友好，气氛生动活泼。归纳起来主要是五个方面：

一是养生、健身。人到老年一般都有各种各样的健康问题。这些问题有的可以通过医生解决，有的则要从日常生活、日常锻炼、日常修养、日常生活细节中得到改善。在参与者中，有些人对这些几乎是一张白纸，一无所知，有的人却有着极其丰富的实践经验。而且这里还有一大批医务人员，他们在长期的医务工作中积累了丰富的专业知识和治病经验。还有些人虽然不是医生，但久病成良医，总结了一套从医院和书本中得不到的东西，这些东西往往既方便又实用。通过交流使患者受益匪浅，使健康人也得到启示。

二是有助于处理好与家庭、子女、亲友、邻居的关系。退休之前，身为长辈，有的还是领导、专家、学者，一般都受到众人尊敬，甚至一言九鼎，有绝对的权威性。因公出差时，有人会代办一切。但离退休以后，特别是随着年龄的增长，不仅在原单位里影响逐步下降，在社会上的影响也日渐式微，甚至在家庭、亲友、邻居以及子女中的地位也发生了变化。所谓"年龄不饶人"就是这个意思。这是很自然的事情，也是很难避免的，但有些人总是埋怨"人走茶凉"，心里老是别扭，自己跟自己过不去。可有些人就很开明，在聊天中开玩笑说，这里养老，茶是热的，而且温顺可口。但这些老年人自己也要好好想一想，人走了茶能不凉吗？茶能凉慢一点也就不错了。"凉"是自然规律，任何人都回避不了。一句笑话，解开了心结，对于一些原来有孤独感，忧郁症感的，通过交流、解说，都有了较好的转变。"喝茶聊天是一贴良药，能治精神创伤"，有人如是说。

三是跟上时代的步伐。有些长期从事与政治有关工作的老人，离退休后脱离了社会，容易有一种与世隔绝、闭目塞聪的感觉，产生了离岗后的失落感。也有些人耳目不灵，看新闻，听广播，倍感吃力，渴望有一个渠道、平台呼吸一点"新鲜空气"。有一个大学的副校长，生病在家期间，想了解改革、开放出现的一些新情况、新变化、新问题，曾专门托人找专家上门讲解，类似情况不是个例。金东方的聊天俱乐部就很适合此类人群的"胃口"。大家聊天交流交流，多少也能跟上一点时代的步伐。

四是增长知识。有些老人，年轻时由于工作繁重，压力很大，家人或保姆为确保他们全身心地投入工作，往往为他们提供衣来伸手饭来张口的生活。出差时，往往有专人陪同，即使单独行动也有人精心安排，包括生活细节，都不必个人操心。像这样的"领导同志"，金东方也不少，正如有一位秘书说的，这些人离开助手，简直是无法生活。但离退休以后，日常生活往往需要自行料理。对于买、捡、洗、烧，有些人没有这个本领，特别是烹饪。但是在这里养老的人当中，就是有人有这样的专长，他们有的生活在饮食世家，有一手好厨艺。有的历来喜欢饮食文化，善于从各种菜系中学习经验，做出具有色、香、味、形的可口菜肴。聊天中这是一个热门话题之一，既有学问，又有兴趣，不仅可以由不懂到懂，从不会到会，从而享受更丰富的人生，提高自理的能力，而且还有利于改善家庭关系，增添老两口的生活情趣，特别是夫妻间的关系。在聊天交流中，有些美食家，谈得眉飞色舞，有声有色，谈操作各显神通，听得让大家"口水直流"，其乐融融。

五是交流信息。现在已由平面媒体进入立体媒体时代，互联网思维使得传统媒体和新兴媒体融合发展，信息收集的速度、广度、容量都是前所未有的。进入信息化、数字化、智能化社会以来，传达信息的渠道，像蜘蛛网一样密布，像星星一样耀眼，社会的、国家的、世界的，甚至宇宙的变化，都很快让人们知晓。特别是中国倡导"一带一路"倡议以来，更使整个世界变成了地球村。这里的会员来自四面八方，各行各业，信息量很大，通过广泛交流，可以更多地了解新事物，掌握新变化，可以或多或少弥补各自的局限性。

人生经历所积累的精神财富，植根于民，人人都有，仅仅是分量不同、内容不同而已，它是文化养老取之不尽的源泉之一。如果不去触动，尘封在历史之中，也就慢慢地湮灭了；如果有一个交流平台，不仅可以有再现的机会，重新表达它的意义和价值，而且通过交流，相互启发，它的内涵还能得到升华，使大家分享增长知识的快乐，有一种获得感；大家又有机会展示自己的"珍藏"和才华，有一种成就感。文化养老合乎民心，符合当代老年人的养老需求——享受精神文明，金东方倡导的"聊天养生俱乐部"（又名聊天养生分会）是一种较好的探索和实践。聊天养生俱乐部是开放式的，人人都可参加，也有相对固定的活动场地和人群，目前有会所的、茶室的、楼道的、凉亭的……多种多样的聊天组织，分别在不同的地点，不同的时间段，聚集着不同数量的人群，有说有笑，喝茶聊天。

聊天养生俱乐部在文化养老的领域是个新生事物，对它有不同议论和评说并不奇怪，关键是必须正确引导，让它发挥好的作用而不是相反。可喜的是，在发起倡议的开始，就有一些不成文的约定，要求参与者自律，例如"健康为本"——不管谁牵头，怎样活动，谈论什么，立足点和出发点都放在一切为了会员的健康这个目标上；又如"开心为主"——无论畅谈也好，讨论也好，不要"红脸"，争论而不争吵，加深友谊，图个愉快心情；又如"文明为界"——不说脏话，不发牢骚，不造谣传谣，不能越过这个界限，要发挥正能量，弘扬正气；又如"自由自律"——放松自己但不影响别人，享受幸福但不"作威作福"，不能损公利私、损人利己等等。这些并没有贴在墙上的"约定"，在各种形式的聊天俱乐部的活动中，一般都会自觉遵守，现已成为一种好的风气，在金东方的文化养老方面发挥了良好的作用。

认识来源于实践，经过分析提高，回过头来用于指导实践，使这个交流平台，继续前进和提高。怎么聊？怎么聊得更好、更有成效，也在摸索之中，大体有以下几种：

一是讲座式的中心发言。围绕一个主题，由一人主讲，交流互动。这种形式对问题分析比较系统、深刻，听者有所收获，好比上了一堂课，讲者对自己的专长和专业知识有所发挥，体现了原来的成就感。把老有所学和老有所为在交流中很好地融合起来。主讲人要注意针对大家关心的热点问题或共同感兴趣的问题，例如，国内的"三会"，从中央到地县的党代会、人代会、政协会，都很关心。会议的主题是什么，有什么亮点，对将来的发展，对人民生活的提高有哪些影响，等等。对国际上的大事，如美国大选、英国脱欧、日本修宪、朝鲜半岛的核安全、菲律宾对中国态度的变化，以及港、澳、台的动态，等等，都是大家关心的主题。也可以选定一些题目，请人预先准备，待下次聊天时作为主题发言。

再就是从重温历史文化入手。能者多劳，懂得多的人多讲一些。我们这一代老人一般都经历了"文化大革命"的洗礼，"文革"时代的反孔、反儒、反传统文化，把中国传统文化批得一无是处，一些记载历史的书画、资料也被焚烧一空。通过重温历史的教训，大家感受颇深。另外，由于忙于工作，也很少去重新学习和研究古代文化，有些人对中国传统节日和二十四节气，也不甚了了。习近平同志强调要重树文化自信，通过交流，可以让大家补上这一课。不了解中国的古代文化、现代文化、当代文化，如何去树立文化自信呢？二十四节气，绝对是中华文明的瑰宝，通过二十四节气的变化，掌握农时变化的规律。二十四节气与中国几千年的文明，与历代人民的生活是息息相关的。在交流时，有位农耕文化的专家从中国二十四节气说起，再联系中国的传统节日，讲得头头是道，出神入化，再穿插一些历史上的文化故事，常常使得听者入迷，不仅使人享受了一次次精神大餐，更重要的是激发起大家热爱中华文明的情怀，加深了大家的家国情怀，对蔡英文之流推行的去中国化首要去中华文化的阴谋，有了更深的理解。

二是讲故事座谈式。对一些共同感兴趣的话题，以亲身经历、切身遭遇或印象特别深刻的回忆，像讲故事一样相互交流，动人动情，往往会在不同观点的争论中，相互启发，获得共识，引起共鸣。

例如"养生""保健"问题，是入住金东方的会员最关心的问题之一，聊天时七嘴八舌，议论最多。这里有一个有利条件，就是入住金东方的医务人员中，有着各方面的专业人才；也有不少保养经验丰富的老病号，甚至有的被医生判为"死刑"，通过自己及家属进行的调养，照样生活得很好，而且转危为安，活得很长、很滋润。从养生锻炼的角度看，也确实是"八仙过海"各显神通。还有一些经验丰富的人来金东方前是亚健康，生活得很吃力，来金东方后摸索了一套锻炼养生的经验，身体很快就发生了变化。这里还有一个特点，就是高龄人多，而且他们头脑清醒，思路敏捷。有一位长寿老人，善观察，善分析，善总结，谈起养生之道，像数家珍一样，等等。这些人在一起聊天交流，像讲故事一样，让人听着入迷。这些经验不仅对亚健康人有帮助，使健康人也得到了启发。

有位英国剑桥大学的教授，是研究中西医结合的，特别是对中医预防养生很有专长，聊天时现身说法，引起很大的轰动。为此，在金东方组织了一次专题讲座，得到全场好评。另一位老干部专门讲了文化养生、心灵养生，由于讲得动听还被邀请到市行政中心的"龙城讲座"专门讲了文化养老问题，得到了听众的热烈称赞，也为金东方的文化养老扬了名。

三是群聊杂谈。大家七嘴八舌地闲聊，天南地北，古今中外，立身处世，风土人情，文物古迹……在随心所欲的畅谈交流中，也会感到耳目新鲜，有所享受，乐在其中。每个老人都有"一本经"，风风雨雨几十年的经历，正反两方面的经验教训都很丰富，有的值得引以为戒，有的值得模仿学习，有的发人深省，聊天交流，等于互教互学。

有一位老人，退下来后，子女逼其将城市中心的一套住房卖掉，让其到郊区去住，售房差价子女将其分掉，弄得自己有苦说不出。这样的老人能健康长寿吗？交流交谈中，有人打抱不平，狠批不孝之子，也有人说，光说子女不好也不行，也要从自己身上找找原因。

通过交流，初步形成了共识：不论是老年人还是青年人，都要与时俱进，转变观念。在新的时代，学会用新的观念、新的思维、新的办法，来处理新出现的家庭问题。

要使这个文化养老的交流平台，越办越好，更加完善，有必要妥善处理好以下几个关系：

一是弘扬正能量与解放思想和尊重言论自由的关系。参与聊天平台的会员都有不同的历史背景，不同的专业，不同的社会经历，不同的地域（省外如北京、上海等，省内有常州、南京、苏州、无锡、镇江、南通、淮安等）不同的家庭环境，对国内外的一些大事，必然有不同看法，要允许各种不同观点的自由发挥，又要坚持正确意见的主导地位，特别对一些道听途说，误传误导的错误意见，一定要正确引导，不要把这个平台变成散布错误信息的自由市场。实践证明，老年人绝大多数热爱党，热爱祖国，热爱人民，热爱集体，热爱中国特色社会主义。如果引导得好，通过交流，可能会让大家站得更高，看得更远，精神更丰满，对当今的太平盛世更热爱，更有信心，愿意老有所为，共同为实现两个一百年的中国梦添砖加瓦，让全国人民世世代代过上幸福生活，让老人为世界人民的繁荣富强发挥点余热。

二是要善于处理中心发言与自由发言的关系。一般情况下，喝茶聊天，应当是松散的自由论坛，不要拘于形式，应实事求是，讲求实效。金东方是一个人才比较集中的地方，专家、学者、医生、教授、企业家很多，其中不少是精英人物，他们善于思考，善于搜集，善于梳理，善于归纳，有专业修养，往往对一个主题讲得有系统性，有精辟的分析，有对事物的预测、展望，站得高，看得远，有深度、有广度、有高度，让人耳目一新，有这样的主讲让人受益匪浅。中心发言者可以相对稳定，也可以灵活安排。如有人对一些问题特别关心，或有特殊需要，也可临时物色专人主讲，如养生、烹饪、医疗、其他专业知识等，参与听讲的人也可以互动发言，插话补充。

如有的人对社会上经常出现的金融诈骗、养生诈骗、传销诈骗、信息诈骗、医疗诈骗有兴趣的话，可以请这方面有专业知识，或有过被骗经历的人主讲。有人对国外情况有兴趣，可以找子女在国外、本人也经常与子女在国外生活一段时间的人，或有外事经历的人，以亲身体会介绍这方面的情况。有一位经常去美国生活的老人发言时说了一句话，对大家触动很大。他说，人家都讲外国好，我在美国生活一段时间后感觉美国除了一些地方空气质量比中国好以外，其他方面，特别是市容市貌和基础设施方面，中国比美国还好，至少不会比美国差，说得很风趣。这让有人认为"西方的月亮比中国圆"成为一句笑话。又譬如说，当前国际形势比较紧张，可以请在部队担任过领导职务的同志，专门讲一讲这方面的情况，让大家有一个客观公正的认识，消除人们对这方面的误解。

主讲人一定要充分准备，不管是历史题材还是当代事件，不管是医疗知识还是锻炼养生，不管是社会新闻还是家庭生活，不管是传统节日还是二十四节气，要有数据，有故事，让人开阔眼界，增加知识。自由闲聊能增加情趣，使人有参与感，体会到自己不光是旁观者。也就是说在坚持重视主讲的同时，也要重视参与者充分享受言论的自由。主讲人要允许参与者插话，甚至当场提出的不同意见，要允许人家把话讲完，形成一个良好的交流氛围。

三是要妥善对待"老搭档"和"新朋友"，注意保持"团队"的开放性、群众性。喝茶聊天话养生，从发起之日起，就逐步形成了一支相对稳定的队伍，有若干固定成员组成一定数量的群体，他们没有特权，没报酬，但要有信仰。这些人没有特殊情况，一般都会在约定地点、约定时间内准时参与，一般不迟到，不早退，不中途离席，使得这个平台得以正常持续活动，但不应该封闭起来把别人拒之门外，形成一个小团体。必须保持充分的开放性和群众性，谁愿意参与都要以欢迎的态度接纳。金东方的会员，不论是本地人或是外地人，不论是城里人或是乡下人，不分先来后到，也不分原来从事何种职业，都要一视同仁，都应受到尊重。而且享有充分的自由，可以迟到，可以早退，可以中途离席，有事不必请假，发言不必举手，可以随时插话，也可以随时提出不同意见。值得注意的是，没有"主心骨"的团队活动，也将成为一团散沙，反而不能正常活动，所以开放性也不是无限地打开大门。

开放性和群众性的另一种含义是，聊天养生团队可以多种多样，成员可多可少，只要正常活动就行。实践证明，喝茶聊天话养生，对部分老年人来说，确实是颐养天年的一个很好的平台，是老有所养、老有所学、老有所乐、老有所为的好去处，是改善老年人离退休后孤独感的好办法，有利于重新燃起对生活的关心热爱，激起对美好未来的向往。

这个平台还密切了亲友之间的沟通，交流。例如原来单位之间的同事、朋友，往往只能在单位组织体检或单位安排活动时才有碰头的机会，平时分别居住在城里的四面八方，见一次面都比较困难，现在一起来这里养老，老伙计们在一起聊聊天，回忆回忆，讨论讨论，这种滋味会带来多好的心情啊！

更有意义的是，还结识了一批新朋友。来这里的老年人，平时奋斗在各条不同战线各个不同岗位上，有的在学校，有的在医院，有的在企业，有的在机关，还有的在部队。隔行如隔山，很少有跨行业，跨单位接触的机会。在地域上有天然的差别，譬如有的来自外省的北京、上海、新疆，有的来自省内南京、苏州、无锡以及苏北等地，很少有相识的机会。建立这样的交流平台，在一起喝茶聊天，开开心心，这又是什么滋味啊！

在前半生，大家都是为国家、为社会、为事业、为生存而忙碌着；而后半生，在某种意义上讲，应该是一生中最轻松、最快乐、最自主的年华。现在有一种说法，退休是人生的一个转折点，不是等死，而是人生的一个新起点。在这个太平盛世的时代，开心一点，张开你的翅膀重新起飞吧！为中华民族的兴旺发达添砖加瓦吧！让自己的社会价值再一次发扬光大吧！

暮色苍茫瞻彩云

—— 对金东方颐养文化的见闻和思考

蒋经宇

经历五年多的筹备和建设，一座现代化的养老新城在常州西太湖畔拔地而起，它就是 2014 年国庆节落成开盘的金东方花园。这个看起来与一般住宅差不多的社区却与众不同，具有专业性和舒适性的特点：其一，在总体规划设计中，对它的功能定位不同，它不是普通的居民住宅小区，而是专供 50 岁以上到这里来养老的会员居住和活动的，不允许进入市场自由买卖（会员永久居住，可继承或转让，叫金卡会员，另一种以长期租赁付押金的形式，叫银卡会员，房子退押金也退），它是一个专业性的养老社区，由于建筑规格比较高端，所以又被称为"五星级退休村"；其二，规模大、环境好、服务配套的设施比较齐全，有一种现代化养老基地的气派。金东方花园占地面积约 270 亩，可住 1 800 多户，这个新型的养老社区，等于在一张白纸上画画，精心设计，合理布局，建筑风格典雅大方，庭院绿化构思巧妙。一幢幢宽敞明亮的高楼住宅、三甲医院、护理院、大型超市、恒温泳池、茶室、浴室、餐厅、儿童乐园、剧场，以及各种球场、球馆（如篮球、门球、羽毛球、乒乓球、台球）、健身房等，都错落有致地分布在树林、竹林、草坪、花园之中，更有小桥流水、四季花卉、凉亭鱼池、湿地芦苇、园艺小品等相衬托，环境非常优美。而且生活方便，各个活动场所和建筑场之间均有环路、花径、风雨长廊或地下安全通道互联互通。即使老人坐了轮椅，也可以无障碍到处活动。会员身历其境，都有一种舒适、自由、安静宜人的良好感觉。

金东方颐养中心是一个新生事物，它的组织机构和运行模式也与众不同。它不是国家包办的福利机构，不是社会慈善事业，也不是纯私营公司，它是政府批准的民办非企业单位，是一种专业性、非营利性的高端养老机构，实行"居家养老、机构服务、医疗保障"三位一体的全新运行模式。它完全按市场化运作，要自负盈亏。既不允许追逐利润，又不能亏本，还要做到"价廉物美"，使会员感到满意，确实很不容易。所以有些人担心它的可行性和可靠性，怀疑它能不能办得下去？能不能生存发展？

金东方是江苏省的居家养老示范工程，要闯出一条新的路子，担子不轻，任重道远。大家都期待它在探索和实践中不断前进，不断完善，造福会员，造福社会。可喜的是，颐养中心的领导者能清醒地估计到这些，胸有成竹，正在带领着管理服务团队一步一个脚印地踏踏实实前进，一天一天发生新的变化，逐步消除人们心目中的猜测、疑虑和担心。我是第一批入住的老会员，亲眼看见了这里的一切变化：开办之初，确实有点难堪，偌大的一个养老新村里，冷冷落落，会所的各个休息室、活动室里，也是稀稀拉拉的没有几个人，特别是晚上，路灯倒是通明，可住宅楼的窗户里有亮光的寥寥无几，基本上是漆黑一片……有人挖苦地说"豪华的鬼城"，还有一些稀奇古怪的"传说"：什么"不要轻易上当啊，万一被套住了逃都来不及"，什么"这样高档的地方能让你占便宜？当心吃亏在后头"，什么"现在服务到位，买了金卡，说不定今后服务倒退，只能死卡了"，等等。总之是不敢来或不打算来，或者是已经来了的暗暗地有些担心和后悔。其实也难怪，在新事物面前，人们用各种不同的目光来观察，发出各种各样不同的议论和评说，在所难免。不过，任何新生事物都具有强大的生命力和优越性，金东方也不例外。两年多的实践已经充分证明，现实中的所见所闻，与当初相比已是大不一样，现在是人气兴旺，入住金东方的会员越来越多！

原来有些是短期试住的人（爱心卡会员），都陆续"转正"，作为正式会员，准备长住下去。有些人干脆"连根拔"，把家里的老房子卖掉，在这里重新买一户金卡或租一户银卡，定居在此作为金东方的"永久居民"。

有个老会员有兄弟姐妹六个，竟有五家一齐迁来金东方；有位在常州退休的老人把家住南京的哥哥和妹妹两家动员过来，同在金东方买了三户金卡，准备在一起共度晚年，这样的"连环户"已越来越多；原来那些观望和怀疑的人，看到老会员不仅没有一个"逃走"，反而更加"铁心"，因此开始动摇，赶快入住进来。原来那些"不敢来""不想来"的人，纷纷实地调研，看看情况到底怎样？他们怕错失良机也都很快下决心预定购买；有些头脑灵活敏感的外地人，打听到常州金东方的信息，成群结队到这里来考察摸底。他们一般不是找销售人员，而是先到会员中去串联"私行察访"。使他们意想不到的是，会员亲口反映的实际体验比他听到的广告宣传更好，而且几乎是异口同声的点赞，他们觉得"名不虚传"，使其中不少人当场就选户型，下订单，不久就搬来定居了。他们之间还相互转告，带来了不少亲朋好友，聚在金东方做养老的新邻居。铁道部戚墅堰机车车辆工艺研究所就有十多户，常州大学有二十多户。除江苏的无锡、苏州、镇江、南京周边城市外，北京、上海、广州、深圳、武汉、新疆等外地人也不少。江苏省居家养老示范工程的影响已越来越大，前来参观考察的单位和家庭络绎不绝，形势变化之快超乎想象。恐怕不久的将来，这里将会出现"一房难求"的情况。

人们之所以向往金东方，选择到这个新型的养老社区来定居，一方面是物质享受，为了环境的美丽和配套设施的完善；另一方面是精神方面的享受，更欣赏这里的以人为本的高质量服务和文化养老氛围，而且比较起来费用开支相对便宜。有位中央部委的司局级老干部，长期派驻国外工作，退休后老两口在北京生活，曾经到全国许多地方去物色养老居所，总觉得不尽如人意，有一次到常州探亲，顺便到金东方来看看，竟有"此人却在灯火阑珊处"之感，老两口不约而同说"总算找到了"！不久就办妥"转移"手续（北京的房子卖掉迁来常州，买了一户金卡），作为金东方的会员定居下来。武汉一家设计院有位高级工程师，也是到常州旅游时偶然听说有个金东方，专门来参观参观，居然"一见钟情"，说"太理想了"，老两口当场就决定签约，他们入住金东方以后常常说别的地方不想去了。有位上海老板，夫妻俩住在金东方，会员同他们开玩笑说："上海老板眼界高，到常州小地方养老能习惯吗？"他说："迪答（这里的意思）档次高，环境美，人员素质好，开支又便宜，谢气好（非常好的意思）"，他夫人更高兴，"阿拉在上海卖脱一个小户，在迪答买了一套金卡中户，还多出几百万，开心来西"……这些事例，不是个别现象，确实反映了会员们发自内心的感受——找到了适合自己需求的养老场所，能把人生旅途的"最后一站"定居在这里，也算心满意足了。

金东方的文化生活是丰富多彩的，从早到晚都有机会参加到各种各样的养生健身和文体活动中去，都可以根据自己的体力和爱好，物色到"搭档"和伙伴，融合到各种活动的朋友圈里去。每天从早晨五、六点钟晨练、垂钓起，到晚上八、九点钟交谊舞止，整整一天中唱歌的、跳舞的、打牌的、打球的、游泳的、敲锣打鼓的、玩西洋乐器的、喝茶聊天的、舞剑的、文娱体育、琴棋书画……几乎样样都有。为了提高金东方社区老人的生活品质，颐养中心统筹协调，全面梳理，把自发组织的各种群众活动和俱乐部正式批准成立文体活动分会三十多个：有门球分会、台球分会、乒乓球羽毛球分会、棋类分会、游泳分会、戏曲分会、大家唱分会、舞蹈分会、时装腰鼓分会、武术分会（太极拳、木兰拳、气功等）、摄影分会、书画分会、手工分会、钓鱼分会、民乐分会、健步走分会、聊天养生分会、扑克牌分会、桥牌分会、园艺分会，等等。各分会都有人牵头负责，有一批骨干固定开展活动，有一批爱好者自愿参加，他们自由活动，互教互学，相互切磋，都开展得有声有色，不仅提高了技艺，而且扩大了人际交往，增添了友谊，活跃了整个社区的气氛。每逢节日或庆祝活动，有关分会都会精心排练，登台亮相，特别是一年一度的运动会，各分会都参与比赛或表演，阵容庞大，热闹非凡。原来老人们存在的孤独感、寂寞感等精神空虚，在这里能得到较好的充实和填补。

金东方的文化养老活动，不仅内容丰富，而且品位较高。由于这里人脉基础较好，来自四面八方的会员中，大部分是学校的老师和校长、教授，医院的专家、主任医生和院长，研究院、设计院的高级工程师和技术人员，机关公务员、军官和离退休老干部，企业单位的厂长、书记和老板，还有工程师、法官、律师和自由职业者等，均有一定的文化底蕴和丰富的阅历，他们都是这里的文化活动骨干和积极分子。在书画分会的画室里，许多都是书法家、画家，他们的作品在这里举办展览，一些作品赠送会员。在歌唱、舞蹈队里带头活动的，原来就是音乐老师、剧团团长等知名人物，表演的技艺水平高，吸引参与的人员多，不仅活跃在金东方的社区里，还经常参加外地的表演或比赛。金东方许多分会的代表队，常常会捧着奖品、奖杯回来，给全体会员增光添彩，带来喜悦。香港回归祖国二十周年之际，金东方一支二十多名平均年龄六十多岁的旗袍艺术队，曾被邀赴港表演，得到了二等奖凯旋。由于大家都是来养老的，都很重视健身养心，所以各个文体分会的活动，都特别关心文化养生这个主题并挂起钩来，发展颐养文化。例如喝茶聊天，不仅仅是聚在一起说说笑笑而已，这里几个大大小小的聊天俱乐部，各有特色，颇有深度。七号楼楼栋的休息大厅里，墙上挂着书法家写的"开心说吧"几个大字，他们说，现在小青年有"酒吧""网吧""咖啡吧"，还有吸氧气的"氧吧"，我们就叫"说吧"，说说笑笑的。现在来金东方养老了，有缘分住在一个楼栋，好比同在一个村子。记得小时候每天晚上吃过晚饭都会聚在邻居家里坐坐，叫做"坐夜说老话"，这种乡愁，这种远亲不如近邻的朴实情感，后来都没有了，所以我们几个人发起弄一个现代版的"坐夜说老话"，叫"开心说吧"。每天叙叙，谈古论今，感悟人生，安度晚年，营造出了一种和睦团结的邻里情结。在会所大厅的茶室里，专门喝工夫茶的地方有一个戏称"话疗"的俱乐部，也是自发形成的。由一位胃癌全切除的病友牵头，每天请客品工夫茶，他说，大家一起喝与我一个人单独在家里喝是不同的，边品边聊，热热闹闹，忘了病痛，既结识了新朋友，心情愉快，又交流了保健经验，养生养心，这叫"话疗"，比化疗的效果强多了。这里是一个"热点"地方，有时一批又一批的聊友来交流说笑，心态都很好。最早开始在阳光房里成立的一个"聊天养生俱乐部"，原来只有几个人，喝喝茶而已，现在已"升级"了，不仅人气旺，参加的人越来越多，而且内容丰富，文化气息很浓。他们有相对固定的成员，在固定的时间地点定期集体活动，每次有"中心发言"，一般都有一个"主题"，或政治形势，或时事热点，或历史往事，或名人轶事，或古今传奇，或名山大川，或诗词文学，或农耕文化，或保健养生，或孝道文化，或红色故事……有点像老年大学上课那样，一人主讲，大家静听，既可以传授知识，畅谈心得，也可以交流补充，各抒己见。聊天成了一种"文化大餐"的精神享受，在这个交流平台上，人人都有机会主讲，扬己所长，从中回味自己人生价值；人人都有机会参与听讲，弥补自己的缺失，从中受益。在金东方的各种文体活动里，都渗透着自由自在、轻松愉快的文化养老的气息，潜移默化地传递正能量，弘扬精神文明。这已形成一种很好的风气。

"机构服务"是金东方养老模式的主要标志，它不仅与会员的生活质量直接相关，而且对颐养中心本身的发展前途，也有决定意义。两年多的实践获得了普遍认同，总体反映良好，尤其对管理团队能够在实施过程中不断改进、不断完善的认真负责精神感到满意、感到放心，都说"全国少有"。会员中共同流传着这样一句话：金东方管理服务是到位的，只是担心如果金总调走以后会不会"变味"？话虽简单直率，却意味深长，蕴含着会员内心深处诸多的赞扬、信赖、肯定、支持，也包含着希望和配合。列入《金东方颐养中心服务手册》中明确规定的基本养老服务内容，就有健康服务，生活服务，休闲、娱乐、文化服务，运动健身服务，智能化服务，院区管理服务等六个大类，共四十三个项目，包括老人宗教信仰的佛堂、基督教堂和儿孙来探望时供其休息游戏的儿童乐园都考虑到了，养老生活方方面面的需求，在服务项目的目录中几乎都能找到，都能立即兑现，真是周到细微。"机构服务"的正常运作，是建立在完整的服务体系和服务网络基础之上的，有相对应的管理部门负责，落实到管理服务人员的岗位职责里，并有一套科学合理的监管制度（有些是采用大数据智能化管理）作支撑。有章可循，忙而不乱，把一千多老人聚居的大家庭弄得舒舒服服，管理得井井有条，谈何容易。而在一片赞扬声中，管理服务人员的回答总是："我们应该的"。"我们老总说的，金东方不是最好，但要努力做到更好。"有这样好的制度，有这样好的管理团队，有这样好的服务态度，实践新的模式，探索新的路子，肯定是大有希望的。就凭直觉，已经有人把目前看到的金东方视作"养老天堂"了。

金东方"机构服务"的最大特点，不仅仅是涵盖内容的全面和管理的科学，还有一种根本性的、精神层面的东西渗透在里面，起着关键性的作用。这些东西在表面不容易看得出来，而发生在日常生活当中的细枝末节的小故事，往往会显露真情。举些例子：金东方的浴室，清洁、方便、舒适，是老人们最爱的去处之一，而跌跌碰碰，摔倒、晕倒的事也经常发生，及时得到浴室服务员的关爱和帮助，也习以为常。有一次，在更衣室地上，稀稀拉拉的一条长链状大便延到浴池，大家掩鼻，那位老人也紧张无奈，服务员立即"抢险"，一面迅速清扫，拖抹干净，一面赶去搀扶老人，擦洗安慰。"这是病，你不是故意的，大家不会怪你的"。几句话，一块抹布，把更衣室的尴尬局面变得彼此同情，相互理解，让老人很自然地回去，这是多么感人的情景。如果发生在外面其他浴室里，这位老人至少会遭到嫌弃，也可能被羞辱一通而无地自容。但金东方服务员给他的是关爱，更保护了他应有的尊严没有受到损害。在突发的瞬间，这种应急措施流露出来的是一种亲情服务的精神。又例如每个月的六号，金东方会所大厅的电子屏幕上总会显示出一大串名单（每次大约有一百位左右）都是当月过生日的"寿星"，当天晚上为他们举行集体祝寿仪式，寿公寿婆前排就座，家属、会员济济一堂，工作人员也融为一体，祝寿表演的节目和活动丰富多彩，都是自娱自乐，热热闹闹，高高兴兴，月月如此，年年如此，已经形成一种制度。奇怪的是，这种活动并没有使人感到乏味，感到"老一套"，大家都会主动参加。有些来探望的子女也会争取机会参加，人数越来越多。尤其是从国外回来探亲的子女，格外关心，非常赞赏，认为他们的父母住在金东方能得到众多的关爱，生活得有品位，有尊严，有大家庭亲人们的相互照应，特别感动。他们说：人在国外也放心了。这里面包含着多少的情谊和服务精神啊！有一次散步时见亭子里坐着几个老人在闲聊，其中一位八十多岁老阿姨提高着声调在讲她的亲身"历险"故事，有声有色，旁人张开着嘴听得也有些着迷。她说："要不是到金东方来，早就死过几回了。我是犟头，不肯来，女儿在国外，怕没人照应，逼我来的，我们还吵过架，被她骂来的，我在社区住得好好的，老姐妹，多要好，看病有她们帮助挂号的，怕什么？逼到金东方来住，一个人（她是独居老人）冷静的，不怕难为情，我还哭过几次的，心想本来还好活几年的，现在进了养老院只好等死了。没多久，真的死到临头了，半夜里发病，叫天天不应，命苦啊。电话也不能打，心想打了也没有用啊，总算没有老糊涂，摁了一下床头紧急呼救按钮，一会儿有人来了，我糊里糊涂的，等我醒过来亲眷告诉我在医院里了，是金东方送来的，没有死，又活了。"大家跟着一起哈哈大笑起来，老人也高兴，又说了："不止一次了，都没死成，这个红点点（指按钮）灵光的，它救了我几次了。你们用过没有？"弄得大家又哄堂大笑。老人感慨地说："现在想想啊，还是年轻人脑筋好，幸亏把我送到这里来了，应该为女儿平平反的，到金东方来没有错，冤枉我女儿了，社区老姐妹原来也说我罪过人（可怜的意思），孤零零的，现在看到我有了不少新的老姐妹，热闹的，还多了一个'女儿'（指金东方的生活秘书），大家互相照应，吃的、住的、白相的（指玩）都比社区好，不可怜我了，都羡慕我了，说还是我的福气最好，老姐妹反而经常到金东方来陪我一起白相了，我也觉得自己光彩不少。"大家又一齐欢笑起来。老人很风趣，又笑嘻嘻地开腔了，"我也不知趣，高兴得太早了，也没有量量自己有多大年纪，好像到金东方来得了什么仙气，手脚轻健了，胃口也好了，我就开始瞎锻炼，跟着别人唱啊、跳啊、扭啊、走啊，好像还有点来事的（有力气的意思），不晓得又出纰漏了，跌下去爬不起来了，摁摁这个牌牌头（指挂在身上的智能定位呼救器），也灵光的，两个保安赶过来把我扶到家里，喔唷，用这个牌牌头也不止一次了，我倒有点小名气了，变成了急救的老户头……"大家又笑成一团。正聊得开心，突然两位保安急匆匆赶来问："老阿姨，又哪里不舒服了？"只见老人一愣，急急巴巴地说："还好的，还好的。"问："牌牌头呢"，老人尴尬地摸着屁股下坐的小包包，"不好意思，出纰漏了，坐在底下弄响了，害你们白跑一趟，对不起，对不起。"大家屏住气，以为这下子老太太可能要挨"骂"了，殊不知保安笑眯眯的："没关系，不要紧，白跑一趟倒高兴的，只要你老人家没病就好，我们倒希望下一次仍然白跑一趟。"说得多么感人、动人而又婉转啊！旁边有人开玩笑："阿姨的牌牌头灵光的，蛮好白相的。"又引起一阵哈哈大笑。大家一齐打了招呼以后，保安走了，人也散了，我坐在亭子里久久不能平静。来金东方时间不算太长，已经听说过不少半夜救人，白天扶人，找回了迷路的人等等传言和其他一些很新鲜的小故事。尤其是这位老太太风趣的聊天故事，亲身经历，朴实感人，再加上保安"亲临现场"时的表现，印象特深，那里面该有多少"亲如一家"的精神啊！真是感人肺腑。

联想来金东方探望的子女们常常反映，"他们（指自己父母）住到金东方，我们也放心了"。幽默的故事也好，点点滴滴的反映也好，传言也好，实际上都是心声的自然流露，对自己的庆幸，对金东方的赞扬、感恩和信赖，是金东方辛勤服务换来的，是金东方服务人员的亲情换来的。如果把发生在这里的种种故事的碎片全部拼凑起来，可能会看到一幅评价金东方机构服务的美丽图画。

在金东方餐厅的墙上，并列挂着两幅图，一边是管理团队成员的照片，另一边是二十四孝图。我在别的许多餐厅里从来未见过这样的布置，真是别具匠心，寓意深远。在一次探讨颐养文化的发言中，对金东方的"小户大家，亲如一家，共同建设美好家园"的提法，非常赞赏，认为主题鲜明确切，方向对头，切中要领。但对金东方机构服务的要求是"替子女敬孝"几个字却提出了一字之改，把"替"字改成"帮"字，"帮子女敬孝"。金东方的机构服务，应当以中华文明的家文化为主线，以人为本，用孝道亲情贯穿在服务工作之中，这样的服务才有灵魂，才有精神层面的内涵，才经得起时代潮流的冲刷，或许这就是会员中有人担心的：有良好的开端，希望今后不要变味的意思。事实上在两年多的养老事业新模式的实践中，金东方正在积累着许多有益的经验，正在丰富着现代版的养老文化，逐步塑造一种新的风气，形成有自己特色的"金东方精神"。或者说，以孝道为主线的亲情服务，构筑了金东方"机构服务"之魂。

养儿防老，父母抚养子女，使之长大成人，独立生活，一旦老了，丧失劳动能力，靠子女赡养，尽孝送终，千百年来的传统习俗，形成了有中华文明特有的孝道颐养文化。随着时代的发展和经济基础的变化，人们的生活方式和文化习俗也在慢慢改变，特别是大规模的城市化进程加快，科学技术突飞猛进，对传统观念和传统习惯发生着冲击性的影响，养老问题的凸显，也是其中之一。从经济角度看，现在老人的生活来源主要依靠本人的社会保险金而不是子女供养，有相当大的一部分人群反而出现了"啃老"而不是养儿防老的现象。从生活照料的角度看，相当一部分家庭的子女出国或定居国外，或外出务工，无法照料在家的老人，何况忙于工作的子女要同时照顾四个老人，也有些力不从心。事实上这个方面的服务功能也已经开始逐步转向社会化和公益事业方面去了，家庭的"空心化"和空巢老人的失落感、孤独感等新的矛盾已很突出。在如此复杂而又庞大的社会养老问题大背景下，各种新的模式、新的养老机构、新的养老事业单位将会应运而生，百花齐放，来适应不同层次、不同人群的多种需求。金东方花园无疑是养老事业百花园中的一枝独秀，本人生活其中，体会良多，非同一般的有三：

其一，找到了"家"的感觉。金东方居家养老之"家"，非同一般，对养老者来说，这是新家，又似老家，并没有陌生的感觉，有卧室、客厅、卫生间、厨房、阳台等，其名是"家"，"搬来新居了"，其实是"户"，是金东方的"小户"。金东方的家是整个养老社区，是大家园的"家"，是"小户大家"。依托整个社区的科学化、社会化、规范化的机构服务形式，为小户里的每个会员，帮子女们实施其"养老送终"的全部功能。立足社区着眼会员，在金东方各个"小户"的吃饭问题，有小厨房与大餐厅的对接；洗澡问题有小卫生间与大浴室的对接；休闲娱乐问题有小客厅、小阳台与大会所、大花园、多功能成套文体设施对接；还有生活秘书、清洁工、保安、工程部等子女们办不到的服务……一切都衔接得那么妥帖，一切都过渡得那么自然，一切都改善得那么完美。大集中、小自由，根据各自的具体条件，随你所愿，任你选择。物质和精神生活的享受，大大超过原来的老家，老人们从习惯上舒舒服服地适应这里的新家，从观念上自然而然地认同这个"大家"，从行为上高高兴兴地为"共同建设美好家园"尽一点力。金东方养老模式的探索和实践是个创举，是成功的，是中华文明孝文化的继承和发扬，是现代版的家文化，它顺应潮流，合乎民心，有其独特的生命力和优越性。这里是"家"，是人生旅途理想的最后一站。

其二，生活质量高。金东方是高端养老社区，其规划建设的各种配套设施和环境布置，为高品质的物质享受提供了必要条件。在精神文明的享受方面，也相当充实。以孝道为核心的亲情服务，是金东方机构服务的特色，贯穿在高品质服务的方方面面，其贴心和周到所体现的不是市场化的佣工和雇主的金钱关系，而是长辈和小辈相互关心的亲情，因而使老人们有一种活得尊严、过得舒心和温暖的感觉，这是难能可贵的。在会员之间，有"同在一个村子里"那种邻里乡情，大家开开心心，和睦相处，相互照应，人情味很浓。再加上几十个文体分会的种种活动，生机勃勃……这里有一种特有的心情愉快的精神文明气氛，这是养老生活的一种高级享受。

其三，开支比较节省。收费规范，标准适中，会员普遍反映，金东方是高档生活，低档消费，比较起来还是很便宜的。

暮色苍茫瞻彩云。生活在金东方是幸福的，新的养老生活从这里开始吧，能够在这里安度晚年，应该知足，应该满意了，应该对创办金东方作出贡献的单位和个人感恩，应该为金东方管理和服务人员付出的辛勤劳动致谢！

附诗一首：

养老福地金东方

东方花园蕴亲情，
颐养天年享人生。
风草情缘千秋诗，
沐浴晚霞金黄昏。

关于对当代老年人的心理变化
及如何修身养性的探索

管锦法

当今中国已进入老龄化的社会，截至 2016 年年底，江苏 60 岁以上的老龄人口为 1 719.2 万人，占户籍总人口的 22.1%，常州还有略高于这一比例。因此，如何改善老年人的生活环境，提高老年人的生活质量是值得大家关心和探索的一个新课题。

不论老年人还是年轻人，都要跟上时代的变化，与时俱进，转变观念，适应新时代的要求。首先是老年人，特别是原来身居要职的专家、学者、领导、离退休干部。退休之前身为长辈，一般都受到众人的尊敬，甚至一言九鼎，有绝对的权威性，因公出差时，有人会代办一切，但随着年龄的增长，不仅在原单位的影响逐渐下降，社会上的威望也日渐式微，甚至在家庭、亲友、邻居以及子女中的地位也发生了变化。所谓"年龄不饶人""人不饶年龄"就是这个意思。有的人面对现实的转变总是不习惯，有一种失落感，总埋怨"人走茶凉"。老年人应当想一想，人走了茶能不凉吗？茶能凉得慢一点也就不错了。"凉"是自然规律，任何人都阻挡不了。当然，老年人一方面要善于应用长期工作形成的影响、威望，继续发挥正能量引导社会，弘扬正气，抑制歪风，处处以身作则，言传身教，潜移默化地影响家庭、邻居、青少年乃至整个社会，继续做一个对社会有益的人。这是每一个老人必须牢记、必须坚持的原则。

另一方面，必须看到目前已进入信息化、数字化、智能化的时代，随着科技的进步，社会变化已进入快车道，知识更新越来越快，与农耕时代相比，真是一天等于二十年。这是每一个老人必须面对的一个新课题。然而中国历来有一种潜意识认为人越老阅历越深，经验越丰富，永远是青年人的"祖师爷"。自认为老年人吃的盐比年轻人吃的饭还多，过的桥比年轻人走的路还长。事实并不都是如此。老年人由于离开了工作岗位，脱离了社会实践，往往有知识老化、专业过时的状况，甚至有些言语也发生了变化。因此，不能再坚持原来的观念不放，一味地自以为是，处处好为人师，对好多事看不入眼。相反，要努力学习新思路、新观念、新科技，尽快适应新变化，而且要不耻下问，要善于向年轻人学习，虚心听取小辈的意见，一般不要再插手小辈的工作，干预小辈的生活。即使小辈错了，也只点到为止，不要喋喋不休，没完没了。

而小辈也要以发展的、辩证的现实观念，客观地、辩证地分析老年人的变化。当代老年人由于社会的发展，国家的富裕，已不再单单满足于物质生活的享受，而是在追求衣食住行等物质生活的同时，也追求丰富的精神、文化、娱乐生活。百善孝为先，这是中国儒家文化的核心。"孝"是对老人的尊敬、尊重，但"顺"是不可或缺的。也就是说，光有"孝"还不够，还有"顺"。即在尊敬、尊重老人的同时，还要满足老人的想法和欲望。长辈含辛茹苦养育子女，把子女培养成人，现在长辈老了，子女有反哺的责任，老养小，小养老，这是天经地义的，不能有任何的怀疑、动摇，或者以种种理由来否认。孝，一定要在活着的时候，尽量避免"子欲孝而亲不在"的无奈。行孝要尽早，千万不要让等待成为遗憾，这是非常重要的。现在的老人，在物质享受上一般问题不大，他们需要小辈对其精神、文化、娱乐欲望的理解。由于生活水平的提高，节假日子女来看望老人，往往会带很多东西，如营养品、蔬菜、荤素食品、水果等，殊不知老年人随着年龄的增长，往往食量少了，味觉差了，好多东西是食之无味，食之无益，弃之又觉得可惜，甚至很多老人陷入无力招架的境地。所以，子女要学会对老人的观察分析，弄懂他们真心需要什么，经常回家看看，要抽时间与老人交流。如老人要看第三第四代的，要尽量把他们带来，让他们享受天伦之乐。老人对小辈也要体谅，不能喜欢或要求小辈全天候地围着自己转。因为小辈也有他们的工作，他们的事业，他们的小家庭，他们能经常来看望就可以了，要心满意足。这对双方都有利。

大家应当看到，随着时代的进步，夫妻关系也应有新的变化。少年夫妻老来伴。除单身的、再婚的以外，很多老年人已进入银婚、金婚甚至钻石婚的年龄，与年轻时已有很大的不同，在这个年龄段中，彼此都要学会相互之间更加关心、更加体贴、更加爱护。当然，双方生活在一起，也往往会有一些磕磕碰碰的情况，俗话说，牙齿也有同舌头相碰的时候，这是很难避免的，但要学会理解、宽容，一般不必计较，更不要斤斤计较，以牙还牙。化解矛盾时要多从自身找原因，不要老从对方身上出气。一方面，平时要多看对方的优点、长处，包容对方的短处、弱点；另一方面，平时要多找自己的不足，学会做自我批评。特别是体强者，要多关怀弱者，使体弱者感到温暖，增强生活的信心。但体弱者也不应有依赖思想，能自己做的要尽力自己做。要注意体谅对方的困难，多说感激的话，使对方减少委屈感，增强责任感。更重要的是要养成一种良好的习惯，多表扬对方、鼓励对方，少指责对方，不要使矛盾升级，不要使关系恶化。平时要满腔热情，笑脸相迎。好话一句暖三春，恶言半句冷三冬。彼此一定要享受夕阳红时的美丽。

在前半生，大家都是为国家、为社会、为事业、为生存而忙碌着；而后半生，在某种意义上讲，是一生最轻松、最快乐、最自主的年华。也可以说是人生的一个新起点。在这个太平盛世的时代，张开翅膀飞吧！继续为中华民族的兴旺发达添砖加瓦！为实现两个一百年的"中国梦"做出力所能及的贡献！让自己的社会价值再一次发扬光大！

对"文化养老"的认识与实践

张瑞芬 赵兆泉

一、对"文化养老"理念的认识

什么是"文化养老"?"文化养老"是指老年群体在物质生活相对满足后,追求生命质量的一种能体现文化传统与现代人文关怀的高品质、高品位的养老方式。它以交流学习、沟通情感、健康身心的多种文化活动为载体,达到愉悦身心、延年益寿之目的。

142　　我们知道,对于脱离了工作岗位的老人,他们有大量的余暇时间,身体缺乏锻炼,减少了与社会交流的机会,生活单调乏味,特别是空巢老人,生活更感孤独寂寞。如能组织起来参加多种文化活动,无疑是治愈这类人群孤独、忧郁等病的良药。大量的研究早已证明,各类文化活动是人类有效的情绪调节剂,能改善伴随衰老过程出现的许多情绪问题,如失落、伤心、内疚、孤独、抑郁、焦虑等不良情绪,并使人在活动后能保持良好的心境,拥有轻松愉快的感受。金东方社区开展的各种文化活动,从聊天喝茶、琴棋书画、说拉弹唱、戏剧歌舞、种菜养花,到游泳步行、球操拳功,正是从满足老年人的精神需求出发,以老年人享受健康、快乐为目的的。

对金东方人而言,"文化养老"的理念并不新鲜,多年前,金东方颐养中心项目的投资者、规划设计者、管理领导层已经在按文化养老的理念思考、规划、建设常州武进区金东方颐养中心了。

在我国已经进入人口老龄化社会、老年人的物质生活相对满足的大背景下,一批养老产业应运而生,常州市武进区金东方颐养中心就是其中的佼佼者。金东方颐养中心是一家集"居家养老,专业服务,医疗保障"于一体的非营利性高端养老机构。作为"国家爱晚工程""江苏省养老示范工程",金东方一直走在全国养老服务业发展的最前沿。开发商和领导管理层在打造一座亭台楼阁、小桥流水、绿树环绕、芳草铺地、四季花香的大花园的同时，精心建造了一座漂亮的多功能建筑——约 12 000 平方米的会所，设置了图书阅览室、书画室、棋牌室和其他文化娱乐设施；还建造了漂亮的体育场馆，如小型高尔夫球场、温水游泳池、门球场，设置了适合老年人开展多种文化活动的较齐全的设施和器材，为会员们开展多种文化活动创造了较好的条件。这一切正是在文化养老理念的指导下精心设计、精心建设的。而较早入住金东方颐养中心的会员们，也正是实践文化养老理念的先行者。

二、开展多种文化活动的实践

从注重物质生活质量到更加青睐于生命质量的提高，是老年人参加文化活动的动力。但是，有动力不等于就能经常、持久地把文化活动坚持下去，就能达到愉悦身心的目的。为了引导广大金东方会员更好地开展文化活动，追求健康、快乐的养老目标，金东方颐养中心做了大量的服务、管理工作。

（一）加强组织建设，成立各类松散团队

目前，入住金东方的会员约有 2 000 人，平均年龄约 75 岁，为了充分享受金东方美好的环境和良好的文化、娱乐和体育设施，提高生命质量，他们中约有 60% 的会员经常、自觉地参加各类文化活动。为了达到交流学习、联络情感、相互促进、共同提高的目的，金东方根据会员的要求，按不同活动内容成立了各类松散型的文化活动团队。成立的代表性的协会有：书画、摄影、聊天、时装、民乐、广场舞、腰鼓、大家唱、健步走、游泳、门球、台球、乒乓球、健身气功、太极拳、棋牌等。金东方会员可以根据自己的身体状况、兴趣爱好和时间安排，自愿选择参加活动。这样，让老年人追求"老有所学、老有所为、老有所乐"心愿的落实有了组织保证，让会员们在多种文化活动中增进了解、联络情感，同时相互学习文化活动新知识、新技能，提高了参加文化活动的积极性，又发挥了团队负责人和活动积极分子在传授、推广文化活动新知识、新技能，在维护文化活动经常、持久地开展过程中的带头作用。在老会员的鼓励下，许多

会员入住金东方前不懂书画、摄影，没有下过游泳池，没有打过腰鼓，没有上过舞台，没有打过桥牌，没有打过台球，也没有练过健身气功，现在都在文化活动团队里学习并经常参加活动，享受健康、快乐了。

（二）提高服务质量，发挥相关部门的后勤保障作用

会员入住金东方，就是为了享受金东方提供的各种服务。除了生活服务（包括环境、食、住等）和医疗服务外，文化娱乐服务也是很重要的一个方面。对社区的各项服务工作，大多数会员都感到满意。在近三年时间里，金东方文化活动团队陆续增加，参加活动的会员人数不断增多，颐养中心提供的活动设施相应增添、完善，相关的其他服务、管理工作也必然相应增加、繁杂。例如，打台球是许多会员喜爱的健身活动之一，金东方开园之初，提供给会员活动的台球桌只有两张，常常人满为患。一年后台球桌增加到三张，仍不能满足会员群众的需求，现在已经增加到六张台球桌，台球室成了开放时间最长，参加活动人数最多的场所之一。从场地维护，到活动设施维修、保养等，如果没有颐养中心的后勤保障，要正常开展大规模的群众性文化活动是不可想象的。

2017年4月29日，常州市月季花花展在紫荆公园开幕。有关方面在当天组织全市多家业余文艺团体在紫荆公园举行了一场旗袍秀汇演。金东方艺术团参加了这场演出，训练有素的20名会员在这个舞台上的精彩演出，获得了常州市民的高度评价。参加演出的另一个参演团体的负责人对在金东方养老的一位朋友点评金东方艺术团演出获得成功的原因之一时指出：别的单位到场的一般仅仅是冷冷清清的一些演出人员，而金东方像个大家庭，在金总的带领下，热热闹闹到了一大帮人，摄影师、啦啦队、保管服装、送矿泉水、送凳子的后勤人员都到了，还有大客车接送，后勤保障工作做得真好！

（三）金东方社区文化活动情况调查

1. 一般文化活动情况的调查

（1）书画协会。经常参加活动的有33人，会员们创作的书画作品质高量大，陈列于书画室，受到参观过书画作品展的会员和来宾们的普遍好评。

（2）摄影协会。经常参加活动的有 21 人，协会成立至今，会长已经完成摄影知识、技术等讲座 29 讲，组织采风活动多次。近三年来，社区每年每个月一次的会员集体过生日的生日晚会和逢年过节等组织的节庆活动的摄影任务，都是由协会会长和积极分子们完成的，受到会员们广泛赞扬。

（3）时装协会。经常参加活动的有 40 人。

（4）民乐协会。经常参加活动的有 26 人。

（5）腰鼓协会。经常参加活动的有 30 人。

（6）广场舞协会。经常参加活动的有近 60 人（两个队），近两年来，每周活动 5 次，每次约一小时。

（7）大家唱协会。经常参加唱歌的有近 40 人，每周六下午活动一小时，已经坚持了两年，会员们跟着老师学会了 50 多首新歌。

（8）聊天协会。经常参加聊天活动的有 10 多人，每周一、三、五上午活动一小时，聊天的形式是有准备的主聊和随机而发的闲聊相结合，话题广泛，气氛轻松。

2. 体育活动情况的问卷调查

为了掌握金东方社区的体育动态，2017 年 5 月上旬，我们以问卷调查的方式，对某号楼栋会员体育活动情况作了较广泛的调查。笔者设计、提供了问卷调查表，调查统计工作由颐养中心综合部安排该号楼栋的生活秘书（负责楼栋日常事务的员工）负责，笔者如实把生活秘书完成的调查统计结果录入文中。

某号楼栋的调查统计有如下数据：

（1）被调查人数及年龄结构情况。被调查总人数：172 人，占入住总人数的 74.5%。其中：90 岁以上人数：6 人，占被调查人数的 3.5%；80～89 岁的人数：64 人，占被调查人数的 37.2%；70～79 岁的人数：66 人，占被调查人数的 38.4%；60～69 岁的人数：31 人，占被调查人数的 18%；59 岁以下的人数：5 人，占被调查人数的 2.9%。被调查人的平均年龄约为：77 岁。

（2）被调查人参加设定的 10 项活动情况（录入参加人数较多的 7 项）。被调查人参加 10 项活动的总人项数（一人多项）：401 人；人均 2.3 项；参加健步走或步行的人数：141 人，占被调查人数的 82%，占总人项数的 35.2%；参加游泳的人数：31 人，占被调查人数的 18%，占总人项数的 7.7%；参加打乒乓球的人数：32 人，占被调查人数的 18.6%，占总人项数的 8%；参加练健身气功的人数：34 人，占被调查人数的 20%，占总人项数的 8.5%；参加健身球、健身操活动的人数：64 人，占被调查人数的 37.2%，占总人项数的 16%；参加棋、牌活动的人数：36 人，占被调查人数的 20.9%，占总人项数的 9%；经常参加体育活动的人数：98 人，占被调查总人数的 57%。

由上述两类调查可以得到如下结论：文化养老的理念在金东方颐养中心的会员群众中已经普及，文化活动在金东方非常活跃，体现出较好的群体性和共享性。多种多样的文化活动在会员群众中已经广泛、持久地开展起来，会员们在金东方的生活是丰富多彩的。

三、开展文化活动的体会

在各文化活动团队相继建立的基础上，为了引导、协调各项活动的开展，颐养中心成立了金东方文体俱乐部和金东方艺术团，把 30 多个文化活动分会置于金东方文体俱乐部的大框架内，由金建勇董事长任俱乐部主任，张瑞芬书记和郑美英总经理任副主任，加强对文化活动的领导。大家推荐的活动团队负责人为各分会会长，分别带领各团队开展活动。

因为文化活动团队是松散型的，成立活动团队并没有妨碍会员的行动自由。它的作用在于，有了活动团队以后，会员们不仅可以在活动团体中相互学习交流，切磋技艺，不断提高文化活动水平，有利于文化活动经常、持久地开展，愉悦身心，而且可以促进会员相互间的了解，增进相互间的友谊，利于金东方社区的和谐、安定。

较早入住金东方的一些会员认为，会员之间讲文明、懂礼貌，相互尊重、相互谦让的好风气的形成，正是从摆脱孤独、热情结交新朋友的会员在文化活动中相互认识、熟悉，相互打招呼、问候开始的，在活动中联络情感、交流学习，成为好邻居，此后逐步扩大范围，习惯成自然，慢慢形成了风气。颐养中心重视社区的精神文明建设，《金东方会员文明行为公约》的制订和广泛宣传，进一步促进了会员们文明、礼貌的好风气的形成。金东方颐养中心董事长金建勇同志先进的养老理念，超强的领导管理能力，密切联系会员群众的工作作风，事必躬亲的服务态度，让会员们在金东方生活得安心、放心。员工们专业、热情、周到的服务，又进一步促进了会员们对新家的认同和对金东方大家庭的热爱，从而形成了金东方社区"小户大家亲如一家，共同建设美好家园"的良好风尚。

许多会员对入住金东方近三年来他们自己身体状况的改善同样有许多切身体会。

有一位会员，姓吴，今年67岁，患糖尿病20多年，2008年9月患脑出血、半边风，2013年查出胃癌，把全胃、全胆切除，化疗4次，至今4年多了，老吴身体感觉良好，熟悉老吴的会员们都称赞他身体恢复得好。回想入住金东方近三年的时间里身体逐渐康复的过程，老吴有几点体会：一是心态较好，助人为乐，经常与会员喝茶聊天，一起话聊，谈笑风生，身心愉悦。关于老吴的第一点体会，笔者要做一些补充说明：入住金东方近三年来，老吴用自己的钱在会所一楼大厅北端一隅开设了茶座，免费向会员供应茶水（有时还有茶点），与会员们一起喝茶聊天。除了有事外出，一年365天不间断，在老吴茶座上喝过茶的会员不下数百人。老吴这种助人为乐的精神是难能可贵的。二是坚持每天早锻炼。早晨6点左右，练郭林气功一小时，金东方是大花园，空气好，环境美，是晨练的好地方。三是合理的饮食，每天两碗果蔬汁。四是坚持中医、中药治疗，不吃任何营养品、保健品。

还有一位会员，姓徐，已经69岁，曾经患有严重的支气管阻塞、肺气肿、支气管哮喘的疾病，十多年来，住过多家医院，经过无数次抢救、治疗，总算把他从死亡线上夺了回来，但身体十分虚弱，极易复发。每年冬天来临前不得不住进愁人的医院，一住就是六七年。入住金东方两年半时间里，他充分利用金东方的有利条件，坚持体育锻炼和文化娱乐相结合，合理安排时间，量力而行，身体有了很大的康复。现在，他吃饭更香，睡觉很棒，身体状况很好。

今天，丰富多彩的文化活动已经成为金东方社区的亮点和特色，居住在这里的会员们正在享受由此带来的健康和快乐。

金东方护理院是我的家

赵逸轩

一、护理院的宗旨：充满爱的奉献

金东方护理院于 2016 年 3 月 28 日开业运营，总建设面积约 3.8 万平方米，规划建设 500 张床位。与金东方颐养中心、金东方医院共同组成了医、养、护融合的综合性养老项目。

护理院作为医养结合的医疗机构，高标准地按照规范建设。每间病房面积为 15 平方米以上，病区有相应护士站、治疗室、处置室、康复治疗室、医生办公室等，拥有相应的医疗设备、抢救设备和康复设备，配备无障碍设施，轮椅能自由进入公共区域和病房卫生间，病房内配备呼叫、给氧、吸痰、沐浴卫生间等设施。

护理院董事长是位正处级干部，分管过医疗工作，非常了解熟悉卫生管理。他特别重视培育人才，建好团队，自己起引领表率作用，带领一班人，着力打造"感恩、奉献、博爱、孝悌"的充满朝气的专业队伍。一是把好思想关，应聘人员要有爱老敬老情怀和爱心，定期进行医德医风教育，强化为老人服务的理念；二是把好技能关，通过请进来、走出去的方式，培养各类人员。董事长亲自带队到美国和中国台湾地区考察学习，赴上海、南京参加管理、业务培训。还高薪请台湾养老服务专家来院进行为期一周护理技能培训，人人参加，个个考核。聘请美国护理专业团队来院进行指导，全年两次知识培训，包括病历书写培训、精麻药品管理培训，护理员技能培训，护士三基三严培训等。在 2016 年武进区"巾帼杯"养老护理员技能大赛中员工脱颖而出，6 个大奖得 4 个，护士钱晓晶得第一名，耿艳萍得第二名，陈柯、蒋红玉得第三名的优异成绩。护士的技能大大提高，她们做到了用爱心暖心，用责任呵护生命。阿根廷籍老人江福清回乡探亲，参观了护理院后，立即选择入住，经常与在美国、阿根廷的子女视频连线，告诉家人"金东方真好"。

二、人生最后一站，夕阳当做朝阳走

我今年 88 岁，一人孤居怀德苑小区，用了五年保姆，照顾我一人，无共同语言，仅一日三餐，打扫卫生等家务，看病等还得自己挂号、记账、配药，自己料理。四个儿子都成家立业，三个已退休，对我也十分尊重、孝顺，他们担当着照顾第三代任务，只求每家和睦平安，就是我的欣慰。2016 年夏天到金东方大妹赵秋明家避暑 40 天，这里医养护三结合，人际和谐相处，活动丰富多彩，短短 40 天把我吸引住了，这是养老的极佳胜地，我要改变生活方式，融入集体，脱离孤独寂寞，到护理院了解情况，实地进行了考察，特别对离休干部还有优惠政策，这是党和政府的关怀。决心已定，2018 年 9 月就把护理院 910 室定下，用 2 个月时间我把老干部艺术团团长的职务辞掉，帮助把新班子建成，把 2017 年工作初步安排好。老干部局局长蒋顺青很支持我，并感谢我多年来为老干部工作作出的贡献，发挥了正能量。11 月 1 日正式入住金东方护理院，弹指一挥间已半年，我感到选对了人生最终一站，这是我的精神家园，心灵获得安慰的地方，精神寄托之所，生活过得似神仙，起码延年益寿十几年。

三、环境优美似画，清新空气四溢

我入住护理院 910 室，早晨推开窗户清新空气沁入肺腑。只见河水轻轻荡漾，白鹅在水中嬉戏。春天到来，有粉红色的桃花，有白色的梨花，有金黄色的迎春花，有芳香的玉兰花，垂柳轻盈飘拂，一派春意盎然。小桥、亭台、小船，更显田园风光。清晨在红白相间的亭园里，三五成群的会员在散步，有的老夫妻手牵手迈步走，有的推着轮椅走，有的在打拳，有的在舞剑，他们享受着大自然的景色，呼吸着清新的空气，心旷神怡，悠哉乐哉。

晨景固然美好，晚霞也十分迷人。一群大雁从西向东飞过，它们回家栖宿，还有两只大白鹭就在小岛上过夜。几十种小鸟都在金东方的树林中安家落户。晚上华灯初上，立交桥路灯像一条长龙，过路的车灯一闪一闪；大润发墙面上的变色灯，一会红，一会绿，十分迷人。对面小镇的灯老组成"灯桥"，宝林寺佛塔交织的灯光，看得人如入梦境。我睡得较晚，十点多仍是灯火辉煌，让人心花怒放，全身放松，很快进入甜蜜梦乡。

四、好医生小护士，勤恳恪尽职守

医生、护士24小时值班，每天上午8点医生、护士、护工进行交班，汇报各层楼上特殊情况。8点30分医生开始查房，重点病员细查，九楼的一位徐奶奶，严重心衰，夜里睡不好，路也走不动，王丽华医生耐心做工作送金东方二院心内科治疗，十几天一个疗程回护理院，最近情况稳定，精神也好多了。十楼一位离休干部戚念桢89岁，一天晚上突发心绞痛，床铃一响，医生护士就及时赶到，立即请金东方二院心内科主任一起会诊，争分夺秒，及时抢救。医生尽心尽职，护士在身边半夜未眠，她们毫无怨言，口口声声地说是应该做的。有时候有的病员心烦，气就撒在护士身上，她们做到有委屈，没有气馁，无需申辩，无需理由，用温馨软语，一丝微笑，一声道歉，这是她们对生命的尊重，她们的心和病员连在一起，守卫着生命的大门。一群可爱的小护士，她们是白衣天使，是开启生命曙光的人，是生命的守护神。她们每天一声声的爷爷、奶奶，就如病人的孙女儿，不是亲人却胜似亲人。我老要抱抱她们，她们顽皮地偎着我的脸，有时还要说悄悄话，告诉一些婚恋上的小秘密。七楼10床钱奶奶是个聋哑人，孩子工作忙，很少来看她。有一天晚上，钱奶奶从梦中醒来又哭又闹不肯入睡，值班护士徐烈用手语安慰她，让她安静下来，然后一只手拉着老人的手，另一只手轻拍着老人，像呵护孩子一样，直到老人再次入睡。一个刚从学校走出来的小姑娘，坐在床边灯影里的身影发出圣洁的母性光环。

五、护工比子女亲，笑容暖人心

全院38个护工，都通过了培训，持有上岗证。一个人24小时轮班，我们未起床开水已经送进房，一日三餐加点心，一盒一盒送到桌上。中午四菜一汤，晚饭三菜一汤，有时马兰拉面，有时咸泡饭，还有豆粥；早餐有包子、馒头、鸡蛋、小菜，还有豆浆和米粥。都是营养师搭配好的，不咸，少糖，吃得舒服。有人不舒服她们就把饭菜送到房间。晚上有人洗脚，有人洗澡，一个个安排有序，洗好澡后把每个人的衣服洗干净，折叠整齐后送到房间。护工对每个人的情况都清楚，身体差点的，一个晚上起码进房间看三次，有的人小便次数多，把夜壶一次次倒净。有的人会把大小便弄到床上，护工们不怕脏，马上换上干净的，晚上护工根本得不到休息。特别是六楼的病员都是不能起床的，自己不会吃饭，要用鼻饲，要经常翻身拍背，房间里无一点异味。一个护工要负责3～4个人，还有智障老人更得耐心照料。张占波护工，今年51岁，东北人，一片孝心、爱心、责任心，工作默默无闻，把老人当自己家人，几位老人拉着她的手说："你是救命恩人，我们离不开你。"一位气管切开的病人，一口痰喷她一脸，连头发上都是，她先是把病员洗干净，再清洁自己。有的老人常年卧床，便秘难忍，天天需要用手帮助排出来，这已是常态，不怕脏不怕累，为的是病员高兴。田晶颖老人2016年端午节前来院，家中已准备后事，由于护理工作周到，她生命已延续一年，看到护工，双手紧抓不放，家属看到了十分感动。护工谢班长认真负责，关心护工，有一次在楼梯上崴了脚，脚关节肿得厉害，他只休息了两天，瘸着脚仍坚持来上班，护工们服他，他以自己的高度责任心，感动了大家。

六、回春保健天天做，诗词唱歌健身体

早餐后8点15分，层层楼面都放回春保健操，音乐一响，能做操的大部分坚持45分钟，腰椎关节差的顺其自然，能做几节就做几节，有时还加做手指操10分钟。做操时都十分认真，为了身体健康，坚持天天做，必有好处，做完操就感到手脚轻松，浑身有劲。

每星期一下午2时30分集中在七楼教唱歌，即便是智障老人也坐着听，十分开心。我已负责教了四首歌，两首属护理院主题歌，每次必唱《百岁颂》：七十不算老，八十年尚小，人生满百岁，真是风光好。《宽心谣》：日出东海落西山，愁也一天，喜也一天；遇事不钻牛角尖，人也舒坦，心也舒坦；每月领取退休钱，多也喜欢，少也喜欢；少荤多

素日三餐，粗也香甜，细也香甜；新旧衣服不挑选，新也御寒，旧也御寒；常与知己聊聊天，古也谈谈，今也谈谈；全家老少互慰勉，贫也相安，富也相安；内孙外孙同待看，儿也心欢，女也心欢；早晚操劳勤锻炼，忙也乐观，闲也乐观；心宽体健养千年，不似神仙，胜似神仙。这是赵朴初作词、内涵深刻、教育老人有个好心态的歌。还唱一些熟悉的红歌《解放区的天是明朗的天》《咱工人有力量》《东方红》等，老人们高亢的歌声，激励影响着智障老人，他们尽管不唱，但脸上绽放着笑。星期二下午，书法爱好者集中一起，挥毫自乐。下午有3～4桌麻将，动脑又动手，健身又健体，开开心心2小时。还有两位老人天天作诗、作词，一天一首，97岁的离休老干部刘元勋，他读私塾十年，读三年师范，国学三年，古文基础深厚，1941年参加新四军，职业为教师，后来被伪军逮捕，关进监狱三个多月，上过老虎凳，还上过电刑，坚持称自己是一名教师，未叛变。现在头脑清楚，耳朵灵，说话清，眼睛明。选其二首七律诗：

（一）

护理院中服务良，大夫护士德芬芳；
无微不至雄心显，呵护有加壮志扬。
营养增加为上策，沉疴减少有奇方；
这般机构非常好，普济苍生做主张。

（二）

护理院中居住长，诸多疾病逐渐降；
高高血压频频下，阵阵心悸步步藏。
饭量增加开胃口，睡眠不少入梦乡；
诸多疾病自然好，岁月期盼莫发慌。

89岁离休干部戚念桢，颂金东方打油诗一首：
为国献忠心，为民表爱心，为老送敬心，为己献良心，
为后传芳心，建勇有五为，事业向上升，社会加速进。

颂金东方藏头诗一首：

祝愿新春再现新气象，

金色产业日新月异上，

建业辛勤乘风又破浪，

勇敢奋力站在顶峰上，

好年好景定能更兴旺。

老年人生活丰富，精神充实，快快乐乐每一天，健健康康每一年，护理院是我们的家，是个温馨的家，平平安安度过幸福晚年。

七、每月生日祝福，院方真情敬老

每月 8 号护理院为老人祝寿过生日。我是今年 4 月份，这次共有 6 位老人一起过生日。院领导祝福寿星，送上一束鲜花，88 岁的我第一次过上这么热闹、有意义的生日。老人们、护士们都准备了节目，我和护士周沫配乐诗朗诵《温馨的金东方护理院》。

赵：今天，今天的这里，春意盎然，华灯璀璨。三月的阳光您是那样的明媚耀眼。

周：今天，今天的这里，温馨如故，众心所望。三月的大地您是那样的温暖慈祥。

赵：今天的这里，是歌的世界。

周：今天的这里，是花的海洋。

赵：金东方护理院——您，多么温馨的名字。

周：金东方护理院——您，多么可爱的群体。

赵：金东方护理院——您，伴随着春天的脚步，向我们走来。

周：金东方护理院——您，像五彩的祥云，时刻萦绕人们的灵魂。

赵：是护理院——这座爱的平台，让我们相识、相知、相聚，来到这里，成为朋友，知己，莫逆，真诚和团结把我们连在一起。

周：是护理院——这座友谊的桥梁，让我们开心、快乐、沟通，畅所欲言，她、他来自各界，来自各方，来自不同时代，却让我们相聚于此。

赵：金东方——您不再如最初那样稚嫩，是这样的群体给我们带来健康，带来幸福，带来夕阳豪迈，更放异彩；您，像一支笔，描绘灿烂的景观，书写着人生与未来。

周：金东方——您始终充满着无限活力，是这样的群体给我们带来团结，壮大和谐，带来青春永驻，欢歌笑语；您，像一个故事，记忆永存，诉说人生美好幸福的诗篇。

赵：多少不眠之夜，我们在这里倾诉。

周：多少忧心烦恼，我们在这里探讨。

赵：在这里——带给我们知识。

周：在这里——带给我们乐趣。

赵：在这里——带给我们激情。

周：在这里——带给我们情意绵绵。

赵：来到这里，歌声唱响了我们心中的梦想。这里是沟通心灵的纽带，展现自我的大舞台。来到这里，它给我们带来信心，带来愉悦，带来开心，带来快乐。您，是我温馨的港湾。

周：来到这里，歌声唱响了我们友谊的诗篇。这是时代在发展，社会在进步，是人文的在线。来到这里，它给我们带来坚毅，带来拼搏，带来勇于攀登的勇气。您，是我美丽的家园。

赵：这，就是金东方护理院的力量，缘聚今天，让我们手牵手，缘赐我与你。

周：这，就是金东方护理院的魅力，打造今天，创造奇迹。

赵：让我们握手拥抱明天，把心紧紧连在一起，美好未来将永远所向披靡。

周：来吧，这里是家的梦想。

赵：来吧，这里是爱的梦想。

合：来吧，这里是金东方护理院，永久的梦想。

97 岁高龄刘元勋赠寿星诗一首：

　　　　　八八高龄赵逸轩，交朋交友乐心田，

　　　　　谈谈侬侬心中乐，唱唱哼哼心里甜。

　　　　　崇节约，尚廉洁，洁白家风让人美，

　　　　　一生一世勤工作，成绩斐然不等闲。

他的夫人张玮的朗读，给了我最高的评价，令我激动。尽管老了，革命人永远是年轻，作为共产党员，可到处发芽，生根，开花结果。跟党走，感党恩，永远保持共产党员的光辉形象，扎根在群众中，引导大家欢度幸福晚年。

八、养老人员胜兄妹，互相关心爱护

为了过好晚年生活，大家从五湖四海选择到金东方护理院，有的是老同学，有的是老同事，有的是亲戚，有的是手牵手几十年的老夫妻，有的是独居老人，更多的是素不相识的人。大家走到一起，同吃，同住，同活动，经常聊聊天，说自己过去的故事，讲家庭孝顺儿女的故事，动情时开怀大笑，相互逗乐，真是老顽童、老来少。年龄低的，身体好的，对身体弱的主动帮助，有的走路艰难，扶上一把，有的帮助推轮椅外出晒太阳，呼吸新鲜空气。有的比较内向，不肯多讲话，大家主动与其交谈，几次接触就成了朋友。一位女警察，50岁左右，在执行公务中严重受伤，九死一生，六年了，到护理院做康复，她很自卑，一人关在房里，不和大家接触。我看在心里，同情她，我和符羽主动去宿舍找她交谈，动员她与我们一桌吃饭，现在成了忘年交。她有什么心事主动找我们商量，每天和我们一起做回春保健操。大家关心她，她也主动帮助老人服药，自卑心理逐渐解除。大家尊敬她，称赞她保护老百姓安全，是死里逃生的英雄。有些老人家里孩子们捎来可口的菜，或是好吃的点心，就分给大家品尝。大伙儿亲如兄弟姐妹，吃得开心。金东方真是一个温馨的大家庭。

医养融合，像一部闪耀着人性光芒的史诗

刘　洋

理　论　篇

随着我国现阶段老龄化形势日趋严峻，未富先老、未备而老、孤独终老的现象日益加剧。健康的老人退休后有大量的时间和精力却无用武之地，无所适从；身体较弱者多伴随常发、易发、突发老年病；还有些高龄的患病、失能、半失能老人得不到及时治疗和看护。

养老和医疗问题，正困扰着千家万户！

而现状却是——医疗机构和养老机构互相独立，自成体系，医养分离。医院里不能养老，而家庭、养老院又不方便就医。老年人一旦患病就不得不经常往返家庭、医院和养老机构之间，既耽误治疗，也增加了家属和社会负担。医疗和养老分离的结果，致使许多患病老人把医院当成养老院，即使病治好了，也要占着床位不出院，形成严重的"压床"现象，真正需要住院的人住不进来，又加剧了医疗资源的紧张。

于是，近几年来"医养融合"成为养老、医疗和社会各界讨论的热门话题。

什么是"医养融合"？"医养融合"就是指医疗资源与养老资源深度结合，实现社会资源利用的最大化。其中，"医"包括老年人健康管理，疾病诊治，紧急救护，医疗护理，康复促进，临终关怀，精神慰藉等；"养"包括生活照护服务、精神心理服务、文化娱乐活动服务等。医养融合就是利用"医养康护一体化"的发展模式，集医疗、康复、护理、养生、养老等为一体，将养老机构和医院的功能相结合，把老年人健康医疗服务放在首要位置，把生活照料和健康关怀融为一体的新型模式。

从广义范畴来界定，一切将医疗服务与养老服务相结合的养老服务供给方式，都可以被界定为医养融合的范畴。医养融合不仅是一种将传统养

老保障与现代医疗有机结合的新型养老方式探索，还意味着一种跨越式的养老新理念。而这种全新的养老理念从人性关怀的角度出发，尽可能多地为老年人提供优质的医疗和生活服务，重视老年人的生活品质，其正在引领着现代老年生活新时尚。

近年来，上海、青岛、重庆等地开展的老年长期照护制度的探索，本质上也是将养老服务与医疗服务组合提供，保障失能、半失能老人的生活照料。纵观国内养老领域或大或小、或民营或公办的养老项目，真正把医养融合落到实处并让社会各界满意的企业或机构并不多见。

在江苏常州，一个叫金东方颐养园的养老项目在全国众多同类项目中显得一枝独秀。7 年来，金东方在探索与实践中稳扎稳打，逐步实现医养康护一体化，把健康和快乐还给老人，打造高品质退休生活，堪称中国当代的养老典范。

金东方颐养园项目占地 265 亩，总投资 23 亿元，是一个"民间投资、政府扶持、市场运作、公益性质"的典型养老项目，被列为"江苏省养老示范工程"、"江苏省民生保障类重点项目"、常州市政府和武进区政府重点项目，获得"亚洲国际住宅人居环境奖"，被评为"中国养老产业最具文化底蕴标杆品牌"，先后被授予"老年营养餐研发基地""中国社会组织 4A 级单位"等荣誉称号。

金东方引入美国 CCRC（Continuing Care Retirement Community）持续照料退休社区服务管理理念，首创集健康服务、介助保障服务、医疗照护服务和社区配套服务于一体的"CCRC 3＋1"服务模式，通过为入住老人提供自理、介助、介护一体化的居住设施和服务，让老人在健康状况和自理能力变化时都可以获得与身体状况相对应的居家养老服务，满足入住老人在不同年龄和生理阶段对居住与配套服务的不同需求。

金东方匠心打造的"医养康护一体化"综合型居家养老社区，实现"在家是宾馆，出门是公园，就诊有医院，护理在家园，设施现代化，服务亲情化。"全面满足入住老人生活、精神、文化、医疗等各式所需，真正做到了居家养老服务的一站式、一条龙、全方位和全天候。这种国际化养老模式迅速在国内赢得青睐，来自全国各地的老年朋友纷纷前往金东方探访。自 2014 年金东方项目开园以来，已有近 2 000 位退休者搬家入住，许多人甚至邀请自己的亲朋好友一起前往，在这里享受他们精彩的退休时光。

实 践 篇

（一）

6月底的一天，金东方医院。

一对老年夫妇为骨科病区送来一面精致的锦旗，"医术精湛，护理精心"八个大字赫然在目。在场的多位老干部纷纷前往合影留念，以表达同样的想法。

"这两句话，八个字，是我俩发自内心的真实感受。"送锦旗的阿姨反复强调，"要感谢的人，有医生、护士、护理员，还有身边的服务人员、邻居和朋友……太多太多，不知道怎么报答。送一面锦旗，表达我们的心意。"言谈举止之间，流露出满满的诚意。

送锦旗的阿姨叫蒋琴芳，北京市邮政局退休干部，丈夫刘华生是国家邮电部（现工信部）原司局级领导。

这对年逾八旬的夫妇原籍常州，年轻时去了北京工作，直至退休。青年时期的刘华生博学多识，通晓法、德、英等多国语言，20世纪80年代被组织派驻联合国万国邮政联盟（简称邮联）工作。回国后他精心组织并策划了一件大事——筹备第22届万国邮政联盟大会。这是一次由我国政府承办的规格高、规模大、历时长、活动多的大型国际会议，百年来首次由我国承办，会议的圆满成功对我国产生了积极而长久的影响。

老两口居住北京，唯一的女儿去瑞士定居后，便有了叶落归根的想法。2012年回常州探亲时，刘华生机缘巧合从朋友那里得到金东方养老项目开工的消息。实地考察后，他被金东方先进的"CCRC 3＋1"的养老理念吸引，特别是医养康护一体化的科学布局，让这位常年在欧洲工作的老人为之心动。

老两口迅即退掉已经在另一处高档小区签订的购房合同，决定把家安在金东方，在这里养老。

"尽管那时候只能看到样板房，但是这种与国际接轨的养老理念深入人心，很符合我们的想法。当时唯一的担心就是宣传承诺能不能兑现。如今回过头来再看，全都兑现了。"刘华生说。

"不仅兑现了，且有过之而无不及。"旁边的蒋琴芳补充道。

如今老两口入住金东方快三年了，觉得一切都好，什么都很满意。他们很喜欢金东方颐养中心举办的各种文体活动，每次都积极地参与，尽管只当观众，他们依然很开心。

前不久刘华生回北京期间不小心从床上摔落，腰部受伤，到医院简单看了下，没有立即治疗。

刘华生说，没有选择在北京治疗，是因为在北京住院很困难，挂个号至少一两个小时不说，住院还住不进，想找好点的医生更难，要找关系。他不想去麻烦别人，忍着病痛坐高铁回到金东方，相信这里的医生会给他最好的医疗和照护。

治疗老年病，金东方医院有特色。这里有一流的专家和医护团队，技术骨干是本地大型三甲医院常州二院精心挑选后派过来的。有常州知名骨科专家、神经内科专家、康复科专家、心内科专家、肿瘤科专家……医技实力堪称一流。至于设备，都是当今国内外最先进的，有些甚至超过大医院。

为刘华生主刀的，是骨科专家刘瑞平博士。检查老人病情后，医护团队迅速制定了治疗方案，经过手术和悉心护理，不出半月刘华生就康复出院了。

这次亲身经历让刘华生夫妇对金东方医院有了更深的了解，也多了一份深深的感激。医生护士的热情服务让他俩很感动，还没出院他们就急着要送上一面锦旗。

刘华生住院期间，爱人蒋琴芳也不慎摔倒，腰部受损，同样由刘博士主刀。手术很成功，患者很满意。术后两人同住一个病房，开玩笑说夫妻成了病友。

对于家住金东方的会员来说，医疗的便捷是外人很难体会到的。医院就在自家楼下，必要时还有挂号绿色通道。偶有三病两痛到医院就诊，不会感到焦虑和紧张，更不需要托人找关系。无论是在家或社区任何角落，从突发病痛到进院就诊，总共不过三五分钟。医生护士服务态度都很好，不会有人给你脸色看，每个会员都是家人，都能得到良好的照顾。

金东方的会员，人人都有这样的尊严感：医院是自家开的。

（二）

医院是自家开的。

医生、护士、护理员，都是自家人。

在小欧阳的眼里，连医院专家都是"自家兄弟"。

60 岁的小欧阳家住 6 号楼，全名欧阳佑文，来自甘肃天水。之所以叫小欧阳，是因为她还有个姐姐大欧阳，也住金东方。"大欧阳""小欧阳"是金东方人对她俩的昵称。

姐妹俩原本是武汉人，从小感情很好，长大后各奔东西，常年忙于工作难得在一起。姐姐退休后入住金东方，小欧阳和丈夫来看望姐姐，一下就喜欢上这里。经过深思熟虑后小欧阳夫妇决定把家从甘肃搬来金东方，与姐姐做邻居一起养老。既然孩子已经大了，他们也要追求自己的幸福。

姐妹俩喜欢文艺。金东方会员的大小活动中，总少不了她俩的身影。最近小欧阳参加活动的次数明显少了，据说腰部受伤有些问题，在别处听了一些不够专业的建议，没有好好就医。金东方医院刘博士听说后有些替她担心，特意赶到家里探望并为她诊疗，希望她不要耽搁病情。

居住在普通社区，你无论如何也不会想到，一个居民的腰痛病，会引来医院的高层领导、专家亲自上门诊疗，而在金东方，这样极致的服务，往往像家常便饭般自然。

像欧阳这样兄弟姐妹齐聚金东方并深爱这个大家庭的不在少数，除了她们，还有曹氏五姐弟，吴氏三兄妹，刘氏两姐妹，赵氏两姐妹……把最好的感受优先分享给最亲最近的人，这是人之常情。

赵秋明阿姨是政府机关的退休干部，也是最早入住金东方的会员之一。在这里居住了一段时间后，她开始热衷于向亲戚朋友宣传金东方，因为在这里生活一段时间后，她的生活有了不同往昔的精彩。

赵秋明原本生活在普通社区，子女各自成家，老伴儿离世后她一个人独居。尽管孩子们都很孝顺，也经常去看望她，买吃送喝，但老人特有的孤独感时常会如影随形。

接受中央电视台采访的时候，赵秋明向记者倾诉，入住金东方以后，她整个人的精神面貌都彻底改变了。她现在很充实，很快乐。她甚至写了一首诗，表达自己的幸福感和对金东方的喜爱。

和欧阳一样，赵秋明动员自己的老姐姐赵逸轩来金东方养老。赵逸轩已经 88 岁高龄，是一位离休干部。她选择了与金东方医院、金东方颐养中心互为一墙之隔的金东方护理院。

赵逸轩阿姨是个睿智的老人，她根据自己的实际情况为自己制定了养老方案。她说，护理院是医疗机构，24 小时有医生护士在身边，对于年事已高的她来说，护理院更符合需求。

赵逸轩热衷于这里的文艺活动，尽管年高体弱，她仍然乐于发挥自己的特长，给居住在这里的"家人们"带来欢乐。她甚至为护理院的老人们当起了义务教员，教他们唱歌，乐此不疲。

金东方是真正的医养融合，赵逸轩说。

金东方颐养中心、医院、护理院是实现医养深度融合的三个核心板块，互为一体，不可分割，缺一不可。医院和护理院均有 500 张床位，而颐养中心可容纳 1 800 个家庭居住。

未来，将会有数千人入住金东方，享受首创新型养老模式带来的养老红利。

（三）

对于医养融合的好处，体会最深的恐怕要数八号楼的会员蒋群阿姨。蒋群和老伴儿是从南京军区总医院退休的老军医，她本人曾是一名护理专家。

1962 年冬天，一个叫刘启成的年轻人接到上级通知紧急入藏，奔赴对印自卫反击战场。刘启成是南京军区野战手术组的 5 个技术骨干之一，他的任务是在极度恶劣的环境下救死扶伤。刘启成和战友们在战时承担了大量手术任务，曾经五天五夜不下手术台。由于地处西藏边陲，高原缺氧又天气严寒，严酷的气候造成他的耳朵重度冻伤，从此听力几近丧失。

这名叫刘启成的年轻军人便是蒋群的丈夫。

"经历过战争，一辈子工作在部队医院，在南京生活了六十年。"蒋群感慨地说，"以前从来都没想过会离开南京到外地去养老"。但是这一次，他们改变了主意。

2014 年，老人的儿子被调往常州工作，发现常州有一个叫金东方的地方非常适合养老，回家后即请父母前来看看。老人起先不以为然，经不住儿子的再三推荐，抱着玩玩的心态前来参观。不曾想这一看便是"一见钟情"，当即决定要从南京搬家到金东方。

蒋群说，儿子很喜欢这里的环境，情到浓时写下一篇《金东方铭》，又做成书法作品挂在家里。老两口对金东方更是情有独钟，他们对医养结合的好处深有体会。

蒋群5年前摔过一跤，造成腰椎压缩性骨折。随着年龄的增长骨骼老化，骨质疏松加剧，以至于今年以来腰椎疼痛症状越来越厉害，需要住院治疗。

老两口选择了在金东方医院手术。尽管回南京军区总医院也很方便，但是他们还是决定就近治疗。

蒋群说，"我仔细打听过，这里的医生水平很高，手术室是一流的。我和孩子们商量时，一家人都赞同在金东方医院做手术，我们相信这家医院。"

蒋群于近日在金东方医院接受了骨髓泥注入微创手术，术后第二天就可以下地走路，几年的腰痛症状瞬间消失，感觉一下子轻松了好多。刘启成耳朵有些背，一般不爱讲话。当他意识到大家在谈论金东方医院的时候，也特意表达了自己的看法。他说，老伴忍受病痛已经五年了，以前也看过医生，效果并不理想，这次金东方医院的治疗方案很好，治疗效果很到位。

对于医学同行的这些晚辈、"后生"们，刘启成、蒋群夫妇看在眼里，喜欢在心里。老人反复强调"老年病多是常见病和慢性病，由常州二院派出实力强大的医技团队，为我们的健康保驾护航，真是我们的福气！"

在金东方的养老服务理念里，"医养一体"就是要解决老年人医养高度融合、医疗便捷安全、生活舒适温馨的问题。医养一体的核心是服务，关键是一体化服务。

在金东方，"医"是保障，"养"是重点，重在服务，一管到底。金东方医养康护一体的内容涵盖了入住老人的"医、食、住、乐、安"。

金东方项目以"居家养老、文化养生、机构服务、医养融合"为特色，秉承"以孝为先、以乐为天、以健为本、以情为源"的先进理念，号召会员"小户大家，亲如一家，我爱我家，我做典范"，运用"全人、全程、全员、全方位、全天候"的照护模式，对老人实行全身心照护，从而达到人与自然的和谐统一。

家住二号楼的吴国成今年六十出头，看起来年轻帅气，精气神十足，不像是六十多岁的人。他和夫人刘晓明是第一批入住金东方的会员，他俩一个喜欢旗袍，一个爱好茶艺。刚来的时候还不太爱出来活动，现在已然是金东方的"旗袍明星"和"茶艺明星"了。

颐养中心中央会所一楼大厅有一处茶座，吴国成每天都会带着各式小点心到茶座为大家沏茶，甚至还贴上自己的茶叶和茶具，志愿为大家服务。这个大茶台每天都"宾客盈门"，大家喝着茶聊着天，吃着小点心，侃侃大山，有说有笑好不惬意！

如果不是他亲口爆料，谁都不会想到吴国成竟是一位胃癌患者，他的胃和胆囊已全部摘除好几年了！

吴国成退休前是一位法官，做事干净利落，对人热情友善。他从不介意别人知道自己的病情，经常与茶友们一起讨论大病康复后的养生方法。他说自己来金东方的目的就是康复养生的，这里环境好，空气好，氛围好，并现身说法告诉大家癌病并非想象的那么可怕。大家都说，吴法官来金东方以后气色越来越好，人也越来越精神了，再这样下去，他的癌症恐怕要不治自愈了。

关于"养"的案例，在金东方已不胜枚举。所有会员无一例外都会对金东方的"养"有自己深刻的感受。刘启成、蒋群夫妇退休后爱上书法，拜名师指点，书法作品已颇见功力。入住金东方后他们成为金东方书画协会的积极分子。老年人有个爱好是好事，文化养老，养生又养心。金东方的协会组织有很多，书画类、球类、棋牌类、戏曲类、舞蹈类、太极拳、钓鱼、摄影……共计三十多个，只要有兴趣，一定会找到志同道合的朋友和组织。

"总有一款适合你！"金东方模式的创始人金建勇说。

老有所养，老有所医，医养融合。帮天下儿女敬孝，让世上老人享福，为党和政府分忧。这，是金东方追求的目标。

垂钓养生其乐融融

刘青奇

我是较早入住金东方的会员，闲暇之余常在金水桥畔和湖边钓鱼。头顶蓝天白云，鲜花绿草相伴，时有悦耳动听的鸟鸣，手持鱼竿，临渊静坐，屏气凝神，愿者上钩。钓鱼既让我锻炼了身体，又舒展了心情，这是一项健康有益的活动。

说起钓鱼，算得上是我平生最大的爱好。20世纪80年代我在一个国有大厂做党群工作，节假日、礼拜天经常组织职工到太行山区红旗渠畔及大型水库进行野钓比赛，跑遍了家乡的江河湖汊。回忆往事，时间越长，感受越深，味道越醇。

垂钓是一项高雅的活动，既能锻炼身体，磨炼意志，又能陶冶人的情操。大凡喜爱野钓的人总是天不亮就出发，无论骑车或者坐车总得跋涉数十公里。春秋顶寒气，夏日冒酷暑，翻山越岭走小道，披荆斩棘找钓位。在湖边河旁紧握钓竿不离手，眼盯浮漂不转睛，一站就是大半天，腰酸腿痛无所顾忌，提竿后不论是否钓到鱼都要重新挂饵抛竿。经过数十年风霜雨雪的历练，练就了一副坚强的好身板儿。每每钓到大鱼时也是一场斗智和磨炼意志的过程。记得有一年秋天我正和钓友在水库垂钓，上了几条小鲫鱼后，鱼窝内便没了动静。几分钟后浮漂下沉，我立即提竿，鱼竿被压成了弯弓，鱼线嗡嗡直响，竿在手中颤动，鱼在水中蹿动，大约溜了十几分钟，一条四五斤重的鲤鱼乖乖就擒！当时那个高兴劲，就别提啦。人们常说钓鱼如下棋，有计谋和耐心才能赢得对手，急性子可以磨炼耐性，郁闷者可以培养好心情，真是"苦中有乐，乐中有苦，苦苦乐乐皆是乐"！

钓鱼也是一种休闲娱乐的户外活动，它是调节情绪和心态的一剂良药，更是建造和谐幸福的"营养素"。退休后我成了"自由人"，有了更多的休闲时间，我不喜欢打牌和搓麻将，唯独爱好垂钓。古人云："西塞山前白鹭飞，桃花流水鳜鱼肥。青箬笠，绿蓑衣，斜风细雨不须归。"这首

164

《渔歌子》道出了钓鱼的意境，生动地描绘出在雨中头戴竹笠，身穿草衣，悠然自得的乐趣。适合垂钓的地方大都空气清新，负氧离子含量比城市高出许多倍，有利于人体的新陈代谢。好的环境像良药一样，能对人起到镇静、催眠、降压和减轻疲劳的作用。况且在垂钓时静中有动，动静结合，凝神静气，手、眼、脑同时专注于水面，抛出去的是希望，收回的是快乐，使身心得到了深层的舒展和锻炼。也有钓者认为"钓翁之意不在鱼，在乎山水之间也。"是的，垂钓中钓得多也乐，钓得少也乐，钓不上来照样乐，这反映了钓者的一种心态。所以，钓鱼钓的是一份闲情，一种快乐，更是一份健康和长寿。

大凡有组织的钓鱼活动都把安全、文明垂钓放在首位。因为不论骑车和坐车都要遵守交通规则，遇到山路和乡村道路要慢行，确保安全出行。到达河、湖边寻找钓位时，要远离电线和大树，防止触电伤人，也要避免打滑跌入水中。另外，要文明垂钓，切记不能践踏农民的庄稼和菜地，收竿时要把散落的鱼饵、纸张和塑料袋收回，减少对环境的污染。

书画养生在金东方

王光华　吴　萍

　　若问起从事什么职业的人健康长寿？绝大多数的人会说：书画家。事实如此。纵观古今，古代有文徵明、刘墉、欧阳询等，都活到八九十岁，近代 90 多岁的就有吴冠中、沙孟海、李可染、赵朴初、林风眠、齐白石等，吴青霞 99 岁，刘海粟 99 岁，超过百岁的有袁晓园、朱纪瞻、苏局仙等，不胜枚举。

　　为什么书画能延年益寿？苏局仙寿正 102 岁时，苏老笑答：唯书法而已。《养心莫如静心，静心莫如学书》，习练书画能让人专心致志、调心凝神，有诗曰"砚田笔耕三十年，凹石凸管坐忘言。世间机巧都磨尽，留得天真似愚颠。"

　　书画养生有四要素：

　　一是静。提笔在手，凝神静气，去除杂念，所思所想只有画上的青山绿水，鸟语花香。此时的心变得清凉、空灵，可以说，这样的心智是养生的最佳境界。

　　二是气。写字作画作者要调整气息。此时"意""气""力"三者结合，通篇贯气，这与古代气功养生中对呼吸的要求不谋而合。

　　三是勤。长年坚持不懈，书画成为每天必做的功课，书画过程中必须动脑、构思、布局，考虑结构造型、变化，平衡各种关系，假以时日，随着书画艺术水平的提高，身体也会耳聪脑清，才思敏捷。

　　四是悦。到了老年，写字作画能做到临摹与创作共进，平时阅读、欣赏艺术作品，学习与思考并举，生活充实，从作品中发现自己的长处与进步，从中得到乐趣，有成就感，精神上的满足、愉悦，正是长寿的秘诀。

　　常州金东方颐养园，以老有所养、老有所为、老有所乐、老有所医的宗旨，建园三年来，已成为全国先进的养老社区。金东方书画协会成立后，成为众多入园书画爱好者的群众性组织。园方大力支持，有书画展

166

厅，拨给两间书画活动室，协会从几个人发展到目前三十多人，其中有老年大学书法教授、诗人、科技人员、医生、老师、军人等书画高手，亦有初学者、爱好者，济济一堂，开展了多项活动。如吴萍在 2015 年中秋节举办了个人书画展，展出作品 60 多幅；2016 年举办十三人的书画联展，展出作品 100 多幅，春节为金东方已入住的 500 多户写春联；2017 年举办"迎七一书画现场笔会展览"，展出作品 68 幅，当场作书画 20 幅。每月活动一到二次，有书法教授上课，作品相互观摩、交流、讲评，所开展的活动在报刊、电视上多次报道。协会会员孔解青、王德良拍摄录像，在金东方大厅多次播放。

会员潘文瑞先生，今年已 82 岁高龄，身体硬朗，耳聪目明，才思敏捷，他善于书法，喜爱古诗，是中华诗词学会会员，当地著名诗人，已出版个人诗集好几本。他身体健康的体会是得益于书法和诗词创作，手脑并用，写字成为每天必修课。他有一首诗写道："廿年玩笔未知苦，临帖摹碑乐自持。悟到玄机微妙处，浑然不觉漏声迟。"他八十岁生日时，自作"老来福"诗一首："十年连养三个娃，个个成才成了家。孝顺儿孙贤媳妇，暑寒日月每关怀。老妻顽疾欣康复，满目春风似晚霞。崇德崇廉扬正气，克勤克俭否奢华。读书明理家风树，诚信为人品性佳。耄耋年庚秋后菊，诗歌常咏合欢花。感恩晚遇清明日，一缕晴光照碧纱。"

会员刘启成、蒋群夫妇，已是八十多岁高龄，退休前为医务工作者，从南京军休所迁到金东方。二人已有十四余年学研书法的经历，在学习正、草、隶、篆的过程中，加强悟性，通过不断地学练、消化吸收，掌握各种字体的特点，临帖从入帖到出帖，从形似到神似。在书画展示会上，二人展出的书画长卷，隶书《张迁碑》，行书《滕王阁序》《岳阳楼记》《桃花源记》《百家姓》等作品，行云流水，惊叹了到场的所有参观者。在 2017 年春节写春联活动中，两位勤奋至诚，共写了近一百副春联，虽腰酸背痛，却心情愉悦，生活充实，得到好评。

金东方书画协会会员中，金其远、吴春元、潘文瑞、吴萍、刘启成、蒋群……都有个人书画作品集出版，并义务担当书画活动的指导老师。

会员徐彦斌、潘文瑞、承邦士、刘跃鹏、赵瑞清等人每天都到书画室泼墨挥毫，其他会员张安莉、张继英、吴友良、戴永银、周兴富、洪孝明、冯爱华、缪杏媛、陈伟杰、蔡玲华等，都在自己的画室中习字作画，真正把书画当做日常生活中的一部分。如有全国、省、市书画活动，会员都积极参与，展示风采。有会员说，金东方有这么好的条件，有大书写台、展示墙，有空调暖气，有众多书画朋友能相互交流品评，真是如鱼得水。书画协会还建立了微信群，发通知、互点赞，信息及时，忘记了年龄，忘记了时间。会员普遍反映，在书画协会活动中收获颇大：一是提高了素质，学习继承中华文化，提高了文化艺术修养。二是广交了朋友，志同道合，共同提高。三是心情愉悦，出好作品，有成就感。四是生活充实，远离孤独，个人融入了大家庭，有利于延年益寿。正可谓：

"百年不是痴心梦，书画相伴夕阳红。"

漫谈音乐养生

东　方

　　空气清新、鸟语花香的自然中，也不失为音乐养生的好去处。其实只要环境舒服合理，旁无嘈杂的餐厅饭堂、偷闲小憩的办公室都可以成为音乐养生的地方。

　　中医讲究因地制宜南北西东，气候地域特点不同，人的生理状态和性情也会受到影响。南方气候较为炎热，所以丝竹之乐、江南小曲等清新雅致的音乐更为适合南方人听。西北方多大漠草原，空旷凛冽，所以那种金革厚重、辽阔高远的音乐更为适合。虽然音乐有养生治疗的功效，但凡事都有相对性。过于刺激强烈的音乐、疯狂的节拍和震耳欲聋的音量，会让人心烦意乱、心悸气促，甚至会破坏心脏血管的运行规律，不利于健康，类似于现代的一些靡废之音对于心脏病和高血压的患者尤为不宜。音乐不是有益无害，因此，我们要把好选择关。人类是何其不幸，天灾人祸遍布世界，世俗烦恼时时刻刻都在发生；人类又是何其有幸，享受天然的音乐，生活在大自然的各种宝藏之中。让音乐成为我们生活中必不可少的一瓶复合维生素，时不时拿一颗出来咀嚼一番吧。

　　自20世纪40年代起，随着医学模式的转变心以及心理医学与康复医学的发展，音乐疗法作为一种独特的艺术疗法正越来越受到人们的关注。现代研究表明，音乐疗法不仅可以运用在临床治疗之中，还可运用在生活之中，用来调节情绪、益智养生和延年益寿。

　　现代音乐疗法用音乐来减轻或消除患者的病痛称为音乐疗法，或者叫做心理音乐疗法。

　　音乐为什么能够治疗疾病？又为什么能起到许多意想不到的作用呢？虽然机制尚未完全明确，但研究者认为：与音乐相同，人体本身也是由许多振动系统所构成，心脏的跳动、脑波的波动以及胃肠蠕动等，所以当人的生理节律和外界声音吻合时，两者就会产生共鸣，从而可调节人的生物

169

第一篇　浅谈文化养老

节律，使各器官组织的生理功能处于一种和谐的状态，如调节肠蠕动、心率、呼吸频率及肌肉收缩等。

其实中医早在两千多年前就已经有了音乐养生的说法，如中医典著《黄帝内经》中的五音疗疾，《左传》中更说，音乐像药物一样有味道，可以使人百病不生，健康长寿。中医传统体系中把五音与天人相应，与阴阳五行相结合。五行生克有序、协调就可使五脏元气冲和，精气神充沛，"阴平阳秘"，就可得到健康。东汉《太平经》运用阴阳学说解释音乐的起源和养生意义，认为音乐的发展是顺应宇宙万物阴阳相生、动静相应的规律的。"阴平阳秘，精神乃至"，作为贯穿整个中医体系的一个基本脉络，阴阳平衡是身心健康的基础。对于音乐的阴阳分类，可归纳为高为阳，低为阴；大调为阳，小调为阴；强为阳，弱为阴；刚为阳，柔为阴；金革之声为阳，丝木之声为阴等。音乐养生，恰是针对机体的阴阳失调，用音乐的阴阳属性来补偏救弊，从而协调阴阳平衡。如对阳虚寒证患者，可温阳散寒，选用活跃、欢快、兴奋、激情的音乐进行欣赏。唐代王冰注说："角谓木音，调而直也。徵谓火音，和而美也。宫为土音，大而和也。商谓金音，轻而劲也。羽谓水音，沉而深也。"《灵枢·邪客》曰："天有五音，人有五脏；天有六律，人有六腑。"此人之与天地相应也。古代中国的音乐是五音制律，分别称为宫、商、角、徵、羽，这五个音阶分别被中国传统哲学赋予了五行的属性：土、金、木、火、水。在此基础之上结合阴阳学说，中医认为五音可以感染、调理五志，进而影响五志。在聆听中让曲调、情志、脏气共鸣互动，达到动荡血脉、通畅精神和心脉的作用。

170

音乐大宝箱 幸福有保障

王　杰

"我们的家乡，在希望的田野上，炊烟在新建的住房上飘荡，小河在美丽的村庄旁流淌……"金东方颐养中心多功能厅传来高亢、悠扬而又嘹亮的歌声。多功能厅内灯光柔和，舞台两侧是金东方民乐队的乐手们在伴奏，有古筝、笛子、二胡、扬琴、大提琴、小提琴等中外乐器，舞台中间站着约二十余名精神矍铄的阿姨，她们随着音乐节奏以饱满的精神状态歌唱着希望，歌唱着幸福的晚年生活！

音乐不仅可以陶冶情操，同时也可以愉悦身心，更可以维系相互间的情感。许多退休老年人都有听音乐、唱歌的爱好，金东方的老人更是如此。在金东方，跟音乐有关的兴趣协会、俱乐部多达 6 个，如戏曲协会（内分越剧分会、锡剧分会、京剧分会和沪剧分会），大家唱协会，民乐队协会，钢琴沙龙，金东方艺术团和阳光合唱团，这些协会的每次活动都有几十名老人参与，极大地丰富了老人们的晚年生活，也有效地提升了活动组织者、演唱者和倾听者的幸福感，让每一位参与者都在欢快且充满艺术气息的氛围中度过轻松欢快的时光。

金东方老人对音乐有着广泛的爱好，古今中外都有涉猎，他们常听的、常唱的，有《茉莉花》《十五的月亮》《梁祝》《梅花三弄》《二泉映月》《春江花月夜》《蓝色多瑙河》《瓦妮莎的微笑》《昨日重现》《欢乐颂》《雪绒花》《雨中漫步》《回家》《普罗旺斯》《星空》《爱之梦》《梦中的婚礼》《夜曲》《夏天最后一朵玫瑰》等，他们常说："音乐这个大宝箱，是我们幸福快乐的最好保障！"

和金东方的老人一样，如今越来越多的中老年人都有听音乐、唱歌、参加音乐活动的爱好，他们不管在家，还是外出晨练、练太极等，都会随身携带着一个老歌播放器，边听歌边做其他事情。音乐作为一门艺术，于老年人而言更像是一剂神奇的"药方"。音乐不仅可以帮助中老年人陶冶情操，给老年人的生活带来了乐趣，心情更加舒畅，还可以养生健体、延年益寿，甚至还可以抵御疾病、治疗疾病。

金东方老人在长期的音乐活动的感染、洗礼下，受益匪浅。他们总结了音乐对于健康养生的三点益处：

一是从生理上调节身体状态。金东方老人说，听音乐的时候，人的生理会发生很多改变，例如镇痛、放松和减压等，实际上都可以依靠音乐产生类似的影响。我国医学数千年来都认为，音乐对于身心疾病患者有很大的助益。早在唐代之前中国已经发展出了宫、商、角、徵、羽五音调和心、肝、脾、肺、肾五脏的音乐治疗理论，认为五音六律对养生、保健、医治疾病很有作用。而现代专家研究也表明，人的生理伴随音乐会发生心率减慢、心跳减慢、呼吸减缓、血压降低等现象。专家们通过先进的仪器观察发现，人在听音乐的时候肌肉电位明显下降，肌肉电位下降意味着人的肌肉紧张度降低，也就是说听音乐使人的肌肉放松，还有皮温升高、肾上腺素的分泌明显下降、5-羟色胺分泌下降等，人的生理都发生了明显的变化。

二是从心理上调节情绪变化。有一点其实是大家的共识，也是常识，那就是情绪不好的时候，找点好听的音乐来听听，你心里就舒服多了。但这个常识背后，却暗藏着一些科学道理，因此，音乐成了音乐治疗师手中的有力武器。音乐治疗师认为，情绪对人的判断产生巨大甚至是决定性的影响，当一个人的情绪好的时候，往往看到事物的积极方面，把坏事看成好事；而情绪不好的时候，往往看到事物的消极方面，把好事也能看成坏事。基于此，音乐可以很好地调节人的情绪，尤其是对于老年人。所以，金东方老人也一直把音乐当成幸福、快乐的大宝箱，用欢快的音乐长久保持情绪的平和与稳定，让自己处于良好的心理状态下，延缓衰老，延年益寿。

三是从互动中改善人际关系。学者认为，音乐从起源上讲是一个社会性的东西，不能被自娱自乐，它需要很多人来一起完成。也许，这几天你一直自己在家唱歌、演奏乐器，觉得很快乐，但是不能永远只唱给自己听，这种活动本身是要和别人互动的，这与老人害怕孤独、喜欢群体活动正好不谋而合。老人在晚年最怕的就是孤独，他从原来的社会角色和社会联系中退下来后，进入了一种社会性的"孤立"状态，这对于老人的身心健康可以说是第一杀手。老人一旦进入孤立状态，他的身体觉得不灵便了，心理上又觉得自己成了子女的负担，他的生理健康状态就急剧地下降。而各式各样的音乐活动，诸如合唱团、戏曲交流会以及音乐与舞蹈相结合的广场舞、健身操等活动，都给老年人提供了一种重新建立社会联系的平台，创造了一种社群性的氛围，能让老人在活动筋骨的同时也满足心理的需要及保持建立社会联系的需要，这也是金东方大力倡导包括音乐在内的各种兴趣协会、俱乐部的初衷。

基于音乐对老人有很大益处，音乐疗法也逐渐成为老年人心理治疗的重要方法之一。利用音乐促进健康，可作为消除老年人身心障碍的辅助手段，已成为现在的一个时尚。音乐疗法属心理治疗方法之一，音乐治疗室根据老年人身心障碍的具体情况，可以适当选择音乐欣赏、独唱、合唱、器乐演奏、作曲、舞蹈、音乐比赛等形式。采用这些形式的音乐疗法，主要可以帮助老人获得记忆力刺激，改善语言能力，提高活力，改善精神和情绪状态，预防老年痴呆等。

金东方老人对于各种形式的音乐的喜爱和收获都浓缩到了下面这首短诗中了：

> 东方绿草茵，唱歌最欢欣。
> 老曲催回首，新调展温馨。
> 人人都能唱，还能拉胡琴。
> 好赖皆充数，重在抒感情。
> 音乐如宝箱，大补赛人参。
> 底气自丹田，养身又养心。

喝茶有益健康

朱　红

前几天，看到一个茶友发了一条微信，题目是："茶是万病之药?"

我认为虽不敢说茶是万病之药，但喝茶、多喝茶、常喝茶，让你远离医生是肯定能做到的。并且喝茶使人长寿，为什么?

中国工程院院士候选人、湖南农业大学博士生导师刘仲华教授是这么说的：茶叶里面的茶多酚、咖啡碱、茶氨酸等成分，对帮助人体延缓衰老起到了重要作用。除此之外，他从茶叶微量元素的角度，带我们破解了喝茶让人长寿的科学秘密。刘教授解释说，微量元素是人体里面"微必足道"的一种化学元素，它们含量非常少，但是人体一旦缺少了就会生病，有的成分更是人体能够长寿的秘密。而喝茶则是补充这些元素的非常好的手段，具体来说喝茶补充了哪些微量元素，帮助我们长寿呢? 刘教授给我们一一做了梳理。

（1）锌：锌是人体多种代谢酶的辅基。茶叶是很好的锌补充剂，茶叶中的锌含量是其他食物的好几倍，而且锌在水中的溶解度也非常高，也就是说，喝茶可以有效补锌!

（2）锰：锰有多么重要呢? 经调研，长寿老人的头发、指甲中锰的含量非常高，高锰也被誉为"长寿的秘密"。喝茶能补充人体中需要的锰吗? 科研证明，茶叶中的锰含量是其他食品的几十倍到几百倍，而且锰在茶汤中的溶解度超过 50%，那么，锰是人体长寿的秘密，而喝茶则是补充锰的绝佳途径，这也是喝茶可以长寿的科学证明。

（3）铁：铁是人体血红蛋白的重要组成部分，然而社会上一直流传着"喝茶会导致人体铁流失"的说法，这种说法是对是错? 当然错! 刘教授证明喝茶也可以补充人体中的铁元素。

（4）钙：钙是组成我们骨骼的重要成分，一旦缺钙，骨质疏松、腰酸背痛等骨骼疾病都会随之而来，而社会上也有"喝普洱茶会导致人体钙流

174

失"的说法，这是真的吗？这也是假的！

另外关于茶叶的作用，你还听过哪些：延缓衰老？增强免疫？减肥？防辐射？降压？解酒？浙江大学茶学博士王岳飞有过这样一场讲座：茶能抗辐射吗？是的！中国茶多酚"飞"赴日本抗辐射。

2011年日本发生地震海啸以后，大家对核辐射非常恐慌，全国各地发扬了一种奉献的精神：贵州、潮州、浙江，包括很多地方把茶叶捐给日本政府和我们的一些华侨，我们也捐了一批物资给中国驻日本大使馆，这些物资包括茶多酚和茶爽，让他们起到了抗辐射作用。

现在我们茶叶方面和医学的专家，都认为茶叶抗辐射的主要原因是它里面含有茶多酚，另外一个原因是茶叶中含有大量锰元素。茶叶相当于是辐射的防护墙，把包括放射医疗、紫外线、手机、香烟、家居、电脑辐射等都挡住了。辐射能引起我们体内的蛋白质、DNA、神经系统、生物膜等的损伤，放化疗病人会恶心呕吐，都是因为辐射引起的。《神农本草》就有：日遇七十二毒，得茶而解之。汉代就把茶当成长生不老的仙药。医圣张仲景在《伤寒论》里写道：茶治脓血甚效。唐代大医学家陈藏器，在《本草拾遗》里面也说过：茶为万病之药。茶刚开始传到欧洲的时候，是作为一种药物放在药房里面卖的。

你可以每天吃5个洋葱，或者4个苹果，或者1千克的橙汁。当然，你也可以每天喝2杯茶，效果是一样的。所以你愿意每天吃5个洋葱呢，还是愿意每天喝2杯茶？

那么，茶究竟有何药效，为世人所喜爱？

（1）抗氧化和延缓衰老。饮茶能抑制细胞衰老，使人延年益寿。茶叶的抗老化作用是维生素E的18倍以上。

（2）增强免疫。喝茶可以抵抗病毒的入侵，也可以减少肿瘤发生的概率，多喝茶可以预防感冒。

（3）保护脑。70岁以上的老人每天喝茶2～3杯以上，患老年痴呆症的概率会低很多。

（4）喝茶降低患糖尿病的风险。一天喝茶4杯或者4杯以上，就能够有效地降低中年患糖尿病的风险。

（5）喝茶防治老年性痴呆。保持多喝茶的习惯，可改善记忆力和防止老年性痴呆。喝茶能有效地延缓大脑退化，对脑细胞起到保护作用，维持大脑血管的健康状态。

（6）茶能使人精神振奋，增强思维和记忆能力。

（7）茶能消除疲劳，促进新陈代谢，并有维持心脏、血管、胃肠正常机能的作用。

（8）饮茶对预防龋齿有很大好处。据英国的一项调查表明，儿童经常饮茶，龋齿可减少60％。

（9）茶叶含有不少对人体有益的微量元素。

（10）饮茶有延缓和防止血管内膜脂质斑块形成，预防动脉硬化、高血压和脑血栓。

（11）降血脂。把茶多酚从茶叶中提取出来，做成胶囊片剂，服用一个月以后血脂下降20％左右。

（12）饮茶能兴奋中枢神经，增强运动能力。

（13）饮茶有良好的减肥和美容效果，特别是乌龙茶效果尤为明显。

（14）饮茶可以预防老年性白内障。

（15）茶叶所含的鞣酸能杀灭多种细菌，故能防治口腔炎、咽喉炎，以及夏季易发生的肠炎、痢疾等。

（16）饮茶能保护人的造血机能。茶叶中含有防辐射物质，边看电视边喝茶，能减少电视辐射的危害，能保护视力。

（17）饮茶能维持血液的正常酸碱平衡。茶叶含咖啡碱、茶碱、可可碱等生物碱物质，是一种优良的碱性饮料。茶水能在体内迅速被吸收，产生浓度较高的碱性代谢物，从而能及时中和血液中的酸性代谢物。

（18）防暑降温。饮热茶9分钟后，皮肤温度下降1～2℃，使人感到凉爽和干燥，而饮冷饮后皮肤温度下降不明显。合理的喝茶对人体有百益而无一害，但是如果不合理的话那就对人体有害处了。

茶是21世纪当之无愧的最佳健康饮品。最后提醒大家：健康饮茶，注意"十忌"。

（1）忌空腹饮茶，茶入肺腑会冷脾胃。

（2）忌冲泡过久，防止氧化、受细菌污染。

（3）忌冲泡次数多，茶中有害微量元素会在最后泡出。

（4）忌饮烫茶，最好65℃以下。

（5）忌饮冷茶，冷茶寒滞、聚痰。

（6）忌饭前饮，茶水会冲淡胃酸。

（7）忌饭后马上饮茶，茶中的鞣酸会影响消化。

（8）忌用茶水服药，茶中鞣酸会影响药效。

（9）忌酒后饮茶，酒后饮茶伤肾。

（10）忌饮浓茶，咖啡因使人上瘾。

很多人这么认为，喝茶是传统文化，其实不管从排毒角度，减压角度，还是从增强免疫角度考虑，现代人更需要一杯好茶。因为，古时候喝茶，可能更多的是意境，而从现在的生存环境与人文环境看，更需要一杯茶。特别是在城市居住的人们，更应经常喝点茶，学会喝茶，多喝茶，常喝茶，久喝成良医。喝茶，让你远离医生。

戏 曲 养 生 歌

沈成嵩　陆约维

就地圈个圈，舞台地和天；
乐器三五种，行头更简单；
伴奏有胡琴，走踩锣鼓点；
不用买门票，任你听和看；
下场是观众，上场是演员。
开口就会唱，有板又有眼；
生旦净末丑，角色皆可扮；
入戏就忘我，愉快忘忧烦；
余音可绕梁，感动在心间；
唱罢空城计，来段杨玉环。
豫剧朝阳沟，川剧花木兰；
锡剧珍珠塔，京剧刘胡兰，
沪剧沙家浜，越剧沉香扇；
艺高有人赞，跑调也无关；
旨在能欢乐，怡情享悠闲。
发声用五音，运气在丹田；
练练腰腿功，壮骨身强健；
相识金东方，四海大团圆；
戏曲能养生，健康在梨园；
人生如戏剧，绚丽多灿烂。

在健身舞中益寿延年

王　杰

随着社会的发展，中老年群体娱乐自身、摆脱孤独的方式越来越多，而健身舞堪称最为重要的一种形式。老年健身舞内容宽泛，取古今之道，兼中外之长，融体育、舞蹈、音乐等为一体，是一套尤其适合我国中老年人的健身方法。

老年健身舞动作舒展大方，虽然运动强度不大，但运动量一般仍在中等以上，要消耗较大热能，在运动过程中，头、颈、肩、背、腰髋、腹部及四肢各关节、韧带等全身各部肌肉均能得到良好锻炼。同时，随着身体各部位活动，内脏器官功能也相应得到锻炼。对血液循环、呼吸、内分泌、神经等系统均有良好的刺激作用。最为重要的是，跳健身舞也是中老年人群维系社会关系、寻求年龄相仿、志同道合的朋友的有效方式，可以有效地解决孤独问题。

金东方颐养中心的入住老人对健身舞也有着浓厚的兴趣。金东方老人平时锻炼的有健身操、太极拳、太极剑、舞扇、交谊舞、广场舞等，有一些是每天都跳的，有的是定期组织的，有跟着固定的健身舞俱乐部、太极协会等一起进行的，也有自发在楼栋下组织小团队进行的。在会所每天都进行的交谊舞中一般都是有固定舞伴的，参与的老人身心俱娱，乐在其中。

关于跳健身舞，金东方健身舞俱乐部的会员一致认为有以下几点好处：

一是健体。健身舞是一项群体运动，本质上更是一项具有体育运动价值的运动，要经常进行排舞操练，能改善心肺功能，加速新陈代谢过程，促进消化，消弭脑萎缩，从而增强体质，增进健康，延缓衰退。

二是健美。健身舞的练习是在美妙悦耳的音乐旋律中进行的，身心共舞，经常加入排舞操练是一项很好的形体练习，能提高人体的协调能力，增添身体各个部位的肌肉，提升骨骼的骨密度，具有十分积极的健美效果，能够有效帮助中老年人塑造优美身形。

三是健脑。跳健身舞除了身体素质上的改变之外，更能有效地触发神经系统，运用形象记忆、概念记忆、情感记忆和行为记忆等方式，不断动脑回忆、不断用脑精进，进而起到减缓记忆力衰退，达到健脑的良好效果。

四是健心。在翩翩起舞的过程中，老人们的注意力自然都集中在赏识优雅的音乐中，并沿着节奏将内心激情抒发在舞姿上。因为注意力的转移，就能使身体其他机能获得调整，减缓压力。所以，当中老年人跳健身舞时沉浸在美妙悦耳的音乐和美妙的舞姿中时，就能够消除萎靡、陶冶心灵，感应到兴奋的情感，从而达到最佳的心理状态。

五是健邻。跳健身舞是一项群体运动，符合人的社会性的属性。现代社会子女上班忙碌，父母空闲在家，交流困难，大都孤独感严重。而跳健身舞就提供了一个良好的平台，将年龄相仿、志同道合的老人自发凝聚到一起，跳健身舞的过程中彼此欣赏、彼此赞美，既愉悦了自己的身心，也很好地维系了和邻居、朋友之间的关系。

虽然跳健身舞好处多多，但毕竟都是中老年人，还是得有很多需要注意的地方。俗话说就是安全第一。金东方的老人在长期的跳舞过程中总结了许多经验，让自己既能享受健身舞带来的乐趣，又不至于带来负面的影响。

第一，跳健身舞应穿着讲究。老年人跳健身舞时最好穿软底运动鞋，硬底鞋容易滑倒、扭伤脚踝；跳舞后不能随意脱衣，以防感冒并引发其他疾病等。

第二，跳健身舞应合理选择时间。饭后不宜立即跳舞，应休息40分钟左右再开始。此外，很多老人习惯早起跳舞其实也不是最好的选择，尤其是冬天，一定要等太阳出来后再跳健身舞，吸收太阳之精华，更好地保证身体以最佳的状态锻炼。

第三，跳健身舞动作幅度不宜过大。老年人年龄大，身体机能退化，肌肉萎缩，韧带弹性下降，关节活动不灵，因此应避免突然的大幅度扭颈、转腰、转髋、下腰等动作，以防跌倒，发生关节、肌肉损伤，甚至骨折。金东方健身舞俱乐部选择的舞蹈等都是相对轻缓、柔和型的，太极、交谊舞等都是如此。

第四，跳健身舞应保证充分休息。跳健身舞之前要先做 5～10 分钟简单的拉伸肌肉和韧带的准备活动，遵循先慢后快原则；跳 15 分钟应休息几分钟，总时间控制在 45～60 分钟，不能过长导致身体超负荷运行。

金东方的老人从跳健身舞中锻炼了身体，获得了快乐，他们集体感言一首：

年岁过半百，锻炼身子骨。琴棋书画唱，健身舞最酷。

团队一起跳，欢快俱乐部。清晨打太极，傍晚交谊舞。

男女有搭配，轻松有热度。舞伴是舞伴，老伴莫吃醋。

强体又养心，大家都拥护。朝朝又暮暮，共创幸福路。

诗 歌 与 健 康

莫金华

诗歌短小精悍，抑扬顿挫，是一种精美典雅的文化艺术。和诗歌交朋友，读诗、背诗、赋诗、吟诗，诗意地生活，不仅能陶冶情操，给人带来诗歌韵律美的精神享受，还有利于养生保健，有益于身心健康，对老年朋友，尤其如此。

诗歌有利于健康，并非空穴来风。君不见，爱好诗词，一生作诗万余首的乾隆皇帝，尽管日夜为国事操劳，仍然活到89岁，成为中国历史上执政时间最长（在位63年）、最长寿的皇帝。宋代诗人陆游，自言"六十年间万首诗"，存世诗有9 300余首，寿长85岁，成为那个年代少有的长寿者。常州诗人丁彦士，年过百岁还出诗集，103岁依然身体健康，依然赋诗不辍。原武进计生委主任，武进区退干协会评出的学习之星，86岁的孔林元先生，常年坚持背诵诗词600多首，至今耳聪目明，身体硬朗，反应灵敏，坚持笔耕。他们把对生活的理解和梦想融进美妙的诗律之中。

美妙的诗歌与人心灵相通。诗为心声，优美的韵律和健康的内容，能激发正能量，调动人们积极奋发、乐观向上的情绪，进而陶冶情操、完善人格，引领人们品味生命之精彩，感受人生之美好。

诗歌能引发好奇，燃烧激情。好奇和梦想，是生命的动力和意义。许多人退休后无所事事，孤单寂寞，难以适应。写诗要有素材，促使我们去翻阅几十年人生积累寻找生活素材；促使我们畅游书海，探求知识真谛；促使我们与时俱进，以一颗童心和激情，走出家门，广交朋友，融入社区、融入社会，掬取生活浪花，感受时代脉搏，歌唱祖国、歌唱新时代、歌唱新生活，从此老有所为、老有所乐，远离孤单寂寞，充分享受生活的美好，收获晚年的欢乐。

诗歌能抒发心声，化解压力。背诗、作诗，是一种缓解精神和生活压力的有效办法。全身心投入诗歌王国定能消除一切杂念和干扰，调节人的

182

情绪，消除郁闷，抑制烦躁和不安，治理心灵创伤。武进《南风词社》老社长王鉴风，他一介草民，早年丧妻，却长期慕圣追贤，诗坛驰骋，书诗词子晨昏伴，成了野鹤闲云不老松。现年八十有六，不但耳聪目明，日日赋诗、吟诗，还为词社编辑书刊，晚年生活过得有滋有味。常州舣舟诗社老社长羊汉先生，几年前丧妻后，他悲痛欲绝，不能自拔。寂寞难耐思念无助时，他用诗歌抒发心声，排解忧愁，天天用诗歌和亡妻"说话"，一年之中，写了 76 首悼念诗寄托哀思，渐渐地，人也从悲伤中走出。

诗歌能开动脑筋，锻炼身心。背诗、赋诗都是脑力劳动，不仅有助于提高人的记忆力，而且有延缓大脑衰老的作用。诗歌和书画一样，必须静下心来，排除干扰，远离浮躁，开动脑筋，心手并用才能有所收获和成功。背诗要全神贯注，激活脑细胞，调动记忆神经。赋诗要眼到心到手到，尽心尽力。经常开动脑筋，和诗词打交道，有利于增强记忆力，老年痴呆等疾病就不会找上门来。许多老年朋友自从加入诗词组织，迷上了吟诗作诗，就像换了个人，心态年轻了。

诗歌很高雅。要做高雅之人，享受诗意生活，其实并不难。首先是读诗。读诗人人都能。熟读唐诗三百首，不会作诗也会吟，棒槌挂在城门上三年会说话。背诗最容易，选点唐诗宋词，和孙儿一起背，既能丰富知识，还能享受祖孙天伦之乐。写诗也不难。2015 年，《武进日报》扩展银潮版，每星期都有诗词书画交流，为老年朋友提供了学习交流的平台。就诗词而言，不光有传统的格律诗，还有我们老同志熟悉的民歌诗。我们可以从民歌诗学起，把生活中的第一手材料，心血来潮的"一闪念"灵感化为诗句。也可到老年大学学点古体诗，从四句 20 个字短诗开始，慢慢入门"上路"。至于题材，可写夫妻做羹汤，祖孙快乐事，也可写国家大事、陈年旧事。生活感受的细枝末节、点点滴滴；家乡那淅淅沥沥的细雨、炊烟缭绕的土屋、清澈透明的小河、青草丛生的池塘等更是入诗的好题材。

生命诚然短暂，梦想可以永恒。退休了，时间宽裕了，再不用为工作整天忙碌，为子女终日操劳，属于我们老年一族自由支配的时间大量增加，完全可以拓宽兴趣爱好，背诗、学诗、吟诗，用诗词歌唱我们的祖国，抒写我们的心声，充实我们的生活。让诗歌驱散我们的孤独和忧愁，找回我们的激情和梦想，给我们带来欢乐和健康。

选一垄菜地，种一份心情

刘　洋

品一壶香茶，种一垄青菜，呼吸着泥土的清香，享受周末的暖阳，带几个亲朋好友前来采摘自己亲手种下的蔬菜，欣赏绿茵茵的田园风光……

这是一幅极具情调的画面，精彩生活原本就该如此。

退休前，这画面是杨鲁华和好朋友朱珊珊脑海里对退休生活的憧憬。现在，这些都变成了现实，幸福感如影随形。杨鲁华在英国旅游的时候，念念不忘在微信里跟朋友讨论她的菜地。

菜就种就在自家楼下的园子里，打开窗户，拿上望远镜，每一株嫩苗的长势尽收眼底。

杨鲁华是金东方的会员。在金东方颐养中心"人民公社"，爱好田园生活的会员均可申请一垄属于自己的菜地，她于是有了属于自己的那一垄。

只要在家，她每天都会去菜地看上一眼。看着嫩绿的幼苗一点儿一点儿破土而出，她就打心眼里高兴。不在家时，便托付邻居"严加看管"。

杨鲁华是建设部门的退休干部，对建筑特色和室内设计有独到见解，对于居住环境，自然要求精益求精。于是，高标准的她为退休后的自己选择了理想的去处——金东方颐养中心。

在这里，她拥有一块属于自己的菜地，又动员朋友们都去选一块。她说，大家一起种种菜，享受生活，回忆过去，畅谈未来……这是一种再美不过的生活方式了。

时尚的打扮和阳光的笑容让她看起来格外年轻，不像是已经退休的人。爱生活，爱摄影，爱舞蹈，对于生活品质，她其实有着近乎完美的追求。

"种菜是图个乐趣"，杨鲁华说，"菜不值什么钱，但这是一种健康积极的生活态度！"

没错，态度很重要。退休之年，正是需要这样健康和积极的生活态度。在杨鲁华看来，这满园菜地里，种下的不论是青菜还是萝卜，不论是辣椒还是西红柿，收获的，都将是一份快乐的心情。

学一点老年心理学

沈成嵩

老年心理学是研究个体和群体成年以后增龄老化过程的心理活动变化特点、规律的一门科学，是研究老年期个体的心理特征及其变化规律的发展心理学分支，又称老化心理学。它也是新兴的老年学的组成部分。由于人的心理活动以神经系统和其他器官功能为基础，并受社会的制约，所以老年心理学涉及生物的和社会的两方面的内容。研究范围包括人的感知觉、学习、记忆、思维等心理过程以及智力、性格、社会适应等心理特点因年老而引起的变化。

在西方，最早较系统地阐述老年的心理问题的是霍尔，他在《衰老》一书中，以毕生发展心理学的思想回顾了自己的一生。他反对把老化仅仅看作人退回早期阶段的一种返归，强调在老年人中老化过程的显著的个别差异。

（一）在中国心理学界也有只重视儿童发展而忽视成年与老年心理的倾向。

20 世纪 60 年代以来，毕生发展心理学观点逐步被人们所接受以后，老年心理学才成为发展心理学的一个重要部分。

在中国，有关老年心理学和养生学的思想历史悠久，早在春秋战国时期，诸子百家在调摄情志以益寿延年方面就有不少描述。

又如唐代孙思邈的《千金翼方》中载："论曰：人年五十以上，阳气日衰，损与日至，心力渐退，忘前失后，兴居怠惰，计授皆不称心。视听不稳，多退少进，日月不等，万事零落，心无聊赖，健忘嗔怒，情性变异，食饮无妙，寝处不安……"生动地论述了人在年老过程中的记忆、视觉、听觉、味觉以及性格、情绪状态等的一系列变化。

（二）近代老年心理学的研究工作在中国起步较晚，比较系统地开展这方面工作始于 20 世纪 80 年代，主要侧重于记忆的老化研究

老年人的记忆力随着身体各器官的老化也在以很慢的速度减退，这是自然规律，也是正常现象。延缓记忆力衰退和增强记忆力的方法，首先不能对自己的记忆失去信心，产生焦虑、忧愁、不安等消极的情绪，因为心理影响在增强记忆中的作用是十分重要的。同时老年人又必须及时而适量地补充蛋白质、微量元素、维生素等营养物质，戒除烟、酒，注意饮食卫生。人的记忆力也像人的大脑一样越用越好，老年人如果勤记多用、重复练习、增加印象以加强记忆训练，是能延缓记忆力衰退和增强记忆力的。

心理学家认为，人的健康应包括身体和心理两个方面。前者显而易见，容易被人发现；而后者比较隐蔽，且心理障碍往往发生在身体健康者身上，因此也就极容易被忽视。就拿上面列举的老年心理障碍来说，也多发生在身体健康、智力健全的老人身上。乍看百思不得其解，其实也在情理之中。想那年富力强奋斗拼搏之时，一心扑在工作上，纵然心里有些看不惯、摆不平之事，身体有些不舒服的感觉，也没有时间去多想多顾；而今退休了闲了，凡事都要从脑子里认真过一遍。这样一来，思维一旦走进死胡同，钻了牛角尖，就很容易发生心理的反常和行为的变态；加上平时学习有所放松，自我约束欠严，和同事交流减少，这就难免陷入思维的误区，使种种疑心、偏执、主观臆测等毛病悄然而生。有一位老年朋友说到自己的感受时说："也不知咋搞的，如今我遇事就敏感，对想不通的现象就神神叨叨乱猜测，就像一则寓言里那个怀疑别人偷斧子的人。"

按说，"心病要用心药治"，只要摸准"病情"，对"症"下药，帮助心理障碍者走出误区也不算大不了的事。然而，事情难就难在：心理障碍发生在老年人身上，而做老年工作的又往往是一些中青年人。这些中青年人由于没有离退休老人的生活经历，也谈不上有老年人的心理体验，更没有根治老年心理障碍的灵丹妙药了，于是碰到老年人的心理难题，就感到束手无策。现实为做老年工作的同志提出一个当务之急的课题：学点老年心理学。

（三）人老了，心理会发生些什么变化呢

1. 健忘。进入老年期后智力逐渐减退，但其程度有很大差异，并且与心理因素密切相关。有的因为本人的自信心不足，自惭形秽，自认为智力减退，而实际上并非如想象中那么严重。老年人的智力是逐渐下降的，一般认为 18 岁时智力达到最高水平，以后逐渐下降，50 岁时仅相当于 15 岁的智力年龄，80 岁以后下降更明显，85 岁时大约相当于儿童 5 岁 10 个月的智力水平。由于个体的差异，所以可有 10％～25％的人并不显示智力减退。由于老年人的记忆力下降，这也是健忘的主要因素。

2. 焦虑。抑郁随着衰老、精神情感变化日益明显，表现为内心空虚，易出现焦虑抑郁的情绪反应，常伴有自责。往往有杞人忧天之感，时有大难临头的紧张感，或是抑郁苦闷，遇到问题时缺少进取态度。在经济条件拮据的老年病人中有 48％具有抑郁情绪，而身体健康、经济条件较好的老年人具有抑郁症状者也有 44％，有不少人每月发作 1 次，持续数小时或数天之久，表现为意志消沉、烦恼、抑郁、焦虑等，并对往事回忆多有自责感。

3. 情绪多变。当脑组织老化或伴有某些脑部疾病时，常有明显的情绪变化，往往失去自我控制，容易勃然大怒，难以平静下来，其情绪激动程度和所遭遇不顺心事情的态度并不相对应。有时为周围环境及影视中有关人物的命运而悲伤或不平，迅速出现情绪高涨、低落、激动等不同程度的情绪变化，时而天真单纯，忽而激动万分。

4. 疑病。60 岁以上老年人，有半数的人可出现疑病症状，这是由于老年人的心理特点已从对外界事物的关心转向自己的躯体所致，加上这些关心可因某些主观感觉而加强，并因顽固、执拗的个性，更易出现疑病症状，常出现头部不适、耳鸣、胃肠道功能异常以及失眠等。即使稍有不适，也要向周围人诉说。有时会过分注意报刊书籍上的一些医学常识而对照自己的不适感，常为此而心神不定，惶惶不安，甚至多次求医就诊。

5. 猜疑和嫉妒。一般认为，人进入老年期后，对周围人不信任感和自尊心增强，常计较别人的言谈举止，严重者认为别人居心叵测，常为之而猜疑重重。由于生理功能减退，性欲下降，易怀疑自己配偶行为，常因之而争吵。并且由于判断力和理解力减退，常使这些想法变得更为顽固，甚至发展成为

妄想。每当目睹年轻人活泼好动等性格时，常因之而嫉妒和自责。

老年人的心理变异，倘若预先缺乏思想准备，其危害性不亚于体力衰退。常常成为脑出血、脑血栓、心肌梗死的始动因素，又可成为老年精神病的基础。这种心理上的变异是有办法克服的。一是有自知之明，正视自己性格变异的可能性。弄清楚可能出现的病理、生理原因，以及变异的表现和趋向，自我克制，自我纠正，遇事三思。二是自我宽慰。衰老是人生必由之路，体力与智力不能与青年人相比。社会在前进，科学在发展，思想上难免有落后的一面，想法和看法与社会潮流可能有一定距离。这是客观存在的，不必自卑、自弃，不要勉强做力不从心的事。三是丰富生活内容，寻找精神上的寄托。克服不良情绪，有意识地充实生活内容，并结识一些老年和中青年朋友，生活在群体的友爱之中。留心别人衰老后的性格变异，然后再反躬自省，就能克服变异，保持心理、精神上的卫生，才能有益于健康长寿。

（四）如何应对老年人的心理变异

一是坚定老年人的信念。老年人要坚定自己的信念。首先要树立抗衰老的精神状态，主观上决不因年老而气馁，过好精神衰老关。人有生就有死，这是不可抗拒的自然规律，老年人绝不能让自然死亡把自己压倒了，要利用老年期的宝贵时间，安排好自己的晚年生活。老年人应当老当益壮，在身体、精力等力所能及的条件下，珍惜时间，发挥余热，愉快地度过晚年。

二是学点老年心理学。衰老是人生的必经之路，心理活动的衰退是个积累的过程。完全不服老、不承认衰老是生物规律之一，这是不对的。人是不可能"长生不老"的。学点老年心理学，可以及时了解老年心理的知识和特点，一旦心理活动出现衰退、偏差、障碍，可及时通过自我调节得到纠正，指导自己过好晚年生活，并增强心理健康的信心，有利于正确处理家庭生活，有利于增进生活情趣，有利于防止心身疾病，有利于延年益寿，防止和延缓衰老。

（五）为了使老年人退休后欢度晚年要注意的几点

1. 要做到起居有常。生活作息有规律，老年人的生理活动与心理活动富有节奏，有利于老年人的身心健康。

2. 要注意饮食的生理卫生与心理卫生。饭前要洗手，吃饭每餐要力求定量，切忌暴饮暴食，并注意饮食的心理卫生，努力做到吃饭前后心情平静，精神愉快，切忌心情抑郁或暴喜暴怒。

3. 要做力所能及的适当的工作。老年人退休后没事做，生活失去节奏，而产生孤寂之感，这种消沉的心理状态对身心健康是很不利的，参加力所能及的工作是延年益寿的重要手段。

4. 要有艺术爱好与娱乐活动。老年人对绘画、书法、音乐、诗词等艺术的爱好，可以消除孤单与寂寞，陶冶情操。老年人也需要适当地娱乐活动，但参加的时间不要过长，内容不宜太惊险或太沉闷，场面不宜太闹太杂。

5. 要注意心理修养。祖国医学中养生学很强调心理修养在养生中的重要性，因此老年人要讲究心理卫生，提高心理健康水平，愉快地度过晚年。

6. 防治老年病是老年保健的重要措施之一。由于老年人各种细胞、组织、器官的结构与功能随着年龄的增长逐年老化，因而适应力减退，抵抗力下降，发病率增加。防治老年病的措施是多方面的，主要是开展适合老年人的体育锻炼，增强体质，注意合理膳食，戒除吸烟等不良嗜好，避免有害刺激，保持个人卫生，避免长期卧床以及呼吸道感染、便秘、过劳、跌倒及其他意外刺激发生，定期进行身体检查，做到对老年病的早期发现、早期诊断和早期治疗。

人到老年，皮肤上出现一些扁平，稍稍隆起的，呈淡褐色、褐色或黑色、不痛、不痒的斑点或斑块叫做"老年斑"，又称老年疣或"脂溢性角化症"等。它的发生多是由于皮肤的异常变化，或与遗传因素有关。老年斑一经出现，就不会自然消失，但也不会转变成恶性。所以老年人大可不必担心它会有癌变的危险。老年斑预后良好，平时又没有任何使人不舒服的感觉，一般不必治疗。但是，也应该注意不要用手去搔抓或用针挑破，更不能任意涂抹具有腐蚀或刺激性的药物。

（六）老年心理保健十法

1. 平心静气法。遇到不愉快、生气的事，不要立即大发脾气，或急于行事，先平心静气十分钟。还不行，就延长时间。再不行，就睡一觉后再处理此事。

2. 精神胜利法。要不服输，始终保持旺盛精力。遇到挫折失败不灰心丧气，而是寻找原因，研究对策，更加信心百倍地去战胜它、完成它。

3. 异想天开法。听音乐，你想到音乐家；观舞蹈，你想到舞蹈者。你要极力把自己想象成实践者，是演员，摆脱观赏者、观众的地位，要主动地做主人，不要做旁观的客人。

4. 众采博集法。要有广泛的兴趣，可以钓鱼、养花、书法、绘画以及收藏各种物品，总之要"闲不住"，常动手动脑。

5. 返老还童法。经常回忆童年趣事，拜访青少年时期的朋友，游访童年的旧居、旧址，故地重游，旧事重提，仿佛你又回到童稚时代。

6. 腾云驾雾法。读书、看电影电视或听人讲话，要专心致志，并随之腾云驾雾追踪。书中介绍巴黎，你仿佛就在巴黎大街漫步；电影放映泰山风光，你仿佛就在山顶观日出……

7. 投机取巧法。不要卖傻力气，不因循守旧。要尽量省时、省力、节约，想出新的办法来解决各类问题，可以培养创造力。

8. 到处伸手法。广交朋友，乐为大家办好事，做一个社交家、"外交大使"。

9. 见异思迁法。对新鲜的、奇特的、未知的事，要喜欢它，接近它，研究它，掌握它。

10. 贪得无厌法。对知识的获取要永不满足，每天的工作表要安排满当，使自己的生活充实丰富。

金东方庆祝建党百年大型音乐会有感

刘振刚

2021 年 6 月 22 日晚，作为金东方庆祝中国共产党成立 100 周年《永远跟党走·同心向未来》系列活动的重头戏之一，一台由百名老年人自编自导自演的大型音乐会在金东方大舞台拉开了帷幕。音乐会紧紧围绕主题，编排了 18 个声乐类和器乐类节目，以大合唱、小合唱（男声、女声）、独唱（男声、女声）、重唱、民乐合奏、葫芦丝合奏、器乐独奏（京胡、笛子、葫芦丝、二胡）等多种艺术形式，演绎了歌颂党、歌颂祖国、歌唱人民、歌唱幸福生活的中国特色社会主义新时代精神和金东方倡导、实践文化养老的积极内容，得到了金东方一千余名现场观众的认可和赞扬。

这台音乐会充分挖掘了金东方人的艺术潜力。在金总和李书记的支持下，成立了专门的策划协调小组。声乐节目以金东方合唱团牵头组织演唱队伍，方百川老师为声乐指导。集体节目严格按分声部辅导训练，个人节目逐字逐句纠正训练，给音乐会带来不少增色和加分。器乐节目以金东方爱乐团牵头组织演奏队伍，钟显力老师为器乐指导。集体节目按内容需要，动员各方面文艺人才参加，千方百计补齐乐器配置方面的短板。特别是为了提高音乐会的档次，对大合唱、小合唱和部分独唱节目，首次专门组成了 26 人的混合伴奏乐队，得到了许鹰、钱星等诸多老师的响应。此外还联系到了会员校友民乐队加盟支持。

作为观众的蒲老师说，金东方颐养中心真是人才济济，在一个养老社区能搞出一场如此高端优质的音乐会，真是前所未有，惊艳大众。

这台音乐会充分凝聚了全体参演人员的辛勤汗水和无私付出。从 2020 年动议到 2021 年初准备，前后历经几个月的时间。音乐会的伴奏音乐全部是按照现有乐队的条件而量身定制的分声部乐谱，在编谱、抄谱和排练方面都要投入成倍的精力。在排练和演出的一些关键时段，许多乐手都是默默地克服自己的病痛和家庭的困难，心里想的就是不要影响到完成节目。钟显力老师、许鹰老师、姚兴根老师等为了保障舞台音响效果，为了舞台能够适应多频次调度，为了若干节目近百人同时有序上台而想方设法，真是操透了心。

演员顾老师说，音乐会终于画上圆满的句号了。节目安排、人员组织、认真排练、器材购置、安装测试、现场调度等方面，都有说不尽的艰辛繁琐，他们几位的贡献可以载入金东方发展史册。

这台音乐会充分体现了金东方领导的高度重视和支持。为了满足音乐会的特殊需要，金东方又增加大舞台的音响设施配置，进行了紧急的安装测试，还请来了专门的技术人员现场协助指导。从舞台音响到台前台后，金东方的工作人员同样付出了许多许多，为音乐会提供了强有力的保证，也为今后大舞台的文化活动积累了有益的经验，打下了良好的基础。

会员沈老师说，感谢金东方，首次观赏到了金东方的大型音乐会。音乐会主题好，主持人的开场语写得精致准确，满满的辩证法；音乐会节目好，让人赏心悦目，令人陶醉。

两个小时的音乐会终于结束了，衷心感谢金东方的观众。他们尽管看惯了电视里无数高大上的演出，依然以理解的心境毫不吝啬热情的掌声和鼓励。还要谢谢金东方摄影协会，谢谢他们的辛苦拍摄、制作和及时宣传。（2021 年）

第二篇

千姿百态的
颐养老人

84 岁老军医的幸福抉择

刘　洋

人老了，不再工作了，身体不如年轻时硬朗了，儿女都忙碌于自己的事业，老年人该选择怎样的生活才算幸福？

朱树农说自己是穷苦出身，新中国成立前还是南京三中的学生时就参加过地下党的外围工作。卖报纸，卖糖果，也卖电影说明书，解放时还到南京总统府整理过资料。1950 年参军入伍后被送到中国医科大学学医 6 年，从此与治病救人的职业结下了不解之缘。

朱树农一生都在与病人打交道，经过他手治愈的病人已不计其数。大学毕业后就跟随部队，投入到最艰苦的环境锻炼。那时候军队没有房子住，他甚至在乱坟堆上住过。艰苦的环境不仅没有磨灭他的意志，反而练就了他一身过硬的行医本领。

朱树农一生没有离开过部队，也没有离开过医院。多年来从事病理研究，获得过荣誉无数。他的同学中有五位中科院院士，而他退休前是济南军区医院病理专业组组长。

退休后的朱树农喜欢随身携带自己的工作证，他最骄傲的事是告诉别人他是一名医生。在他的家里，有四个人选择了从医——老伴是他的同学自然也是医生，三儿子是美国加利福尼亚州的外科医师，而女儿则是钟楼妇幼保健院的院长。四个主任医师凑在一起，足以让这个医药世家感到荣耀。

2014 年 10 月，84 岁的朱树农带着老伴住进了金东方颐养中心。笔者在湖边的阳光房旁见到他时，他正眯着眼睛享受阳光。

"多好的空气和阳光啊，可惜有些老人不懂得怎么去享受。"他像是在自言自语，又似乎是提醒其他的老人，"金东方给我们提供了这么好的条件和服务，我们也应该充分利用好这些资源。"

借着老人的话题，我们便攀谈了起来。

"住过半年了，现在看来我当初的选择绝对正确！"老军医的语速很快，说话依然铿锵有力，"我退休后住在南京军区第三干休所，军队给了厅局级待遇，但是我选择了金东方。儿子让我到美国去养老，我说不喜欢，我要住金东方！"

"您这么喜欢金东方，觉得金东方好在哪里呢？"

"条件好、伙食好、服务好，哪里都好！我最大的感受是我和老伴来住了半年，没有再生过病，甚至感冒都没有过。来之前我腿脚不大好，需要扶着轮椅走，现在感觉腿脚的毛病改善了许多。我以前有多种疾病，现在逐渐减少用药了。"

至于为什么会这样，老军医又从医学专业角度进行了分析。他说环境对人的影响很大，这里环境宜人，条件好。他每天两次沿着风雨长廊从六号楼走到九号楼，上午下午各一次，既锻炼了腿脚，又呼吸了新鲜的空气，天气好的时候还要到阳光房去晒太阳，适当吸收紫外线对老人的骨骼有好处。这里的服务好，楼栋管家像亲人一样对待老人，心情愉悦对身心也有很大的好处。

朱树农是个健谈的老人，拉开了话匣子便停不下来。他说现在好多老人都认识他了，因为热情，很多人都想找他看看自己的身体状况，甚至有人给他取了"朱老总"的外号。而邻居们都是老人，多患老年病，身体状况因人而异，没有统一的灵丹妙药。要想身体好，平时要注意利用好金东方为大家提供的各种条件。

怎么利用好条件呢？朱老军医简要总结了几点，想分享给会员朋友们：

第一，利用好各种健身设施。金东方提供的健身设施一应俱全，大家应该养成运动和锻炼的习惯。从家里走出来，到公共场所活动活动。这比吃药打针都管用。

第二，要会吃，但不要贪吃。金东方的伙食好，各种杂粮粗粮、营养菜肴要啥有啥，口味又不错，每个人可以根据自己的营养需求挑选。吃饭要吃好，但不要吃太多。

第三，学会养生。金东方风景优美，到处都是绿色，多看看绿色风景对眼睛有好处。多出来晒晒太阳，适当吸收紫外线能有效防止骨折。下雨天也可以出来走走，有风雨连廊和地下通道，不会淋雨。

第四，多参加群体活动。有时间可以跟大家跳跳舞，到太阳底下做做操，多参加群体活动身心愉悦，对健康有帮助。（2015 年）

青春，可以这样重来

刘　洋

2015 年 4 月 24 日，徐英瞻梦想成真。

当他将身着白色婚纱的娇妻轻拥入怀时，他的脸上再一次焕发出青春的光彩。簇拥在身边为他们祝福的，除了金东方的领导，还有他们的管家、医生、厨师、保安员、保洁员、服务员……

一个是阆苑仙葩，一个是美玉无瑕。四十年前，用这句话来形容正值青春年少的徐英瞻和刘玉湘，再也合适不过。然而造化弄人，在那个特殊的年代，命运之神并没有安排他们走到一起。四十年后，当他们再度相逢时，这对有情人终成眷属。

1970 年，19 岁的上海青年徐英瞻插队落户武进，后进入武进战斗文工团当演员，在这里他邂逅了 13 岁的"小京班"演员刘玉湘。在刘玉湘的眼里，这位大哥哥给人的印象是高大魁梧，一表人才。他为人热情开朗，小提琴拉得顶呱呱，伙伴们尊称他为徐老师。在革命样板戏红得发紫的年代，他们同台摸爬滚打，建立了深厚的师生情谊。

几年后，徐英瞻由于要继续深造离开武进，从此杳无音信。谁承想，若干年后当他们再次相遇时，时光已经轮回了四十多个春秋。

2014 年，在一次朋友的聚会上，刘玉湘惊喜地见到了分别多年的老师徐英瞻。时光如梭，光阴荏苒，打开记忆的闸门聊起往事，两人不禁唏嘘不已。原来徐老师离开武进后一直在上海学习、工作，后来又下海经商。多年的打拼，让他收获了满意的事业，但婚姻问题却不尽如人意。当年匆匆结婚又匆匆离婚，至今仍孤身一人。每每看到同龄人都已儿孙绕膝时，他心中的孤独感便会不期而至。

阔别四十年，徐英瞻和刘玉湘几乎没有联系过，双方在各自不同的生活轨道上经历着不同的人生旅程。刘玉湘的婚姻也不是一帆风顺，她早年离异，独自拉扯女儿长大成人。

这次聚会缘于文工团的老同事牵线，席间有人提起金东方，大家便热烈地讨论起来。昔日的伙伴们都已不再年轻，谈到养老问题大家自然特别敏感。在事业上他们已然成功，可年龄不饶人，如何度过幸福晚年是大伙儿最关心的话题。

刘玉湘说，自己打拼了半辈子，为了事业从来不敢停下脚步。现在年龄渐渐大了，孩子已经非常独立，她想要放缓奔跑的速度，享受一下精彩生活。自从了解到金东方项目以后，她就经常往那里跑，期待早日能够住进那里。

得知年近六旬的母亲想要换一种生活方式，刘玉湘的女儿给予了极大的支持。她毅然卖掉在大学城的房子，选择陪伴母亲到金东方居住。多年来母女俩相依为命，女儿体谅母亲的不易。母亲喜欢的，她都喜欢。

到一个更好的地方去生活，让母亲在后半辈子好好享享清福——这是女儿对母亲养育之恩的最好报答。

上海人徐英瞻也开始关注金东方。在了解金东方的同时，老同事们相聚的机会越来越多。几次考察下来，刘玉湘和徐英瞻都成了金东方的忠实粉丝。在日益频繁的接触中，他俩的感情世界也开始发生了微妙的变化。相似的婚恋结局，不同的婚姻经历让这对昔日的文艺师生变得惺惺相惜。

在他们的日常生活中，对金东方的讨论成了他们最多的话题。而对爱情的期许，对美好生活的向往是他们如今最大的追求。在老同事的撮合下，徐英瞻在花甲之年做出了一个重大决定，他计划卖掉在上海的房产，搬到金东方，向刘玉湘求婚。

青春年华，一次错过就过去了四十年，这一次，徐英瞻无论如何也不能放弃幸福。和心爱的人一起生活在风景如画的金东方，找回曾经逝去的青春，享受美好的生活。这，是徐英瞻的老年梦。

金东方成就了一段好姻缘，这段姻缘也祝福了金东方——他们成为在金东方喜结连理的第一对新人！（2015 年）

在美国养老十七年后，他们选择了回归

刘　洋

"爸，你跟妈妈以后不要在食堂吃饭了！天天吃食堂……食堂饭菜能有营养吗？卫生状况能不让人担忧吗？"沈大爷听着电话那头女儿的抱怨声，无奈地看着老伴儿，忽然不知道该怎么把事情说清楚。

女儿远在美国，自从把父母安排到金东方以后，她已经两个多月没有见到他们了。每次在电话里听父母说在食堂吃饭，她就觉得心烦意乱。父母跟随自己在美国生活了十七年，十七年前他们在美国工作，身体硬朗，生活条件也不错。后来退休了，就住进了美国 CCRC 社区，也是自己单独烧饭吃。没想到现在回国住进金东方，竟然天天吃食堂！

女儿心中甚至有些愤怒，她是个孝顺的女儿，放心不下父母的她决定立即回国看看。

沈大爷也很无奈，既然跟女儿说不清楚，就让她亲自回来看看也好。十七年前，沈大爷举家从无锡移民到美国，向往的就是精彩的生活。如今他们拥有了殷实的物质基础，也该好好享享清福了。原以为就这样在异国他乡安度晚年，没想到一次与朋友的聚会让他们改变了初衷。

聚会上有人告诉女儿，常州有个叫金东方颐养中心的高端老年社区，能为老人提供"一站式、一条龙、全方位、全天候"的高端服务，而且价格不贵。由于是熟人介绍，女儿没作详细了解便全信了，再加上这几年老人思乡之心愈发浓烈，她便托人把父母送回国内，到金东方养老。现在听说父母天天吃食堂，她又放心不下了。

11 月 29 日晚，女儿一下飞机便马不停蹄地赶往金东方，这还是她第一次到父母的新家。汽车在高速公路上飞驰的时候，她的脑海里还无数次闪现父母的窘境，心中不免有些凄凄惨惨戚戚。尽管父母在电话里总是说金东方如何好，但她还是放心不下，她觉得父母是怕自己担心而编织了善意的谎言。所以，她要眼见为实。

到达金东方的时候，天已经黑了。远远地看见一座圆弧形建筑在湖面上耸立，蓝色的屋顶在夜空下闪烁，橘黄的灯光勾勒出一幅温馨的画面。女儿的心忽然温暖起来——在这个略带寒意的夜晚，这里正弥漫着祥和的气息。

见到父母的那一刻，她竟然有些惊讶。父亲满面红光，气色很好，母亲两个月前是坐着轮椅过来的，今天居然可以拄着拐杖自己走路了。

父母看着女儿，眼神里透着慈祥。他们的脸上写着幸福，还有些自豪。

"怎么样，女儿，爸妈没骗你吧?"沈大爷说，"这里就是好!"

"喔……好!"女儿一时有些语塞，一路想好的台词忽然派不上用场，心中的疑虑渐渐消去。看来父母说的是真的。

"饿了吧，我们去食堂共进晚餐。"爸爸笑着说，"你也顺便考察一下我们食堂的饭菜。"

"好!"女儿表示同意。女儿是忙里偷闲赶回来看望父母的，由于三天后又要返程，她今天还真想看看这个让父母变得不想烧饭的食堂。

在中央会所二楼，可容纳数百人同时就餐的营养餐厅里灯光璀璨，人影绰绰。很多会员已经开始进餐了。沈大妈找了个靠窗的位置坐下，沈大爷带着女儿去打菜。金东方理事长金建勇也在这里用餐，看到沈大爷一家前来就餐，他客气地站起来招呼大家一起吃。

餐厅领班小王清楚地知道沈大爷和大妈的饮食习惯，热情地向他们介绍了今晚的菜肴，还特意交代服务员给沈大爷的饭要多盛点，因为他饭量不错。大爷挑选了大妈和女儿爱吃的菜，服务员帮着把餐盘端了过来。

坐在金理事长旁边，女儿显得有些拘谨，尽管早就听父母说过这里的管理人员很友善，但她还是有点没适应过来。父母在美国 CCRC 社区生活了很多年，那里的管理人员可没这么客气。母亲每次提到美国的服务员的时候，都有些抱怨，说他们有种族歧视。母亲说现在好了，都是黄皮肤，谁也不会歧视谁了。

大爷大妈在这里天天享受贵宾般的待遇，服务员个个都像自己的亲闺女似的。

理事长没有一点架子，总是一脸善意的微笑，女儿已经在心里盘算着给金东方打了高分。再看看服务员端上来的饭菜，精心搭配的菜肴盛放在金黄色的餐盘里，有绿的、红的、白的、酱色的，品种很多，一切都那么熟悉……

抬头看看四周，忽然发现餐厅环境竟然也如五星级酒店一般。刚进门时一心想着爸妈的事，没有过多在意。现在一边就餐一边欣赏，竟别有一番感慨。

偌大的餐厅装修得温馨而舒适，咖啡色的地毯点缀着蓝色和米色的方格，洁净的餐桌搭配乳白色的桌布，橘色或蓝色的靠背椅摆放得恰到好处，晶莹透亮的大吊灯发出明亮而柔和的光，三三两两的会员聚在一起边吃边聊，一切都这么祥和温馨……

"来，尝尝我们这儿的营养餐怎么样。"理事长笑着说。

"好的!"女儿应声道。

从美国一路赶来，心里一路念叨着爸爸妈妈，也没顾得吃点什么，现在香喷喷的饭菜就摆放在面前，女儿这才发现自己真的饿了。

拿起筷子尝尝爸爸帮她挑选的菜品，刚放进嘴里，心就被融化了，果然是久违的家乡饭菜香。

香! 女儿心里想着。再想想前几天在电话里对父母的埋怨，又后悔自己当时太武断。吃着熟悉的家乡味，忽然又是鼻子一酸，这可口的饭菜里，渗透的正是妈妈的味道。

……

三天后的早晨，女儿在父母的新家睡到自然醒。这两天她陪着父母又仔仔细细参观了金东方的角角落落，看遍了，了解透了，心里也踏实了。启程返回美国的时候女儿拥抱了爸爸妈妈，没有过多寒暄，她有些霸道地说："爸，我现在放心了，你和妈妈以后再不用辛苦地自己烧饭了。金东方的食堂是真心好，你们以后必须在食堂吃!"（2014 年）

203

我要把百部世界名著嫁给你

刘　洋

昨天下午，会员张瑞芬推着小推车，把一百本世界名著放进了金东方颐养中心的图书室。没有喧哗，也不需要仪式，张阿姨看似平静的脸上带着微笑，内心深处却似嫁女儿般庄重。

她说书皮的颜色过于单调，让姑娘们用红色的丝带把书捆扎好，再配上蝴蝶结好好地打扮一番。这样，她可以让这些书漂漂亮亮地"嫁"进金东方图书室。

帮助整理书籍的丈夫史选举最理解她的心情。从当初兴高采烈地买书回家算起，它们已陪伴她度过了十余个春秋。不仅如此，从河南濮阳辗转千余公里到达常州，乘火车，转汽车，厚重的书本跟随他们搬家四进四出搬上搬下，也实属不易。

张阿姨来自河南，是个热心肠的人。对于园区的管理，她时常会提出自己独特的见解。上次召开"共同建设美好家园"动员会的时候，她就产生了捐书的念头。自小有爱书的情结，因此她家的书架上总少不了各式各样的书籍。

谈到捐赠的初衷，张阿姨说："金东方倡导共同建设美好家园，我有两点想法。一是想与兄弟姐妹们分享阅读的快乐，二是把书交给金理事长带领的这帮优秀团队管理，我放心。尽管金东方不缺这点东西，但我是大家庭的一员，我要奉献一份自己的力量。"除了捐书，张阿姨还把自己订阅的四份报纸也顺带捐了出来，一份《扬子晚报》，一份《常州晚报》，一份《参考消息》，还有一份《常州新周刊》。

在金东方，像张阿姨这样的热心会员还有很多。三五个伙伴聚在一起谈天论地，最多的话题，莫过于金东方的精彩生活。每每看着大家乐在其中，喜不自胜的样子，我们总会感到由衷的欣慰……（2015 年）

常州有个旗袍美人

刘　洋

一身合体的旗袍，一双高跟鞋，满头银发，走在大街上的回头率绝对百分之百。以前她常常脚蹬高跟鞋，从吊桥路上的家步行到北大街的女儿家，那是一道动人的风景。最近，这道风景突然从街坊们的视线中消失，不知去向！

"旗袍美人"去哪儿了

风景的主角是蒋碧华，85岁的她是本市女检察官纪萍和众多"粉丝"们心中的"旗袍美人"！

她去哪儿了？"粉丝"们开始寻找，街坊开始打探，化龙巷里网友在发帖，电视台也想要采访她……

正当大伙儿苦苦寻访之际，有人惊讶地发现，她搬家了！

是的，她搬家了。

在西太湖畔的金东方颐养中心，记者找到了蒋碧华奶奶的新家。她依旧打扮时尚，家里布置得温馨舒适，再次出现时她的脸上泛着红光，可以看出，蒋奶奶过得比以前更潇洒，更滋润！85岁了，还能叫"旗袍美人"么？没错，一举手、一回眸，俏皮、生动，她自小就擅长针线活儿，最让人惊叹不已的，当属她缝制旗袍的绝活儿。

"我是追求精彩生活的人。我以前悄悄来金东方看过，觉得这里很好，就和老伴把家搬来了。住了一段时间，感觉确实比想象得还要好，我们来这里是来享受精彩的新生活的！"蒋奶奶言语之间流露出对生活的满意，一边赞美一边拉开话匣子，话题一下就穿越到了六十多年前……

刘家娶了个巧媳妇

讲到往事，蒋奶奶记忆力好得惊人，一边说还一边忍不住笑，因为有些事情过去这么多年，现在想想，真当好笑的。

20岁那年，蒋碧华刚刚嫁入刘家，婆家人并不清楚她的手有多巧。

当时婆婆买了块毛料，小媳妇蒋碧华一剪刀下去就开始裁剪，婆婆慌了，"这是娶的什么毛手媳妇啊？你知道我这块料子是多少担米换来的啊！"小媳妇只得罢了手。婆婆请了一个裁缝师傅到家来做，裁缝在外屋给婆婆算用料，说是料子不够，小媳妇躲在里屋听到耳朵里，知道这裁缝揩油了一双鞋面，那时的毛呢料可金贵着哪！她和婆婆说了，婆婆将信将疑，但还是放手让她去做了这件衣服。结果，衣服做好后，刘家娶了个巧手媳妇的消息就传开了。后来好几年，只要碰到婚丧嫁娶的大事儿，亲戚都来借这件衣服穿。

20世纪五六十年代谈恋爱，男方流行要女方做一双鞋送给自己，看看娶的是不是一位心灵手巧、贤良淑德的妻子。由于蒋碧华有一双巧手，她的很多小姐妹都找她帮忙做鞋。有一个小姐妹，男友是外地的，要求女方送一双鞋。小姐妹就找到蒋碧华，央求她做了一双鞋面寄给了男方。后来朋友结婚后，她丈夫家里的亲戚朋友都想做这鞋，来找这个朋友做，她朋友这才说了实话，"这鞋不是我做的呀，就算去上海也买不到这么好的。"

因为手巧，20世纪60年代，就有单位劝蒋奶奶"跳槽"。她的单位隔壁是当时新光服装厂的门市部，有一天，门市部经理找到她，说："我们厂要找你算账了，被你害惨了。"原来有不少顾客拿着衣服来，要求依样订做，可他们哪里做得出来呢？门市部一问才知道，都是隔壁厂里有个叫蒋碧华的人自己设计制作的衣服。"这样吧，我们也不跟你计较了，要不你来我们厂上班吧，工资给你现在的双倍。"蒋碧华回单位一说，领导死活都不肯放人，这件事才作罢。蒋碧华的巧手渐渐出名了，不仅在常州出名，甚至台湾东森电视台也慕名采访了她。

一位日本商人相中了蒋碧华的手艺，想高薪聘请她去日本传授技艺。面对丰厚的报酬，她态度严肃地拒绝了："我不去！解放前你们杀了我们那么多人，我绝对不去！"当翻译把蒋碧华的意思转告给日本人时，对方竟一时哑然。

有点"牛"的老太太

有一次，蒋奶奶跟着子女坐汽车到苏州玩。既然到了丝绸之乡，就得去旗袍店。蒋奶奶随意走进街口的一家店，刚看一眼就直言："师傅，你这个旗袍做得不太到位啊！"裁缝师傅是个40岁左右的中年人，一听这话不高兴了。"来来，我来给你看看怎么做一件真正的旗袍。"说着，蒋奶奶在裁缝师傅正做着的一块面料上飞针走线起来，才缝了几针，裁缝师傅就知道今天碰到行家了。一问才知，眼前这位银发老太太做旗袍已经有60多年的历史了。不仅是普通旗袍，她还做过湘沅纱、蚕丝、绉纱面料的旗袍，甚至做过生丝面料的，要一边裁一边用牙刷蘸水刷的旗袍。直听得裁缝师傅满脸惊讶。

还有一次，蒋奶奶在上海的南京路步行街一家旗袍店看中了一件暗白底粉花旗袍，一问价格，要卖1 100多元。细看手工，蒋奶奶又觉得看不上眼了，光看盘扣就不行，捏上去软咚咚的，这样的纽扣洗几次就会变形。营业员不服气，请出店里的高级裁缝师傅，一交流，师傅折服了。后来，蒋奶奶在苏州看到了和南京路那款旗袍相同的面料，买了回来自己动手做了件一模一样的。老太太得意地说，成本一共才花了200多元。

前几年的一个国庆长假，女儿刘琦平带着父母去饭店吃饭，快要排到的时候，刘琦平发现老太太不见了，找了好久才发现老妈正被一群年轻人团团围住，有的张罗着要端茶给老太太喝，有的在问她身上的旗袍是哪里买的，那阵势，俨然是明星遇到了粉丝。

在蒋奶奶家，她随手拿出一件漂亮的衣服展示给记者。她说有人在电视上看到潘虹穿了这样一件衣服，觉得很漂亮，就向她推荐。于是她就买了布料做了一件，并且在袖口处还做了改进，结果这件比潘虹的那件更漂亮。她说她让很多人猜过这件衣服成本价多少钱，谁猜对了就把衣服送给谁！

女儿落选三好生

蒋奶奶有4个孩子，加上2个大人一家6口人，全家人的衣服全是她一针一线做出来的。

小女儿刘琦平记得，小时候家里条件不好，穿的衣服往往是妈妈用大人的旧衣服改的，但每件衣服都很精致好看。因为"穿得太好"，被同学嫉妒，虽然成绩很好，却因为"资产阶级思想"这个理由落选了三好学生。她哭着回家和妈妈说，妈妈去学校找老师评理，"小姑娘穿得好看点，也有错吗？"可那个年代就是这样不可思议。

长大后，刘琦平在美国留学期间，带去了好几款妈妈亲手做的旗袍，美国的教授和同学称赞说，"太美了！"当听说是一个80多岁的中国老太太亲手制作时，不由得发出一片赞叹。刘琦平还穿着妈妈亲手做的旗袍，在白宫前留下了永恒的纪念。

如今女儿刘琦平是一名检察官，她依然爱穿母亲一针一线手工制作的旗袍。和刘琦平一同并肩战斗的很多常州女检察官们，也同样喜爱漂亮的旗袍。母亲的旗袍，每一件都充溢着暖暖的母爱，每一件都是珍贵的艺术品……（2014 年）

同济老教授情归悠然

刘 洋

92 岁的常州武进马杭人宋开欣是同济大学的老教授，自 1953 年复旦大学毕业进入同济大学物理系任教开始，他数十年如一日奋战在教育战线上，乐此不疲，共和国的教育事业也因此深深地融进了他的生命。

5 月 16 日记者在金东方颐养中心见到他时，他正在和晚辈们一起为老伴庆祝 94 岁生日。虽然夫妇俩都已步履蹒跚，话也不多，但彼此顾怜的眼神和相互搀扶的背影却让人产生了情不自禁的感动。

宋开欣出生于武进马杭的一个普通人家。儿时在常州和苏州有过不平凡的求学经历，多次辍学后，他当了 8 年小学教员。直到新中国成立，他考上了复旦大学。大半个世纪以来，他把毕生精力全部献给了教育事业。曾先后任同济大学物理教研室副主任、上海高等院校物理协作组副组长、上海高等院校物理电视教材编委会委员、国家教委主办的《工科物理》主编等职，主要从事大学物理教学及国家教委工科物理课教材的编写工作。

谈到职业生涯，老教授睿智的眼神里闪烁着骄傲的光芒："我非常热爱教育事业，也许这与我从小曲折的读书经历有关吧。可惜现在年纪大了，要不然我真不想从讲台上走下来。"

宋老清楚地记得，"文革"期间学校的正常教学秩序被破坏，学生们都跑出去搞串联，他和许多有责任心的老师一边守着学校保护设备，一边还要尽力维护秩序保护学生安全。"文革"结束后，百废待兴，教材、课本都没有像样的。学校组织恢复教学，宋开欣一头扎进"文革"后第一本全国通用物理教材的编写工作中。这一写，他就在教育战线上写下了自己一生的光辉事业。

如今虽然已经离开讲台多年，宋老依然关注我国教育事业的现状和发展走向。"我的一生注定要献给教育事业！"他说。女儿去了美国，他和老伴并不想去——他们想回到曾经生活过的地方，叶落归根。

今年 4 月，侄子宋春洪把他们安顿到了金东方颐养中心，这里环境怡人，服务周到，医疗也有保障。在大都市生活久了，忽然走进一个世外桃源般的养老圣地，老教授感到如释重负。

生活了一个多月，每天呼吸着新鲜的空气，品尝着可口的饭菜，陪伴老伴在风景如画的金东方散散步，老两口感到很惬意，一种从未有过的踏实感，也油然而生。

也许在老教授的心里，人生的最高境界，事业莫过于教育，生活莫过于悠然。(2015 年)

农耕文化立传者

刘　洋

在农村近40年的生活经历令他对农村、农民有着难以割舍的情感，让美好的乡愁"定格在纸上，停留在胶卷上，延续在心间"是他的愿望。他历时20载为农耕文化深情立传，年届80高龄依然笔耕不辍，为常武地区的乡土文化留下了活色生香的"标本"。他是曾任金坛市文联主席、金坛日报社党组书记、总编辑的沈成嵩。记者在金东方颐养中心采访了这位老报人，走近他的退休生活。

挥之不去的乡村情结

"13岁入金坛中学读书，16岁参加工作，先在农事部门供职多年，后又调入宣传文化部门，直至退休。"沈成嵩十分和气地介绍自己，老人笑起来声音朗朗，落地有声。他说自己"人老了，就喜欢从100多本旧日记里'翻仓库'，看看'陈芝麻，烂绿豆'，然后'推陈出新'，整理成文。"

他追忆说，20世纪50—80年代，自己驻生产队做农村工作，一年中一头扎在农村的时间总有3个月至半年，和农民交上了朋友。三年困难时期，自己和农民一起忍受饿的煎熬，躺在农家的稻草铺上，一米七〇的个头瘦得不到80斤，是农民大娘每天拿来的山芋、鸡蛋，让自己在死亡线上走了一个来回。

回忆往事，他抑制不住地心生慨叹："少小离家老大回，乡音无改鬓毛衰。少小离家，乡音未改，低头思故乡，但故乡何在？故乡已经回不去了。"他感叹，10多年间，中国360万个自然乡村，有三分之一的乡村被推土机推倒，经济发达地区一半的乡村已经消失了。

报恩不忘乡村和农民。他创作并发表了大量热情讴歌乡情、乡韵的作品。从1995年出版《洮湖短笛》到目前为止，近20年内，沈成嵩关于农耕文化的书已经出版了10本，今年甚至一口气出了4本。《洮湖短笛》《洮湖散记》《洮湖烟雨》《江南乡村民俗》《稼禾记忆》《农耕年华》……每本都是常武地区的乡音、乡愁、乡韵，1 000多篇文章、近200万字由他的手洋洋洒洒倾泻而出。

鲜活风情入书来

"'芒种'是一年中农人最忙的季节，此时，麦要收，豆要摘，茧要采，秧要插，油要榨，场要压，肥要运……"农村司空见惯的荷锄耕耘、蛙鼓蝉鸣，在沈成嵩的笔下，处处生动，情趣盎然。这些作品中，追忆了乡村记忆里的古井、老树、篱笆墙，再现了江南祖坟、祠堂、石桥、长亭、老街坊，复原了黄莺翠柳、紫燕绕梁、杏花春雨的景象。

在他的作品《农耕年华》中，还大量介绍了与农村生活息息相关的农时节气、农家菜肴、各式各样的农具：水车、推乌头、沤制草塘泥、打连枷、消夏……妙趣横生，乡土气息十分浓厚。第一版5 000册书在全国书展上一推出，就被农家书屋抢购一空。

一些已经成为历史甚至已注定要消逝的事物，也被他用文字转化成记忆。在《乡贤记忆》里，记载了农村的72类人物，都是生活在底层的草根代表，包括生产队长、记工员、放水员、耕田手、养猪员、蚕娘、船娘、铁匠、木匠、瓦匠、石匠、茅匠、大队书记、妇女主任、乡村邮递员、乡村教师、下乡知青等，他的笔下复原了这些人的精神气质、行为趣事，也记录了他们的弱点和艰辛，饱含着对人间冷暖的关怀。这一系列作品一经推出就受到了广泛关注。

收集农谚记住"乡愁"

文学大师汪曾祺曾作《十二月葡萄小令》，沈成嵩笑称自己"步其后尘"，试作《十二月农事小令》，这首小令含蓄凝练，从正月数到十二月，社鼓催耕、麦哨声声、养蚕插秧等农耕形式在字里行间汩汩流淌。

"暑处头上下阵雨，粒粒都是下白米""伏天不热，五谷不结""吃了端午粽，就把蒴来送""伏天不烤稻，秋后要懊恼"……在农村驻队时，农民们口耳相传的农谚农歌，给沈成嵩留下了深刻印象，至今提起来，仍如数家珍。他说，农民是最懂传统文化的，农谚包含丰富实用的信息，直到今天也有许多值得借鉴的地方。"如果不整理出来就太可惜了！"

在农业农村部有关领导的邀请下，他与另一位农业文化专家吴镕投入《中国农谚精选》的编纂中，从全国征集的48 000余条农谚中遴选1 200条，进而在全国广泛推广。经过近一年的收集和编写，作品即将脱稿。

退休之后的他，一边创作，一边陪老伴修身养性，颐养天年。三年前他们看中了金东方颐养中心，他笑称自己要"老来三练"，也是"老来三乐"：以写作为伴，以散步为乐，以美食调趣。丰富的精神生活能让他们身心愉悦，晚年生活也会越过越有味。

经过三年的等待，沈成嵩夫妇终于如愿以偿住进了金东方颐养中心的新家。在家门口的过道里，他们摆满了各色鲜艳的盆栽花，很漂亮。夫妇俩的退休生活充满阳光，脸上总保持着如花般的笑容。

谈起入住金东方近四个月以来的感受，沈老拿出纸和笔，说要写下来。不出十分钟，一篇《入住金东方有感》一气呵成。写罢，又大声朗读一遍，这才满意。

附：入住金东方有感（作者：沈成嵩）

入住金东方，已近四月，这里既是人间乐园，又是颐养中心，出了家园，就进花园，花开花落不间断，一年四季都是春。

金东方地处苏杭，是"天堂的天堂"，完全具有古代文人笔下的江南特色：小桥流水人家，杏花春雨江南。特别到了春天，莺飞草长，蝶舞蜂飞，春色迷人眼；柳绿桃红，春光明媚，百花斗芳菲。

金东方地好，人更好。入住户来自五湖四海，不是亲人，胜似亲人。特别是服务人员，微笑服务，真诚服务，使入住户真正过了一把"上帝瘾"。

老人身心愉悦，笑口常开，每天都能煲"心灵鸡汤"。常住下去，一定能延年益寿。（2015 年）

焦祖尧的乡愁

沈成嵩

在塞北工作了60多年的焦祖尧，带着妻儿回到了大运河畔，江南水乡。在风光明媚，莺飞草长的金东方花园落户。他到山西工作一甲子，但乡音未改，说一口地道的武进乡音，和颐养天年的老人在一起说乡情、乡俗、乡韵、乡愁，回忆儿时的童趣，在麦田里吹麦哨，偷蚕豆，在竹园里挖笋，在大河里扑腾，一面啃着偷来的瓜，一面躺在水面上看蓝天、白云。

他回忆淹城中学的何老师在课堂上用常州方言如痴如醉地吟诵白居易的《琵琶行》："我闻琵琶已叹息，又闻此语重唧唧，同是天涯沦落人……座中泣下谁最多，江州司马青衫湿"，课堂上一片寂静。

夜晚，上完晚自习，焦祖尧回到宿舍的危楼上去。此刻，月上竹梢头，在学校宿舍旁的院墙内总会传来一阵阵凄凉的琴声，如泣如诉，这是孤儿院的一位半失明的女教师弹奏的，她每晚都在弹奏，都在倾诉。焦祖尧走在咯吱咯吱的木楼上，倚着栏杆倾听。皓月下，琴声委婉而凄清，似乎总在诉说，总在企盼，总在寻找知音。此刻，焦祖尧想到了自己的母亲，听着听着，便会流出了眼泪……

焦祖尧的乡愁散文，写得最多的是自己的母亲。他6岁那年，便被送到了外祖父家去上学，外婆早逝，外祖父被生活重担压得寡言失语，性格乖戾。他对小外孙管教得十分严厉，发火时，两眼一瞪，常使小焦心惊肉跳。两家相隔虽然只有五六华里，但星期天、节假日，外祖父不让他回家，连暑假和寒假也要他看瓜看萝卜，他说：有出息的细佬总不能挂在父母的裤腰带上，从小不吃苦，长大也不成人。

闲时，焦祖尧在瓜田里发呆，忽然，一朵白云飘过来了，飘啊飘，眼见着飘过了头顶，飘到了自家的村庄，飘到了自家的竹园、院落、晒场、河码头。他看见了小伙伴们在竹园里玩耍，他看见了妈妈在河码头上淘米、洗菜。他想起了每到秋风起，黄叶飘零，每当夕阳西下，晚霞满天，耳旁总会响起一声声母亲的呼唤："细佬，回来吃夜饭啦""细佬不要野啦，不要疯啦，鸡都上窝了，快回家吧……"

焦祖尧在常州给家乡赠书的仪式上说："我在北方工作，吃过不少面食，按理说做面食是北方人的强项，但我认为最好的面食是自己母亲摊的满锅饼，那饼薄脆脆、黄灿灿、香喷喷，要你相信，就是好吃。"

焦祖尧在一篇文章中写道："过年杀猪就是欢乐的日子，杀了猪，猪肉卖钱，猪头用盐腌过，吊在房檐下风干，到了大年三十，早早把猪头在河里洗刷干净，下锅煮几个小时，到晚上便熟了，香气四溢，用方盘端了供过祖宗，母亲便开始拆猪头。这时，我们兄弟姐妹都围在娘身边，像一窝小鸟张着嘴等待老鸟喂食。

"对我们来说，这是最快乐也是最幸福的时刻，母亲撕下一小块肉，塞在哥哥嘴里，再撕一块肉塞在姐姐嘴里，一个个轮下去，猪鼻里的软骨和两只眼睛不属'统配物资'，软骨归了哥哥，眼睛就归我享用，娘说：吃了眼睛胆子就会变大。

"看着围在她身边的一张张小油嘴，母亲脸上就有了真正的笑容，这是一年中全家人最开心的日子，长大后，兄弟姐妹聚会在一起，弟弟说，吃什么样的肉也比不上大年三十母亲塞到嘴里的猪头肉香。"

焦祖尧在《头发》一文中深情地写道："初到北方，一切很陌生，格外想念老家，想念母亲。一天早晨叠被子，发现被里布上有一根长长的头发，和纬线一起织在布里了。

"毫无疑问，这是母亲的头发，这条被里还有床单，都是母亲种的棉花，母亲纺的线，母亲在土机子上一梭一梭织成的布做的。我的耳边就响起了母亲在油灯下纺纱和织布那单调的声音。母亲并不觉得那声音单调，她对日子和子女的希望，就在这单调的声音中，纺进纱里织进布里，去温暖和庇荫子女。

"母亲不会讲什么大道理，她走完了她朴素的一生，她到这个世上来就是为了把自己的一切奉献给子女，让子女能很好地为社会服务。她用奶汁喂养了我，用心血浇灌了我，却不要任何报答，细细想来，这就是伟大的母爱，做人的道理也都蕴含其中了。"（2016 年）

两个文坛老友的殊途邂逅

刘　洋

这个冬天，对于年逾八旬的作家沈成嵩来说有些忙碌，但收获无疑是颇丰的。一边是给习总书记邮寄书稿得到回复，一边是农耕文化研讨会的成功举办，然后又是到电视台录制节目接受专访。还令他感到欣慰的，就是在金东方遇到了久未谋面的老友——焦祖尧。

焦祖尧是山西作家中从 20 世纪 50 年代开始文学创作并在文坛产生影响的代表人物之一。历任山西省作家协会主席、党组书记，全国第八、九届政协委员，中共十三大代表，中国赵树理研究会副会长，中国作协主席团委员。他的作品数不胜数，著名小说《跋涉者》获首届人民文学奖、全国长篇小说乌金奖、第三届《当代》文学奖、赵树理文学奖一等奖，当年曾被 16 个省的电台演播。

一个在山西，是颇具影响的文学泰斗，一个在江苏，是农耕文化的领军人物。说起"老友"，其实只在四十年前的上海电影制片厂见过一面。匆匆一别，此后各奔东西。多年后的今天再次相见时，二老均已头发花白，年至耄耋。尽管如此，惊人的记忆力让他们都还对当年的上海之行印象深刻。

巧的是，四十年后殊途邂逅，两位老人竟然不约而同搬到金东方颐养天年。焦祖尧在二号楼，一家五口人同住，沈成嵩与老伴住六号楼，两家相距不过百米。从风华正茂到耄耋老者，谁都没有想到，这两位在当今文坛响当当的老者各自走过千回百转的人生路之后，会在今冬成为邻居。聚首金东方，大概是上天的安排。

在焦祖尧的新家，夫人孔维心早早在楼下恭迎客人来访，焦老行动略有不便，则在门口守候。握手，落座，没有多余的客套，二老便拉开了说不完的话匣子。

不同的人生轨迹，不同的兴趣爱好，却并不妨碍二老轻而易举找到共同的话题。看得出，他们都很健谈，也都是性情中人。从高晓声到赵树理，从汪曾祺到陆文夫，这些在笔者看来只在书本上见过的名字，却是二老聊资中颇为熟悉的旧友或故人。

"原来向阳是你的儿子？"闲谈中焦老看着沈老，似乎有了新的发现。

一年多前，沈成嵩之子沈向阳为焦老写过一篇专访《"我的人民是上帝"》给焦老留下深刻印象。于是两人又多了一层亲密关系，聊子女，聊家常，聊健康……越聊越投机。从二老略带兴奋的语速和眼神里，笔者感受到了当代文化传播者对美好生活的挚爱。

沈成嵩告诉焦祖尧，住进金东方就等于找到了幸福归宿。他现在每天关心的，除了那两垄菜地，还要写下千余字的短文。得知焦老近年患有帕金森症，手脚抖动得厉害，热心的沈老为他推荐了治疗秘方——蚕豆壳治疗法。

"很见效，试试看！"沈老的话让焦老和夫人颇为振奋。

而与沈老同龄的焦老近年因身体抱恙不得不"解甲归田"。这位曾在山西文坛一呼百应的老人，如今只想"打打麻将"安享晚年。

"写不动了！"他说。

安享晚年。难怪沈向阳在专访里引用了北岛的诗句："你把一首诗的最后一句，锁在心里。"或许，这是对焦老暮年心性的最好诠释。

临别之际，沈老送上了自己的书和两罐茶叶略表心意。焦老接过书，对茶叶推辞一番又欣然接受。

做了邻居，来日方长。（2015 年）

颐养老人的乡愁情结

沈成嵩

常州金东方颐养中心建在风光明媚的西太湖旁，园内，看得见山（小山），望得见水，记得住乡愁。

住在这里的老人，既是生活在城市，又是生活在乡村。说是城市，这里高楼林立，水电齐全，过着现代化的生活；说是乡村，这里既有杏花春雨江南，又有小桥流水人家。

金东方老人走出家园，就进花园。冬有腊梅秋有菊，春有桃梨夏有荷，虽说没有百花齐放，但几十个品种的花花草草还是有的。一年四季，鸟语如歌，蜂飞蝶舞，虫声如雨，蝉鸣蛙鼓。老人在绿荫下呼吸着清新的空气，沐浴在阳光里，享受着和煦的春风。园外，酒旗高挑，鸡鸣狗吠人家。站在楼上的住宅内，能见到金黄的油菜花，翻滚的麦浪，品味着稻花香里的丰收年，好一派绿色、环保、低碳的田园风光。

老人在这样的环境中生活，就仿佛回到了童年的乡间，激活起儿时的记忆，想起了古村、古树、古祠堂，想起了石桥、长亭、牛车棚、河码头，想起了冬季的稻草堆和夏日的乘凉场，想起了上学路上的小伙伴和池塘里的打水仗，想起了吓丝丝地牵着妈妈的手哭着躲着开学上学堂，想起了兴冲冲地骑在父亲的肩膀上叫着喊着逛庙会赶集场；想起了合家团聚，除夕之夜的年夜饭和温馨的烛光……

金东方颐养中心的领导，深知老人每逢佳节倍思亲，到了节日，就准备了元宵的汤圆，端午的粽子，中秋的月饼，老年节的重阳糕，还有每月一次的"生日蛋糕"祝寿会，让老人找到"合家欢"和"亲情乐"。一位来自北方的老人吃着月饼深情地说："身在异乡如家乡，不是亲人胜亲人，金东方就是咱们的家。"

许多老人，伴随着新中国的社会主义建设，由青年、中年而步入老年，他们回忆往事，感叹颇多。搞过农业合作化的同志说：农民组织起来，栽富苗、拔穷根不容易啊，在那卖掉母鸡换良种、开山炸石建猪房、千里奔波选耕牛、锯掉寿材造农具、卖血集资作农本的岁月，就是活脱脱的一部创业史啊。有些参加过"四千四万"办乡镇企业的老人说：我们就是要在"小桌子上唱大戏"，靠船小掉头快的优势，白手起家创家业，硬是让"泥腿子老乡"作出了农民办工业的这篇大文章。

许多老干部、老军人、老工人、老教授、老工程师、老文卫工作者也回忆起峥嵘岁月的创业经历，他们说，在共和国的大厦里，有我们添的砖、加的瓦、拧的螺丝钉，党和人民没有忘记我们，让我们在金东方颐养中心享受到"老来福""老来乐"！我们要知恩感恩报恩，发挥余热，传播正能量，为人民再立新功。这真是有诗为证：

> 碧水蓝天金东方，
> 花红草绿歌绕梁；
> 入住五星养老村，
> 人间仙境福寿堂；
> 记住乡愁不忘本，
> 感谢人民感谢党。

（2015 年）

养老若如金东方

刘　洋

都说家有一老，如有一宝。精彩生活不是年轻人的专属，退休后的老年人更应该活得漂亮。9 月 15 日，生活在江苏省常州市武进区金东方颐养中心的老年朋友们用一台自编自演的中秋晚会诠释精彩的退休生活，引起了笔者的极大兴趣。

晚会上，金东方的会员们自编自导自主持，吹拉弹唱样样在行，来自全国各地的老人们聚集在一起过中秋，俨然一个相亲相爱的快乐大家庭。子女在国外的老人拿起视频电话，现场连线，让身在国外的子女参与互动，气氛十分热闹。常州市侨联主席李音强用一首诗朗诵《乡愁》把会场气氛推向高潮，老人们也在自娱自乐中开心不已。

侨联主席之所以出现在老人们的中秋晚会现场，是因为这里有近百位老人都是子女在国外奋斗的侨胞。由于年龄、居住环境、经济收入、身体状况的不同，老年人的养老心态及养老方式存在差异。但是以社区提供服务为依托的居家养老是大多数老年人的选择，认同度较高。老年人希望由社区安排人员上门提供服务的需求十分强烈，尤其是还没条件享受政府补贴居家养老的广大老年群体，希望更多地依托社区得到专业化的服务，以满足护理服务、生活服务和精神关怀等方面的需求。

尽管对养老品质有较高追求的老人已不在少数，但目前国内养老设施落后，养老队伍建设亟待加强，高品质、全方位、一站式的养老服务并不多见。像常州金东方这样设施齐全、服务周到、管理成熟的高品质养老社区更是凤毛麟角。

在金东方颐养中心，负责人金建勇对目前的运营状况表示满意。金建勇说，金东方要打造的是一种全新的养老生活方式。如今时代在变，经济高速发展，生活水平不断提高，年轻人不断开创新的生活方式，老年人也要与时俱进。给老年人更多更好的物质文化满足感，让他们在晚年充分享受生活幸福。

金建勇说，我们引进国际先进养老理念，确立"中国第一、国际接轨、世界一流"的养老目标，必须处处为老年人着想，力争把高品质的养老服务工作做到极致。

金东方项目占地面积265亩，总投资23亿元，建设老年公寓和公共配套设施两个部分。其中老年公寓部分建设1 800套老年精装养老住宅，公共配套设施部分建设文化娱乐中心、生活服务中心、医疗护理中心、商业服务中心。金东方医院是一家民投公助、托管运营、医养结合的医院，设置床位500张，由常州市第二人民医院托管；金东方护理院设置床位500张。自2014年首批会员交付使用以来，金东方受到社会各界和用户的广泛好评，得到各级领导的充分肯定，得到入住会员的广泛赞誉。

目前，金东方颐养中心已经入住老人2 000余人，很多著名专家、知名学者纷纷慕名前来入住，选择到金东方养老。他们在这里自发组织文体俱乐部，成立了23个协会组织，开展形式多样的文化娱乐活动，充分满足了老人退休后的精神文化生活需求。（2016年）

新版陈奂生上城

刘　洋

他善良、正直、勤劳、憨厚，"干起活来，像青鱼一样，尾巴一扇，向前直穿，连碰破头都不管。"

这是作家高晓声笔下的陈奂生，20 世纪社会变革时期的一位普通农民。虽然背负着历史因袭的重负而步履维艰，却终于迈出了走向新生活的第一步。

"我们就是当代陈奂生，今天我们也要上城了。"沈成嵩老人随意而风趣地说，"作为新世纪的老人，我们不再墨守成规，不想无趣地老去，我们要迈开脚步，大胆地追求幸福新生活！"

8 月 10 日，年逾八旬的金东方颐养文化研究会负责人沈成嵩老人率领他的"队伍"，向常州科教城进发！

"队伍"的成员，多是老教授、老领导、老技术人员等。

他们这个"组织"的全称是，金东方聊天养生俱乐部。

他们曾经在改革开放初期为国家、为社会奉献青春，为我国经济发展贡献力量。对于他们这样一群有文化、有思想、有丰富阅历的老人来说，退休后生活在金东方，精神生活涉猎极广。

这一次，他们把目光聚焦到"科教"。

在常州科教城，原常州市委常委、科教城党工委书记徐光辉热情地接待了来宾，并陪同参观了科教城的整体布局和多项最新科研成果。

座谈会上，徐光辉说，老领导、老同志是常州的宝贵财富，你们在改革开放奠基时期奋斗在一线，为夺取常州"工业明星城市"美誉做出了重要贡献。在此，谨致以崇高的敬礼！

徐光辉随后向大家详细介绍了科教城"十二五"发展情况及当前和"十三五"科教城发展思路目标，恳请老同志们提出宝贵意见和建议。

百闻莫若一见。

一下午，一路看，一路心潮澎湃。

老人们真切地领略到了常州科教事业的发展如火如荼，看到了年轻一代大有可为。

谈感受，他们自然有一肚子话要讲。

他们想起了自己曾经为之奋斗的那个年代。

他们畅谈常州的过去、现在和未来。

久违的豪情，被重新点燃。

老人们眼里闪烁的，是兴奋，是期待。

沈成嵩说，今日一行，我们看到了很多可喜的现象：一是看到了世界各地人才"孔雀东南飞"，二是看到了年轻人大有可为，三是看到了常州的未来和希望。也由此看到我们的社会、党和国家的未来！

蒋经宇、浦国荣、陈锡坤、吴克贤、钱湘元、管锦法、岳其大、胡继超、潘伟等先后发表感言，这些扎根常州数十年的老前辈，见证了常州近几十年的蓬勃发展。常州的辉煌与辛酸，在他们的心中五味杂陈。

感谢，常州这块土地！

哺育我们成长，

印下我们青春的足迹，

融合我们曾经抛洒的辛勤汗水，

也给予了我们，

能够幸福老去的地方。

如今，汗水凝结成果实。

留下的，

是高楼林立，

是经济发达，

是科技成果日新月异。

老人说，身临其境观摩常州科教城，近距离感受现代科技的魅力，大开眼界。

老人说，看到这些奋斗在科教战线的年轻人，甚感欣慰。

老人说，真是长江后浪推前浪，一代更比一代强。

老人的发言，真诚，谦逊，充满了正能量！

在高晓声的笔下，陈奂生是个极其普通的农民。他有美德，也有缺点。然而正是千千万万个陈奂生，以辛勤的劳作养育着国家、民族，事实上，他们是我国农村乃至民族的中坚。

聆听着老人们情真意切的发言，笔者也渐渐理解了沈成嵩老人把自己比作"陈奂生"时的心境。我想，居住在快乐的金东方，老人又常常想起了自己年轻的时候。（2016 年）

马师长的心事

刘　洋

　　眼睛高度近视，耳朵也不好使了，一颗红心却依然热情似火。家住金东方颐养中心的马焕青为国效力戎马一生，退休后选择了修身养性的田园生活。

　　在这里有人叫他马师长或马政委，也有人直呼老马，他都不介意。拥有大校军衔的马老没有一点架子，无论别人怎么称呼，他总会赶紧拉住你的手，报以一脸真诚的笑。

　　说起眼睛和耳朵，马老回忆起往事。从高炮连长到高炮团长，再到高炮师长，马老的军旅生涯与高炮结下了不解之缘。刚解放那阵儿，他所在的部队在福建驻守，整天与他们打交道的是那些震耳欲聋的炮声。久而久之，马老的听力就渐渐下降了。

　　"整天在野外拉练，那种炮特别响！"马老说。

　　那个时候的雷达系统不是那么先进，炮兵打飞机全靠裸眼观察。狡猾的敌机往往会从太阳出来的方向现身，于是训练时的模型机也要模仿敌机出现的方向。用裸眼逆视阳光，对视力的影响可想而知。

　　从一线指挥员的位置卸任后，马老被调到第一集团军当了调研员。尽管不再整天听炮声和看太阳，但已经严重下降的听力和视力却再也没法恢复了。对于身体上这些伤病，马老从未有过半点抱怨和不满，言语间依旧谈笑风生。在他看来，这些伤病恰似一枚枚印在身体上的美丽烙印，值得一生骄傲地珍藏。他很感激军队培养了他，并且给了他优厚的离休待遇。

　　离休后的马老不再听炮声，他一直想寻找一块宁静地儿安度晚年。三年前，老伴儿刘芝月从报纸上了解到金东方。通过实地调研，他们发现金东方的养老理念和模式都很新颖，很符合他们的养老观念。夫妇俩一商量，当即拍板要成为金东方的会员。可是那时候金东方才刚刚开建，施工现场不能参观。夫妇俩想入住的心情有些迫切，他们经常从干休所的家里跑来金东方工地，远远地看上几眼，再心满意足地回去。好不容易挨到金东方开园，老两口觉得再也不想等下去，挑了个良辰吉日就把家搬了进来。

如今马师长和老伴刘芝月已经在金东方生活了半年有余，对于生活质量，他们很满意。除了定时的一日三餐，他们爱上了晨练。马老喜欢在晨练时打开嗓子高歌一曲，而刘阿姨则苦练球技，已打得一手好台球。马老说在这里晨练很享受，一是空气新鲜，二是不用担心车来车往，普通小区没法比。他还向中心申请种植了一棵属于自己的小树苗，每天一大早都去浇水。看着小树苗一天天长大，马老的心里美滋滋的。

"我们来金东方半年多了，生活很快乐很满意。金东方的领导对我们这么好，邻居伙伴儿们也对我们好，我想来想去，觉得我们该为大家做点什么。"前不久的一天，马老向老伴吐露了心思。

"好啊！"老伴立即举双手表示赞同。

做点什么呢？其实马老早就想好了。在干休所的老房子里，他珍藏了许多难以在书店买到的好书。这些书伴随他的军旅生涯辗转南北，已经有了很深厚的感情。如今他在金东方有了自己的新家，他想把这些书带过来，捐到金东方的阅览室里跟大伙儿共享，以表达自己的一份心意。

眼看建军节就要到了，老军人马焕青的心愿终于得以达成。瞧，年逾八旬的他亲自抱着厚厚的一摞书，来了……（2015 年）

一位司法干部的老有所养

刘 洋

江苏是我国最早进入老龄化社会的省份之一，现阶段老龄化形势日趋严峻，养老问题正困扰着千家万户。在新闻报道中，经常可以看到司法干部为老人解决纠纷、化解家庭矛盾或提供法律援助，但是，当这些司法干部离退休后，他们自己的养老又该何去何从？

86岁的吴克贤老人是我国律师制度恢复后的第一代律师。1949年5月参加工作，参加过土改，毕业于中国人民大学法律系，先后在教育、经济、司法战线奋战多年，担任领导职务。

吴老擅长写作，出过书，在报纸、杂志上发表过很多文章。2005年离休后吴老开始写回忆录《足迹》，一边回忆过去，一边憧憬未来，他期待着能在有生之年找到自己心仪的养老桃花源。

十年后，当吴老84岁生日来临之际，终于梦想成真——他和老伴搬进了理想的新家园，在这里他们过上了不是神仙赛神仙的生活。循着吴老的足迹，记者来到他的新家所在地——常州金东方颐养中心。

常州有个金东方

这是一个高品质的养生养老社区——在家是宾馆，出门是公园，就诊有医院，护理在家园，设施现代化，服务亲情化。吴克贤和老伴的家就在园区的一个单元楼里。出于法律工作者的职业习惯，吴老思维缜密，做事严谨。他说，决定入住这里前，他对金东方模式做过两年多的研究，也曾两次来到实地考察。考虑透了，才决定来这里养老。

吴老说，金东方项目成立于2011年，7年来在探索与实践中稳扎稳打，逐步实现医养康护一体化，把健康和快乐还给老人，打造高品质退休生活，堪称中国当代的养老典范。

项目占地265亩，总投资23亿元，是一个"民间投资、政府扶持、市场运作、公益性质"的典型养老项目，被列为"江苏省养老示范工程"、

"江苏省民生保障类重点项目"、常州市政府和武进区政府重点项目，获得"亚洲国际住宅人居环境奖"，被评为"中国养老产业最具文化底蕴标杆品牌"，先后被授予"老年营养餐研发基地""中国社会组织 4A 级单位"等荣誉称号。

金东方引入美国 CCRC 持续照料退休社区服务管理理念，首创集健康服务、介助保障服务、医疗照护服务和社区配套服务于一体的"CCRC 3＋1"服务模式，通过为入住老人提供自理、介助、介护一体化的居住设施和服务，让老人在健康状况和自理能力变化时都可以获得与身体状况相对应的居家养老服务。

金东方打造"医养康护一体化"的综合型居家养老社区，全面满足入住老人生活、精神、文化、医疗等各式所需，真正做到了居家养老服务的一站式、一条龙、全方位和全天候。

从质疑变为追捧

早在 2012 年金东方项目开工建设初期，一家媒体用《常州首个高端养老项目在质疑中起航》为题，用整版质疑了金东方项目的合法性。当时很多人表示，它像极了房地产开发，却又和房地产开发无关，人们无法将其同一般的房地产开发项目区分开来。有人甚至认为项目的开发者是在打擦边球，"明明在卖房子，为什么不给办产权证？"

尽管坊间争议颇多，但作为一个新兴事物，金东方的出现仍然引起了社会各界的瞩目，有非议的，有拥护的，当时人们更为关心的是，这样一个养老项目是否具备持续生命力。

关于早年对会员制经营模式的质疑，金东方公司董事长金建勇是这样解释的："说到底，这是一个完完全全的养老项目，不销售产权，只向会员提供长期服务。"金建勇认为，可以用 4 句话概括项目的职能：①为会员提供房子居住；②提供"3＋1"服务；③服务按市场行情收费；④会员资格可以继承、转让。金建勇对于监管漏洞和打擦边球的说法并不认同，他一再表示，这个项目和房产开发项目性质完全不同，它只是一个新兴的养老工程，这样的项目虽然在国内很少见，但在国外已非常成熟。人们现在不理解不要紧，等几年之后养老观念慢慢转变了，可见分晓。

金东方实行会员制经营是由政府文件规定的，项目建设所需行政审批手续样样齐全，养老服务项目由民政部门批准，会员服务合同具备法律效力。因为是养老项目，金东方是常州市力推的养老示范工程，被列入了2011年江苏省重点项目投资计划。

正如金建勇所说，几年之后见分晓。如今过去了7年，金东方不仅建好了1 000余户会员房、中央会所、大型医院、护理院和养老配套公共设施，也迎来了2 000多位老人入住。随着养老观念的转变和经济社会的稳步发展，会员制养老模式和理念已成为养老行业的一种时尚并为社会大众所接受。人们对金东方的态度也从当初的质疑到如今的追捧。

医养融合显实力

对于86岁高龄的吴克贤来说，选择金东方更看重的是其服务模式和医养融合布局。

金东方之所以受到人们的热烈追捧，不仅仅是其向会员提供了优美舒适的居住环境，也不仅仅是有便捷的医疗和护理条件，而是从人性关怀的角度，尽可能地为老年人提供一切所需的服务。全心全意为老年人服务是金东方项目的宗旨，以孝为先的服务理念是金东方的灵魂。

金东方的健康养生中心可供每一位老人共享设施和服务；医疗服务中心提供医疗服务，由常州市第二人民医院全面托管，全科室设置，以养老专科为特色，所有会员均可尊享绿色通道；康复护理中心提供护理服务，为高龄、体弱、病患者提供优质护理服务，分区护理，个性康护。

在金东方的养老服务理念里，医养一体解决了老年人医养高度融合、医疗便捷安全、生活舒适温馨的问题。医养一体的核心是服务，关键是一体化服务。"医"是保障，"养"是重点，重在服务，一管到底。金东方医养康护一体的内容涵盖了入住老人的"医、食、住、乐、安"。

金东方的"CCRC 3＋1"源于美国CCRC，据美国权威调查表明，居住进CCRC养老服务社区的老人平均寿命可延长8～10年。而"3＋1"是金东方的创新，在同一个社区内，为三类老人提供与之健康状况和自理能力相匹配的居住、生活、服务产品，满足老人在不同生理年龄阶段对居住、配套、医疗服务的不同需求。

金东方项目以"居家养老、文化养生、机构服务、医养融合"为特色，秉承"以孝为先、以乐为天、以健为本、以情为源"的先进理念，号召全体会员"小户大家，亲如一家，我爱我家，我做典范"，运用"全人、全程、全员、全方位、全天候"的照护模式，对老人全身心照护，从而达到人与自然的和谐统一。

幸福养老更简单

每天早上起床，在社区散散步或使用免费的健身器材锻炼锻炼，然后到社区食堂吃个早饭，再到活动室转转，或做手工，或画画，或吹拉弹唱；接近中午时分，到社区内的大润发超市买些新鲜食材，自己在家里烹制，当然也可到食堂点餐；用完午餐，午睡过后，则到中央会所棋牌室消遣一下，或到放映厅看看电影，或到老年大学听听实用的课程；用罢晚餐，约几个邻居聊聊天……金东方颐养中心的会员们就这样度过了一天的幸福时光。

在金东方的入住人群里，有干部、工人、农民、教师、律师、军人……有来自社会各行各业的精英，也有来自普通家庭的百姓，他们像吴克贤老人一样，不约而同地选择了在这里畅享退休时光。

金东方内部建有恒温游泳池、健身房、台球室、乒乓球室、篮球场、羽毛球场、迷你高尔夫球场等运动健身场所，中心会所里还有茶室、浴室、阅览室、网吧、书画室、棋牌室、KTV包厢、电影院、佛堂、基督教堂等，全部免费向会员开放，极大地丰富了会员的业余生活。

金东方打造了无处不在的家文化，会员们自发组织了文体俱乐部，下设30多个协会，除了茶艺、摄影、聊天养生，这里还有门球、台球、羽毛球、棋类、牌类、游泳、戏曲、大家唱、交谊舞、广场舞、时装、腰鼓、武术、书画、手工、钓鱼、民乐等多种娱乐活动，形成了独特而又和谐幸福的养老文化。未来还将建成金东方老年大学，进行专业化管理。

吴克贤说，这里是现代都市桃花源，是老人们安享幸福晚年的新家园。（2017年）

第三篇

国人眼中的金东方

金东方，帮老人找回了尊严

许植基

有一段时间，老年人群里，有一个热词"金东方颐养中心"，简称"金东方"。常州老人多矣，而常州老人的养老观念比较现代，不牵累小辈，到养老公寓去养老。而常州的养老服务业又比较发达，各式各样的养老机构数不胜数。但是，偏偏人人争说金东方，就连春节聚餐时，提到金东方，见过世面的亲家放下筷子，兴高采烈地向我们介绍他和老伴几次到金东方考察的经过，赞不绝口，申言将考虑加入。

为此，老伴一直催我去瞧瞧。某日，风和日暖，我去了金东方。大半日所见，说不尽的新奇感觉，叹不完的惊喜感受。接待处黄女士带我参观了一室户和二室户样板房，美轮美奂，设施齐全，统统是人性化的服务，老年人想到的、需要的，当然有了；老年人没有想到的，这里也给老年人准备了。各类建筑宏伟、华丽、舒适、宽敞，自不待言；环境之优美，非拙笔所能形容。许多介绍文章，说它是人间仙境，未来之前总以为是溢美之词，广告手法，亲眼瞧过以后，方觉绝非过誉，恰如其分。

告别黄女士，我站在金水桥上，眺望四周，近处的流水淙淙，湖中央喷泉喷薄而出，水流短急，水花四射，掀起四周水波微澜，碧波荡漾，虽非壮观却小巧玲珑，开人眼界，怡人心智。岸边绿荫丛丛，各种不同的花木参差不齐，错落有致，构成绿色海洋。远方，隐隐约约间，仿佛层峦叠嶂。手扶着被清洁工擦洗得一尘不染的栏杆，清风拂面，神清气爽，遗世独立，宠辱皆忘。昔读《聊斋·仙人岛》感触良多，若蒲翁能睹此美景，笔下更能生色矣。

步下金水桥，寻访在此住了2个月的文友吴克贤君，他是常州知名律师，长我7岁，今年84岁。今天正好是他生日，中午吃了他的寿面，沾沾他的福气。老人又带我细细参观了金东方的各种设施，如数家珍，喜悦之情，溢于言表；步履轻快，我得紧步才能跟上；他脸上自然流露着笑容，全无昔日开庭庄重之色。我戏问："还住回家吗?"他连声说："No，No，这儿就是家。"言罢大笑，他原来已经乐不思蜀了。

说到笑，我在金东方感触最多的是笑容。金东方每一个工作人员对人先露笑脸，即便是外来的陌生人，也是笑容盈盈。虽然，这是一种招牌式的笑容，但这种笑是出自自然的，真诚的，发自内心的；这种笑容，能荡涤对方心中的烦恼，解除对方的不安和惊悚、自卑或张狂；这种笑像春风吹拂大地一样，能唤醒对方的善良和尊严。

我作为一个来访者，就感受到这种如沐春风的笑容的感染力。黄女士陪我参观时，轻声细言，始终微笑着，我感到一个老人被尊重着，心中油然产生一种尊严感。遇到的所有工作人员都对我笑着，微微笑着，有时还加上一句"你好"。一位正在小路边清理杂草的女工，看到我走过，弯身站起来，侧在一边让路，笑着说："你慢走。"我心里就特别感动：我被尊重着，多好的金东方!

住在这里的老人，当然更感受着笑的温暖。这种温暖，使他们回归了青春，甚至童年童趣，也回归了自身的尊严、生命的自信力。吴克贤老人对我说起他们在金东方最大的乐趣是自由自在，活得逍遥和潇洒。吴夫人补充说，这里的服务员特亲近，比子女都亲。因而他们也特别亲近这些孩子们，有时，他们待在家里久了，就要出去走走，呼吸呼吸新鲜空气，其实是想看看孩子们，看看他们的笑脸。

我思忖，金东方的硬件是第一流的，它的居家养老、机构服务、医疗保障三位一体，它的四大中心，它的电影院、教堂、佛堂等12项休闲、娱乐、文化服务场地，它的管理服务——都是别的养老单位少有的，但这些，只要有钱，别的高端养老单位是可以复制的。它的软件，会心的微笑服务却是很难复制的，因为它们已根植到每一个金东方人的血液中，成为他们生命的一部分，成为他们最基本的素质。我认为，这是金东方最大的优势，是别人无法超越的优势。

为什么老人们进了金东方就不离不弃，因为他们在这里享受了人生最后驿站的快乐和自由，找回了尊严，这就是人生最后的也是最宝贵的幸福。其实，现在的老人，虽然在经济上富裕，但精神上可能往往是自卑的，生命之火行将熄灭，只得低调弱势。现在，金东方把他们的生命之火燃烧起来，对生命自信起来，或者说，快乐地享受生命，享受生活，这本是他们的权利，他们怎能不爱金东方。

我看到，乒乓室里几个打乒乓的老人，认真地一板一板拍打着，兴奋得像孩子一样跺着脚，为了不影响其他活动室的环境，他们不高声说话，但抑制不住兴奋状态时，一位老太太向旁观的人做了一个鬼脸。

我看到，安静的阅览室里，一位老先生端坐着，桌面上摊着一本书，一杯茶，全神贯注地拨弄着电脑的鼠标，像绅士一样。嘴吧却一动一动，可能是默读或哼着无声的曲子。

我看到，花园里正在拍照的老太太，倚着树枝，做出几种姿势，打出"V"形手势，一如当年娇艳。

我还看到，吴克贤老先生的书桌上又摊上了法律书籍，他的82岁夫人的钢琴上摊开着乐谱。

金东方就是想尽办法让老人们动起来，做自己喜欢做的事。各种活动蓬蓬勃勃展开，甚至还有自己的老年大学。当我初听到有游泳池时，不怎么在意，老人还游泳？但听到有80多岁的老人坚持游泳时，不禁肃然起敬了。

克贤老人多次强调金东方是大氧吧，我慢慢明白了，金东方不但提供了优质的自然环境，更是提供了优质的社会环境、精神环境，提供了老人发挥生命力的机缘，守望着老人的晚年的幸福和追求，张扬着老人的生命力的潜能。这就是金东方的最大成绩。

如此，金东方本身的生命力是无限的。（2015年）

金东方就是咱常州的"海南岛"

——不用花钱也能当"候鸟"

沈成嵩

我夫人从七十岁后，腰椎间盘突出的问题越发严重了，不得已只能在两年前到市二院开刀，装了支架和金属板。腰疼虽治愈了，但每到冬季，右腿就从早冷到夜，血脉不和，经络不通，十分难受。熟悉的朋友劝我们每年到海南三亚去"冬疗"，度过寒冷的冬季。到冬季如春的海南当"候鸟"当然好，但四个月"冬疗"两个人至少要花两三万元，正当我们犹豫之际，常州金东方颐养中心开张营业了，我们于 2014 年 12 月 8 日正式入住金东方六号楼。说来也怪，一星期住下来，我夫人腰不疼了，脚不酸了，右腿也不冷了，从早到晚，都能从"手心"热到"脚心"，像是换了一个人。她是坐着轮椅入住的，如今每天都能步行五六十步。

金东方不是医院，不是理疗中心，为什么能治好我夫人的"越冬病"，关键是三个原因：

金东方每个房间都有中央空调和理疗地暖，打开地暖，将室内温度设定 24℃，室外虽寒风刺骨，而室内却四季如春，温暖从足下升起，有效地治疗关节炎和腰疼、腿病，解决了"寒从足下起"的问题。

金东方的每个楼层都有长长的、遮风避雨的室外走廊，到处都是无障碍设施，有利于老年人锻炼身体，不管是晨练还是晚练，吹不到风也淋不到雨。我夫人在这样的环境下，每天坚持五十步的锻炼，使她手术后的腿脚很快得到了恢复。

金东方绿树成荫，环境优美，空气清新，再加上服务人员人性化的服务，对客人热情、周到、细致入微，使会员每天都能笑口常开，心情愉悦。

最近我向三亚的朋友打电话说："不用花钱当'候鸟'了，金东方就是咱们常州的'海南岛'！"（2015 年）

入住金东方　养老有保障

吴克贤

人生七十古来稀，如今七十多来兮。

2005 年我从律师工作岗位上退下来，那时已经 73 岁了，如何养老自然就成为一个问题。本来在 2002 年，我在常州市区买了一套住房，周边环境还不错，一家五口过得很融洽。但随着年龄的增长，健康状况渐不如前，许多事情有点力不从心。尤其是一日三餐，费时费事。我时常叨叨着，最好有个食堂，吃点现成的，免得为一日三餐操劳。

几年后，"吃食堂"的念想似乎有了希望。2012 年 5 月，单位组织退休干部旅游，特地来金东方参观养老项目。那时的金东方尚处在初创阶段，仅有样板房可供参观。参观后大家都很心动，这种新型的养老模式和规划正是我们这些离退休老人梦寐以求的。据当时介绍，凡想入住金东方要首付 40 万元。这可不是一个小数目，听听开心，想想泄气，只能望而却步。心有不甘之余，我对金东方的这种养老模式进行了一些调研。

2014 年冬，一位同学向我介绍，他已入住金东方。在他介绍下，我再次来到金东方考察，此时的金东方已正式开张接待客人入住。这一次参观比较仔细，我对金东方又有了更深的了解。

金东方采用会员制模式，与一般的养老项目不同。它不是封闭式养老，而是集"居家养老、机构服务、医疗保障"三位一体的新型养老模式，这种模式最早发源于美国。

经过认真考虑，我租住了一套两室两卫一厅一厨的精装修会员房，成为金东方的会员。房内设施齐备，三个室内吊灯、空调、地暖、衣橱等一应俱全（床和桌椅自备），窗户明亮，内部电话和紧急呼救系统都有。每个会员都备有智能卡，其用途甚多（吃饭、洗澡刷卡，进出家门也要刷卡）。

夜里睡觉静悄悄，还有保安值班巡逻。一日三餐有食堂，自费刷卡用餐，饭菜适合老人胃口，当然也可以自己烧饭。金东方大门口有超市，会员日常生活所需用品均有供应。

在医疗方面，当时医院尚未开张，但有医务室，必要时也有车子送往附近的阳湖医院就医。2016年2月，金东方医院正式开张，就医更加方便了。除此之外，还有护理院，接待年老体弱多病的人，有专人照料。"医养康护"一体化服务，使金东方赢得了许多老年人的青睐。

在娱乐生活方面丰富多彩，棋牌、麻将、弹钢琴、唱歌、跳舞、台球、乒乓球等，一周还有三次电影。此外还有门球、羽毛球、游泳等。老年大学开了七门课程，可根据各自爱好选择。

家里的卫生工作，每周有清洁工上门打扫两小时，也可有偿增加服务次数。安全问题更不用担心，管家和保安24小时不离岗，有呼必应。

来到金东方，这里是个大氧吧。四季树木常青，季季有花香，开窗见绿，随时随地可以散步。我家的东面和东南面有湖，湖中有小岛。鹅鸭栖息岛上，湖边有小桥、亭、榭，清明前后垂柳、桃花、杏花交相辉映，一派田园风光。从北面的竹林和小山坡，拾级而上，又是一番景色，晨曦散步精神爽。

白天阳光房里人们三五成群，饮茶聊天其乐融融，傍晚夕阳余晖，伴你度过愉快的每一天。家住金东方，犹如生活在桃花源里，无忧无虑，不是神仙，却胜似神仙。（2017年）

我在金东方找回了失落的"珍宝"

蔡玲华

改革开放以来，随着社会的发展，旧城的改造，我们家和邻居们告别了祖辈们居住过的地方，各奔东西。我和老伴则在 2005 年初搬进了与红梅公园近在咫尺的景福苑小区。这里 13 幢 11 层的电梯房里，居住着 669 户人家，舒适的生活环境，让人心情舒畅。可是入住没多久，邻里之间的冷漠、生疏、漠不关心，使我心里有一种说不出的被冷落的压抑感。大家住一个单元里也几乎不照面，偶尔在电梯里遇见，大家也只是点头而已，真有种相逢不相识，邻里成路人的感觉。心想这是怎么了？这时大杂院、老房子那种"邻里好，赛珍宝"的睦邻关系在脑海中一一浮现出来。

我的祖辈居住在市中心，人民公园北边一条南北走向的弄子里，过去的事情都印刻在这条外面看来并不起眼的弄堂的水土之中，不由得让我深深怀念那个时候左邻右舍亲密无间的关系。那个年代，一家有难，大家相互帮助，互相尊重，礼貌待人。遇到下雨，你晒在大院里的衣服有人帮你收；你在单位上班，家里来了亲戚，有人帮你接待。你家小孩上学归来，大人还没回家，一个大院的小朋友，都会围在一起做作业、玩游戏。东家西家亲如一家，不是亲人胜似亲人。

2014 年上半年，老伴仙逝，两个孩子远在外地，使我倍感寂寞和孤独，在同事和好朋友的劝导下，于 2016 年怀着试试看的心情住进了金东方。

初到一个陌生的地方，心里难免有孤独、寂寞之感，然而让我没想到的是这里的人际关系是那么的融洽，不管你走到林荫小道或是大堂会所，都能见到和蔼可亲的笑脸，一声"你好"使我感到无比的温暖。这里浓厚的文化氛围，优美恬静的环境，楼道管家每天嘘寒问暖，热情和谐的邻里关系，让我找到了一个安全温馨的港湾，找到了一个真正可以托付晚年幸福的归属之地。

俗话讲，"邻里好，赛珍宝"，这里小户大家亲如一家，会员们每天在一起唱歌跳舞，吟诗作画，打牌下棋，喝茶聊天，垂钓农耕，跑步健身，旅游赏景，各取所需，各得其乐。每个月搞一次集体寿礼，互致问候，其乐融融。遇到重大节日，就聚在一起演节目搞联欢；谁家遇到喜事，大家共同分享快乐；谁家遇到难事，大家搭手相帮相助。这样的邻里情、朋友情、兄弟情使我们整天都处在情爱无价的包围之中。我们在金东方找回了失落的"珍宝"。

伟大的时代营造了像金东方这样崭新的养老模式，视觉的冲击、精神的盛宴使我们越活越年轻了，仿佛又回到了激情洋溢的年轻时代。

（2017 年）

圆了"老三届"一梦

金明德

　　大约 20 年前，因工作需要，我常到武进采访。工作之余漫步于滆湖（西太湖）周边原生态的江南水乡，便畅想将来一旦退休，倘能买一间田野中旧屋，适当装修，入住此地，写写自己喜欢的文字，种种菜、钓钓鱼、打打牌，颐养天年，该是多么美好的愿景啊。

　　其时，"老三届"同学们皆渐近"天命之年"，曾多次聚集一堂，商讨养老之事，最终达成一"计划"：大家集资，设法于湖边征一块土地，建一座颐养院，发挥各人特长，自我服务，共享天年之乐，岂不美哉！

　　一晃 20 年过去了，个人愿景和集体计划皆因忙碌而无暇顾及，都"泡汤"了。退休前搞参政议政，曾就养老课题做过多次调查研究，深为老年社会难题难解而担忧。如今"老三届"们已全部退休，于是何处养老、如何养老便成为经常性话题。

　　"突然"，欣闻有"本家兄弟"建勇先生，放着官员不做，在政府支持下来到卢家巷，带领他的团队日夜奋斗，不消几年工夫，竟在湖边成功落实了"我们的计划"—— 一座既现代化又不失江南水乡神韵的养老院落成了，命名为"金东方颐养中心"。于是，老人们趋之若鹜，短短数月，仅原一初中"老三届"就有七八位同学捷足先登，纷纷前来投住；又因本族修谱，就有了几次前往"金东方"一睹芳容和拜会兄弟的机会。

　　秋高气爽和春暖花开之时，分别约上"老三届"同学和相关宗亲，前往参观和体验"金东方"的魅力。从常州市区出发，沿常武路向南至延政路西行，行至延政西大道与湖滨路之交，不消半小时车程，便看到万绿丛中一座崭新的社区大院凸现眼前。

　　停车入院，抬头望新奇。

　　只见一幢幢现代化老年公寓坐拥于古色古香的江南园林之中。曲径通幽的小道边，整齐划一且精耕细作的菜地是每家养老户的"自留地"，各种绿色蔬菜生机勃勃。来到公寓，单元门卫彬彬有礼地为我们打开电梯；进入室内，卧室厅堂结构合理，窗明几净，恒温恒湿，空气清新。墙上悬挂着原市长王伟成在此与主人王兄的合影，不由得念起这位为民办实事的老市长来，认为其"三公"（公交、公园、公厕）业绩应再加一"公"（老年公寓）。扶栏环顾，右首市二院特设 500 张病床的病房大楼近在咫尺，鸦雀无声；前方不远处，大型超市熙熙攘攘，高速公路上车水马龙；凭窗远眺，西太湖波光粼粼，渔帆点点；俯瞰脚下，亭台楼阁旁或绿荫小桥边，三三两两的垂钓者手持钓竿，怡然自得。于是诗兴大发，将古诗稍作修改吟道：实乃"窗含西湖千秋水，门拥东吴万福园"也！

来到生活服务中心，犹如五星级饭店的食堂，金碧辉煌。花十几元可自选数菜一汤；当然，假如不愿在自家厨房烹饪，那么这里一日三餐定可包你满意饱腹。饭后参观休闲中心，游泳池、健身房、浴室、理发室、棋牌室一应俱全，我们还兴致盎然地甩了几副扑克，年轻的服务员们热情地端来茶水，亲切地喊着"叔叔阿姨"……

与建勇合影留念毕，我们依依不舍地挥手告别。他告诉我们，这座占地 17.6 万平方米、建筑面积 32 万平方米的老年公寓，集公园式环境、家庭式居住、酒店式服务于一体，是政府主办的具有"尊荣、现代、时尚、生态"特色的老年人新家园，目标是打造"中国第一、国际接轨、世界一流"的高品质新型银发养生社区。

哦，感谢政府和本家兄弟，你们不仅为老年社会提供了解决一大社会难题的示范，也为我们这些当年的"老三届"圆了一梦。假如家庭条件许可，我可能也会成为其社区一员，我想……（2015 年）

幸福晚年从金东方启航

洪 剑

光阴荏苒，不知不觉间，我们也已经进入中年，当年风华正茂、英气勃发的父亲，几乎一夜之间，步入老年，并且患上了轻微的老年痴呆。当年感觉中年、老年离我们如此之远，然而，在日复一日、年复一年的平淡日子中，"老年"姗姗而来，不由得慨叹，岁月真是一把杀猪刀，也不由得让我想起"少年莫笑白头翁，人人都有夕阳红"的古训来。

母亲年纪也大了，自己照顾自己还行，但是，照顾相濡以沫几十年的父亲，确实有些力不从心，我们做子女的也不放心。如何确保父母安享晚年，成了我们兄妹几个的心事。

2015 年元旦，我们兄妹几人来到金东方颐养中心。走进小区，古朴的路灯、林立的亭台，洋溢着浓厚的中式园林风格。虽然已经是冬天，但是，四周绿水环绕，湖心小岛上放养了白兔、野鸭等小动物，一幅小桥流水的别样景致呈现眼前。

在金东方大厅，我们看到几位年逾古稀的老人正在学着打桌球，他们挥杆潇洒，动作优雅，那架势丝毫不输给年轻人；阳光房内，老人们三五成群，或静静地晒着太阳，或者悠闲地品茶聊天……

80 岁的父亲是一位退休的中学教师，他生活俭朴，一生勤奋，对于生活，他确实是一生都向低标准看齐。想想父亲一生为家庭、为我们操劳，我们真希望父亲能够在这样的环境里生活，也希望父亲在这里，找到他的快乐。

在金东方的几个小时，母亲不时地和老人们闲聊，母亲最担心的就是父亲的高血压和心脏病。以前几次在家里，父亲的心脏病发作过几次，好在有我们的陪伴，才一次一次地化险为夷，每当看到父亲转危为安，母亲总感觉父亲在鬼门关走了一遭，有时候想想，也是心有余悸。有一天晚上做梦，梦见父亲心脏病发作，很是吓人，从梦中醒来，已是一身冷汗，恐惧之情，久久不能消散。

父亲一辈子没有走出江苏，就是退休后，也是在常州跟着我们一起生活。然而，当年海南建省，大哥看准了海南发展的机遇，在父亲的支持下，毅然辞去了事业单位旱涝保收的工作，带着激情和梦想，还有父亲东挪西借的几万元钱，到海南发展。

现在，大哥一家在海南生活工作已经20多年，他们曾经不止一次地邀请父亲到海南走走看看，感受海南的热带风光和夏日风情。但是，父亲恋家，他不愿意随大哥到海南生活，面对大哥的盛情邀请，他一次次地拒绝了。他说："常州是我们的'依褓地'（指出生地），这里的一山一水都让人难忘，一草一木都能勾起美好的记忆。"

然而，就在我们准备为父亲确定入住金东方的时候，在海南打拼多年，事业有成的大哥，以命令的形式，要求我这个做弟弟的，无论如何，要把父亲送到海南生活。他说："父亲操劳了一生，不能让他安享晚年，我这个做大哥的，就是事业再成功，赚的钱再多，在社会上，在朋友圈里，在500多名员工面前，又怎么抬得起头，说话又怎么响亮？"

最终，父亲作出了妥协，了了大哥的心愿。在1月5日，父亲母亲在我们的陪伴下，乘坐飞机到了海南。在这里，父亲看到了真正的蔚蓝的大海，感受到了椰岛旖旎的风光。那一刻，他情不自禁地哼起了《请到天涯海角来》，此时，父亲像一个孩童一样，说着含混不清的喃喃之语。但是，我知道，父亲是兴奋的，快乐的。

现在，父亲在海南已经生活了四个月时间，大哥说，父亲什么都好，就是念念不忘家乡的风土和人物。每天，他说得最多的就是"常州，常州"，并问大哥"啥时候送我回家"。

有道是"故土难离，亲情无价。"大哥看着父亲这样思念家乡，也决定让父亲回家，哪怕到了冬天，再把父亲接到海南。我想，等父亲从海南回来，我们就把父亲安排在金东方。因为，这里，离我们家不是太远，更主要的是，这里是常州，是父亲，也是我们共同的根！

我们祝愿天下的父母平安度春秋，同时期待着父亲早日走进金东方，开启全新的金东方晚年之旅，享受幸福安逸的金东方老年生活！（2015年）

"世外桃源"金东方，美哉

荆国坤

日前，我兴致勃勃地去参观游览名副其实的世外桃源金东方。地处延政西路与湖滨路交会区、间隔在中国春秋淹城与美丽西太湖之间的金东方，是国家级居家养老示范区、全国首创首屈一指的新型现代化养老事业单位。数公里外、高高矗立的居住高楼群吸引着人们的目光。步入金东方大门时，庞大建筑群映入眼帘。

大型高层的居住楼群，由东向西，屹立在茂密的公路行道树及清澈的河道南沿，风景十分优美，数百米长的彩绘围墙，包围着占地260亩的天然氧吧，满园尽是奇花异草，香气扑鼻。1.5万平方米的内湖碧波荡漾，水光交融，实在令人心情舒畅。

"居住幸福金东方，健康长寿有保障"。的确，大家瞧：偌大的金东方园区，不是公园胜于公园。设计精美，设施完美。四周宽阔的步行道路，平平整整，干干净净，清清爽爽，地面由红、白、黑相间沥青铺成，美观大方，行得放心。疏密有致的乔灌木与几十种花卉间隔有序，错落相宜。8座木质桥、长石头桥、玻璃钢桥，曲曲折折，分别坐落在内湖中。不仅有多座富有艺术观赏性的多角亭子、长廊、假山石布置在湖边、湖中、路间，而且湖区北面生活楼群间亦有多座造型别致的长廊，老人们随时随地可间憩、可聊天。

内湖中的一个小岛有30多平方米，小岛上放养着鸡、鸭、鹅，以增乐趣。尤其是彩鸭、天鹅时而下水嬉戏，时而啄食，特别是天鹅，乐于划水、钻水、翻跟头，逗人开心。

入住老人真幸福，无忧无虑地享受着几十项护理服务。不仅如此，还尽情地享受多项健身活动。几位来自石家庄和常州的老人正在7号楼门前广场打太极拳，阵阵幸福的笑声，引我赞扬。门球场、台球室、棋牌室等应有尽有，眼见5位老人在打台球、交流球艺，十分惬意！内设儿童乐园，便于参观或探亲的儿童就近快乐一下。特别在服务大厅前，依着河面建造了设备齐全的休息室、地板场，让老人冬天晒太阳、夏天乘风凉，欣赏湖面的好风光。大家感到在这里吃、住、学、乐、医、购物等样样都便当。

幸福金东方，颐养真理想。在家是宾馆，出门是公园，就诊有医院，护理有家园。设施现代化，服务亲情化。老人入住真开心，孝顺儿女真放心！（2015 年）

谱写常州养老新篇章

钱焕根

2011 年 8 月，经武进区民政局批准，常州金东方颐养中心成为常州首家政府支持的专业性、公益性、非营利性高端养老机构，这在全省乃至全国也是首屈一指。金东方的成功实践和深远影响，笔者认为有以下几点：

（一）彰显企业家的孝德胸怀

"德以孝为先"。孝是人人必须遵从的起码道德，是天经地义的大事，也是伦理道德的基本内核。孝的本质是爱，是亲情的回报，也是后辈的感恩。作为投资方的老总们，在大力发展企业，实现经济利益最大化的同时，不忘社会责任，不忘颐养家乡父老乡亲，孝敬在先，胸怀大德，斥巨资建设金东方颐养中心。这些老总们以自己的孝行，继承中华民族敬老养老助老的优良传统。正如民政部原副部长、全国老龄办原常务副主任李宝库所说："孝的作用是完善人的品格，提升人的境界，在家庭和社会中追求人际关系的和谐。孝是一颗永远闪耀的璀璨明珠，是中华民族的珍宝。"

（二）成为社会投资的榜样

如今，白发浪潮滚滚而来。人口老龄化是人类历史发展的必然趋势。常州市早在 1985 年就进入人口老龄化城市的行列，比全国提前 15 年。到 2014 年年底，全市 60 周岁及以上户籍人口达到 78.02 万人，占全市户籍总人口的 21.16%，百岁及以上老人达到 263 位。养老问题本质上是老人对年轻时的劳动积累的延期支付，而不是他人的恩赐。老有所养是"五个老有"（老有所居、老有所医、老有所学、老有所为、老有所乐）的基础和前提。随着经济社会的发展、生活水平的提高、医疗条件的改善和人们保健养生意识的增强，常州市人均期望寿命达到78岁，老龄化、高龄化、空巢化加剧，空巢率达到50％以上，"四二一"家庭增多，子女外出求学、经商的不断增多，养老问题成为突出问题。这光靠政府投资兴建养老机构是远远不够的，政府要办的事情很多，需要社会力量投入。常州市强调，积极支持公建民营、民办公助、政府补贴、购买服务等多种形式兴办养老服务业，鼓励社会资本以独资、合资合作、联营、参股等方式兴办养老服务业，将来社会投资要达到50％以上。作为有识之士，企业老总投资金东方颐养中心，是为政府分忧，为社会投资养老事业建设作出了榜样。

（三）建设一流的养老环境

金东方颐养中心坚持全心全意为老年人服务的宗旨，提出："帮天下儿女敬孝，让世上老人享福，为党和政府分忧"的口号，秉承"尊荣、现代、时尚、生态"理念，精心打造高档完美老年社区，把公园式的环境、家庭式的居住、酒店式的服务融合在一起。在家是宾馆，出门是公园，就诊有医院，护理在家园，设施现代化，服务亲情化，为老年人提供高品质的老年生活。这里有260亩天然氧吧，这里有1.5万平方米内湖，这里有9洞高尔夫球场，这里有室内游泳池……这些过硬的养老设施和精神生活环境，一般养老机构很难做到。加上热情、周到、温馨、耐心的服务，可以满足老年人基本需求和深层次、多层次需求。金东方颐养中心负责人金建勇向我们介绍，荡漾碧波中有一小岛，岛上树木郁郁葱葱，绿草茵茵，猴子、兔子、鸡鸭成群，每天凌晨，公鸡报晓，让老人回归田园生活。从这一细节，足见管理者的匠心和细心。

（四）开创新的管理模式

目前，养老机构管理有多种模式：小型家庭养老、日托养老、居家养老、异地养老、以房养老、作息化养老等，各有千秋，也各有弊端。金东方颐养中心敢为天下先，实行会员制经营管理，这是世界上先进的管理模式，也是常州第一个"吃螃蟹"的养老中心。这种养老机构的会员制模式是在出租出售房屋的同时提供养老服务，开发商拥有养老地产的产权，使用者拥有使用权。开发商可以进行抵押融资，有利于回笼资金，创造更好的环境，同时具有足够的资金为老年人提供高质量的服务。这是双赢的举措，深受商家的青睐和老年人的喜爱，具有广阔的发展前景。（2015 年）

美满的新家园

丁 蕾

2014年的金秋十月，我和丈夫欣喜地住进了寻梦之园——金东方花园。终于踏实地感触到了心中对未来的憧憬。

三年前，我们在朋友的提示下，来到了武进区卢家巷这块陌生的土地上。当时没有花园，杂草丛生，满眼空旷的情景还历历在目，我们果断地进行考察、考察、再考察。国际新理念的引入，让我们决心迈进金东方。经过筹备、搬迁，我们心潮澎湃地迎来了现实美满的新家，成为金东方花园的金卡会员。

我们夫妻是20世纪60年代出生的人，现在谈养老似乎超前得太多。可是面对中国老龄化趋势加剧的客观现实，"养老"已经成为摆在我们面前的社会话题。入住金东方，可以享受到一流的专业服务，能够亲眼看到硬件配套设施正在完善，多种协会组织活动，体验国际国内养老体系的璧合……"先养生，后养老"成为中老年朋友们触手可及的美好模式。

旧观念的居家养老，似乎把养老的人绑定在一个小小的圈子里。金东方则是用中央会所改变了人们的观念，这个会所可以让大家尽情地美食三餐、读书阅报、洗澡桑拿、旅游健身、观赏电影、棋牌娱乐、卡拉OK、对抗打球、加入协会，享受开放式的生活。我们在中央会所里，接触到了台球、茶艺等以前没有参加过的活动，充实了生活内容，敞开了心扉。

2015年，常州二院金东方院区、金东方护理院正式投入运行，真正完善了一体化的养老模式。周边建设也紧跟而上，"一流"的美誉已经指日可待了。

金东方凭借美丽的景色，获得所有会员一致肯定。这是健康的基础，这是长寿的保证。我们一定要好好享受这个世外桃源。

金建勇理事长科学运营管理着花园。以他为带头人的服务团队，用自己的辛勤奉献精神，打造出五星级服务，把精神文明充分体现在花园的精彩生活当中。这个吸引力比任何硬件设施都更具有价值，它经得起时间的考验。

入住精装修的房间，在单户式中央空调和地暖的配合下，我们可以体验到冬暖夏凉的仙境。人类的智慧充分显示着现代生活的便利，也让我们把"愁"字彻底地踢开。我们舒适，我们欢乐；我们入住了金东方花园，我们享受了全天候的贴心服务。（2015 年）

我 爱 金 东 方

辛春惠

2015 年 3 月 3 日上午 9 时，一个清脆的电话铃声传来了振奋人心的喜讯，武进五星级颐养中心金东方工作人员金小姐通知我夫妻俩办理金东方免费试住体验活动。这是个千载难逢的好机会，真是可喜可贺。

其实，我和老伴在 2014 年 6 月随旅游团已参观过金东方举办的活动。那天会馆中心的会场上鲜花开放，彩旗飘扬，载歌载舞，由王伟成市长为大家介绍金东方的创始与发展，在热烈的掌声和欢笑中，我和老伴完全沉浸在喜悦的氛围中。我们取得了有奖活动的赠品 T 恤衫各一件，还购买了天然巴马长寿水一箱，金东方工作人员为我们拍摄了金东方"亲水钓鱼观光台，温馨阳光房"等美丽景色人物合影照，并送上了水晶画及相册。

2015 年 3 月 12 日，这天阳光明媚，上午 10 点我和老伴再次来到金东方一楼服务台，办理了梦寐以求的金东方颐养中心试住手续，并领取智能卡两张。工作人员金小姐热情地陪同我们去了住宅小区 6 幢 8 楼房间，那宽敞明亮的客厅，欧美式的家具，现代化的厨房、卫生用具，彩电、中央空调、地暖配备齐全，24 小时热水供应，室内装有报警器，业主如有困难，可按按钮，小区的生活秘书随时来家中帮助解决，为老年人考虑得很周到。金东方颐养中心体验生活 5 天期间，除了餐饮费办卡、充值外，居住、水电、燃气、网络、公共休闲设施使用的服务均免费。

我们在金东方颐养中心生活的 5 天里，体验到伙食很养生，荤素搭配，品种多样，价廉物美，找到了酒店用餐时温馨的感觉。

金东方的生活很有规律。我们去花园散步，满园春色，红花绿叶尽收眼底，转眼望去，1.5 万平方米内湖碧波荡漾，白鹅戏水，金水桥古典大方。我们来到钓鱼台，各喝一杯清茶，啊！真是人间好去处，充满人间欢与乐。有时我和老伴选择去阅览室看书，网吧上网，画室画画，午餐后回阳光房休息。下午我和老伴去休闲中心弹琴下棋，我们也会去健身房锻炼身体，那里有乒乓球、篮球、羽毛球、高尔夫球等运动项目，还有室内恒温泳池、淋浴房、桑拿房、美容美发等，真是应有尽有。有时我们也会漫步在屋后竹林石径间，聆听微风吹拂竹叶的呢喃……我俩仿佛来到仙境，令人回味无穷。

总而言之，我和老伴在金东方颐养中心体验生活的 5 天，是我们一生中最温馨、最快乐的时光。金东方颐养中心如画的美景是人间养老的桃花源，我们终生难忘。我们深深感悟到金东方颐养中心是全省首创老年人养老典范，身为常州人，我们为金东方颐养中心的养老模式感到自豪，我们深深地爱着你——"金东方"！（2015 年）

择金而居　择景而居

廖仲毛

前些时候，多次随友人到常州金东方参观，发现这里风景不错，既有田园墅居品质，又有湖光水色、现代化的养生设施，服务更是一流，是一般地方不可能享受到的休闲养生好去处。去的次数多了，心中便有了择"金"而居的念头。小区里一位老人告诉我，不少上海人也在这个小区入住，于是，心里萌生了一个愿望，等工龄满三十年后，一定要争取办理提前退休或退养，到金东方来安享晚年，早日与这个园林式的养老小区结缘。

金东方是一个百花园。春天，百花争艳，其他季节也有各色新款花儿开放，很多是从未见过的，每周都有新发现，让人看了还想看。有的花期短，上周看过下周就凋谢，有的花期长些，但也不是周周都好看，得碰好时辰。有时候，突然看见水边开着一丛无名的小花，走近看，发现是平时不起眼的无名小草开出来的，单看也许不惹眼，成片开放就是一处景致。各种颜色的蝴蝶在花间翩翩起舞，突然蹿出一只小动物，钻进花草丛中，过一会儿它又在一块石头后探头探脑，怡然自得。

金东方更是一个百鸟园。常有各种小鸟在身前身后觅食，燕子掠水而飞。有几次，看到一种比短尾蜂鸟大不了多少的黄莺鸟，雄鸟在雌鸟面前尽情地表演飞翔本领，像蜂鸟一样快速拍打翅膀，悬停在空中，像炫飞舞技巧，煞是好看。而我更喜欢傍晚时分坐在湖边，看众鸟从水面上飞过。夜幕降临时，树林中最热闹。鸟儿们大概在交流着一天的收获，商量着明天到哪儿去觅食。

有时候也坐在水边看鱼。无风时，水很清，小鱼就在脚边的水中觅食嬉游，我用吃剩的花生碎屑去诱惑它们，很快引得鱼儿上下翻跳，争抢不停。人与自然和谐相处，像一幅水墨画，叫人气定神闲。有再大的失意，再大的烦恼，只要看看这一湖碧水，总能叫人心平气和。

小区里常有游客来参观，他们一走到这里都显得很开心。特别是小孩子，一进大门，便快活地奔跑，全然不顾大人的叮咛。孩子们的快乐是天然无雕饰的，最容易感染人，当小孩子们笑哈哈地看着我们，我们也报以笑脸，便觉得在小区里散散步，也格外开心。

　　之所以产生在金东方养老的念头，其实也是受到两个特立独行的作家的影响，一个是《山居岁月》的作者彼得·梅尔，一个是《瓦尔登湖》的作者戴维·梭罗。人生的大半光阴已过，已经有老之将至之感。见多了浮躁，该学会从繁华中转身。这个养生公寓非常安静，如果能入住，正好可以用来静心读书，写写回忆录，写写日记。金东方的晚年，一定会留下很多难忘的回忆。（2015 年）

255

金东方颐养园

——老年人的天堂

王治华

听说在淹城边、西太湖畔有一个金东方颐养园，是老年人居家养老、安享晚年的好地方。在一个阳光明媚的春日，我怀着好奇的心理、浓厚的兴趣前往参观、游览。

一进大门，工作人员小黄热情地接待我，一边走，一边向我讲述园中的情景。只见那园中环境整洁，道路平坦，树木葱茏，迎春花、牡丹花等竞相开放。一片1.5万平方米的内湖静卧在园中，湖水清澈，碧波荡漾。湖边有嶙峋怪石和各种奇花异草。湖中有小岛，岛上有凉亭，有一座曲折的木桥连接着岸边……好一派"世外桃源"的迷人景象，一下子吸引住了我。再望远处，有一片高耸挺拔、造型美观的楼群，小黄告诉我，那里是住宅区、医疗护理院和常州二院金东方院区。

跨过架在湖上的金水桥，我们来到了园内的生活服务中心，一位女服务员微笑着为我们打开门。小黄带着我参观里面的各种设施。一楼有乒乓球房、台球室、阅览室、老年大学、医疗护理中心。为了适应有不同信仰的老人的需要，还有典雅、精致的佛堂和基督教堂。居中的接待大厅装修精美、宽敞明亮、干净齐整、布置高雅。楼道内，每隔十几米，就有一座卫生间，这是为方便老年人急需而特意设计、建造的。参观完一楼，我们乘电梯上二楼、三楼。电梯内不断发出语音提示："门要关了！""二楼到了！"多么细致入微的人性化管理啊！在二楼，有手工坊、书画展室。三楼，有茶座、棋牌室。地下一楼，有浴室、健身房及恒温游泳池等。可以说，在这里，老年人生活、学习、健身、娱乐、医疗服务的设施应有尽有、一应俱全，真是全方位、体贴入微的服务啊！

参观完生活服务中心，小黄又带我来到屋后花园。我们徜徉在假山、丛林、鲜花之中，漫步在石径、小道上，体验着惬意、舒适的生活，感到十分愉悦、欢心……

在老年大学，小黄向我引见了一位姓徐的老先生，这位老先生退休前是名医生，今年已 81 岁了，服务员都尊称他为"徐老"。他和老伴是在去年 9 月入住颐养园的，至今已有 7 个多月了。今天在这里上茶道课——观茶与品茶。他邀我一起品茶，我们一边品茶，我一边听他讲述他来园后的体验与感受。他说，他和老伴俩人在园内，住一间 85 平方米的房间，室内光线充足，装修精致，水电气卫齐全，生活十分方便。他们两人平时多数自己烧饭吃，有时到公共餐厅吃。每天早晨或上午，一起到湖边、林间小路散步，观鱼赏花，和老年朋友谈心、聊天。下午午睡后，看看书报，有时到老年大学去上课、到健身房去锻炼。晚上在家看电视。清洁工一周来为他们打扫一次。徐老说，这里只要定期交纳一定费用后，就可享受全方位的服务。在服务大厅喝茶、上网；下棋、娱乐；看电影、电视；洗浴、游泳；上老年大学等，都不要再掏钱。园内有 100 多位服务人员，都热心为老年人服务，见到老年人，没有一个不笑容满面地与你打招呼，真可以说是，服务无处不在、微笑无时不有，真让人感到舒心啊！说到这里，徐老脸上洋溢着幸福、满意的笑容。他又动情地说下去："我们在这里，过着这样安逸、舒适的生活，享受着如此温馨、无微不至的服务，极大地满足了我们老年人的自尊，真是幸福啊！这里真是我们老年人居家养老的好地方，是人间天堂。所以，我们平时不回常州城里的家，儿女一星期来看我们一次。我们在城里的老房子，情愿锁着，也要住到这里来！"徐老还告诉我说：这里还有许多从上海、北京来居住的老人，还是"国际老年人休养院服务生培训基地"。

与徐老、小黄告别后，在离开金东方颐养园时，我不禁几次回头，留恋地张望那风景如画的园林和高耸挺拔的楼群……心里盘算着，不久以后，我也要和老伴一起住到这里来。（2015 年）

入住常州金东方花园的见闻与体会

许永权

我入住金东方已经半年。对于这种从大洋彼岸引进的居家式社区养老方式，我只在梦里见过。而今在常州却非常神速、完美地展现出来，变为既能参观又能居住的好居所。选择的环境是一流的（空气清新、绿化率高、有山有水），亭台楼阁，乡间小路曲径通幽，相映成趣，似一幅美丽的图画。楼幢间由平坦宽畅的柏油路——东、西、内、北环行线连接起来，全园通道的特色是无障碍。历经着从走马观花到下马看花的过程，体会越来越深。

金东方营造一个充满友爱、欢乐、互尊、互敬和谐的大家庭。投资方民营企业家和金东方花园金建勇董事长不停地探索，苦苦地追求，引进了大洋彼岸美国百年养老模式。在国内又无成功经验可以借鉴的情况下，所经历过的重重艰难险阻可以想象。从 2011 年 2 月立项，经规划、设计、征地、破土动工，到 2014 年 9 月 30 日，经过成百上千来自五湖四海充满智慧的工程技术人员和勤劳实干的能工巧匠们奋战数年而成现实。我怀着虔诚的感恩之心审时度势、荣幸地成为持银卡、首批入住金东方花园的会员。

在社区里我经历了圣诞节、辞旧迎新元旦联谊会，那中、西丰盛而美味的自助餐，伴随着精彩的文艺节目，人人喜笑颜开，尽兴而归。

这里比的是兴趣与爱好。比如爱钓鱼的人，就可以在颐养园的湖边，耐着性子慢慢钓吧；想游泳的人可以到室内游泳池尽情畅游；洗澡、健身、桌球、乒乓球、卡拉 OK、网吧、图书馆、电影院、美容理发都在会所中心，一对一服务，会员都是免费的。这里的老年大学正在悄然形成。

这里的会员来自全国各地以及归国华侨，在五星级餐厅里可以听到五湖四海的口音，进餐过程正是交流的最佳时候，好不热闹。例如对时下热点话题、门前大润发的市场供销品种、售价的议论，等等。

常州二院金东方院区今年 10 月建成，此前，每周三有专车去二院看病取药和体检。急诊车全天候随叫随到，可以应患者要求送到指定医院。

总之，这里的经营者始终不懈追求的是更好。我可以客观地讲："只有我想不到的，没有他们做不到的！"如果说我这一辈子梦想多多，但由于各种原因大都未能梦圆。而今在深化改革开放的大好形势下，仅仅做了五年的梦，在随退协组织的一次春游"金东方和花博会"的活动后，在三天之内我就作出了一次今生绝不后悔的选择——在金东方花园这个人间天堂，欢度余生！

坐落在常州武进区延政西大道与南北走向的湖滨路垂直相交口，由东向西的 BRT15"金东方"站的车道对面，常州二院金东方院区九个斗大的汉字映入眼帘，它就坐落在我们的花园内。2015 年 10 月拥有两幢 16 层楼的门诊、急诊院和护理院，拥有 500 张床位的医院将建成并投入使用。

会员私家车进入园区要有保安同意或持蓝牙卡才能放行，右拐进入地下车库停车场；外来车左拐进入会所中心前的临时停车场；步行或骑车人可从大门专用人行道进入园区。

一期竣工的 1、2、3、5、6、7、8 和 9 号楼（地面上有风雨长廊相连）以及篮球场、高尔夫球场、门球场和儿童游戏场，布局错落有致，便于人们的户外活动。体弱老人可择平坦小道，而强者可拾级而上穿过竹林登上丘顶眺望远方。这里除道路以及会员租用的菜地外，一片绿色世界里，还点缀着四季应时开放色彩艳丽的花卉，美不胜收。远处潺潺流水声，促使你生成强烈的寻源欲望，原来这里也有"悬崖峭壁和深不可测的沟壑"。

这个人造景点里的水可以循环使用，改善小环境的空气质量，陶冶人们的心情。不觉来到外形酷似北京天坛的圆形建筑带，这就是颐养园会所中心。它是人们物质与精神需求的供应补给地！上网、图书馆和餐饮等设施一应俱全，合理地分布在地下一层、地上三层 B、C 两区。服务总台 24 小时处理来自各处（幢）管家、保安的信息。夜深人静时分，应急人员随时待命，为确保突发疾病的入住老人赢得抢救时间。

老人们的每周及每日食谱，由保健部营养师调配并适时公告执行。令人意外的是该部主任随机从你已经用过的菜单里，总结你是否真正把住了嘴，这是我完全没想到的事情。而今科学技术发展进入信息时代，只有接受过儒家教育的中国人才能将之用到如此细微关爱人类自身健康的行为中来。

并不是说有了拔地而起的高楼大厦，配置好科技含量极高的设备，就建成了一处老年人宜居之园。金东方的经营管理者们在建园时，同步进行了不同岗位职工的职业技能培训，儒家百善孝为先的职业道德教育深入人心，从而确保在岗的清洁工、园林花卉工、设备保养工，到园区宣传信息部、保健部、营销部、服务总部、医疗卫生室的蓝、白领的工作者们，爱老敬老已经扎根在他们心中，人人都会微笑服务，语气平和亲切。广大职工训练有素的整体表现，体现出领导者们的既严格又坚定恪守为老人们做好服务工作的宗旨。由此，我坚信他们一定会把常州金东方花园建成全国一流的老人们宜居之地！

在习近平总书记的领导下，让人口业已老龄化的中国 2.21 亿老人们都能住进金东方一样的养老园的愿景一定会实现！

下面举例说明"关于只有我想不到的，没有他们做不到的"：①入住后，修改地下行人绿色通道，重新布置地下停车场，确保风雪天老人们从住地到会所中心的安全；②加长每户浴室与卫生间的塑料布，以防淋浴水飞溅到卫生间的地面上；③加装感应锁电池，更换钥匙；④疏通下水道的职工金宗元都能对你说出 TOTO 品牌洁具的优缺点以及下水道堵塞与使用者健康状态的因果关系；⑤使用电脑的人，如果遇到麻烦，报服务总台后，就能知道员工周洋何时登门保养、维修并且是免费的（更换元器件除外）；⑥每周一次两小时的入户清洁工，操作有序、到位，不留死角，那叫一丝不苟，以前只看过打扫宾馆房间才是这样；⑦28 路和 71 路公交车在东大门增设车站。凡此等等，不一一列举

三人行，必有我师焉。我可以这样说，不论年轻人、中年人和老年人，他们都是我的老师，来自各行各业曾经为祖国奉献了青春的专家们，各有所长，可以保证让你活到老学到老。这里的老人们最可爱的是普遍心胸开阔，乐观豁达，平易近人，笑口常开。有专家乐观地评价说："入住金东方的老人平均可增寿七年"，从我个人对金东方上述情景

观察体会来看，此话不无道理啊！愿天下老年朋友们早日脱离人间烟火杂事，到我们这里来多过几天快乐的美好日子。时光荏苒，想不到 4 月 1 日有七个专业的老年大学开学啦！我决心再学摄影、茶艺、声乐和京剧课程。（2015 年）

在金东方花园享受生活、享受服务

赵兆泉

羊年新岁，进入古稀之年的我把家从本市太湖中路搬到了金东方花园。

两个多月来，我的生活发生了许多变化。我原先住的小区环境较好，离新北万达广场很近，地段很好，但因为我不喜欢逛大街，室外活动很少，成天关在家里玩电脑、打牌。有时外出散步，也只能沿着城北的人行道走走，混浊的空气让我越走越憋气，后来几乎把散步取消了。住进金东方花园以后，散步成了每天的必修课。夫妻俩漫步在绿树下、花丛中、湖水畔、草坪旁，呼吸着清新的空气，全身舒畅。每天早晨在园内快走三圈（约半小时），傍晚在园内慢走两圈，在这样美丽的环境里散步，越走越有劲，长期坚持不会有问题。虽然至今只下过一次游泳池（感觉水凉不适应，我听取了金东方保健科医生的建议，准备到夏天再开始下泳池游泳），但我常常光顾乒乓球室，打乒乓的水平不高，但还可以与六十四五岁的人较量一番。摄影协会的讲座和摄影实践也大大丰富了我的生活。最近与几位老年朋友约定，准备每天早上安排时间跟教练学习打门球。老伴除了陪我散步、打乒乓球、在家一起做佳木斯健身操外，还跟其他老太太学习打太极拳，还常常烧些可口的饭菜调节伙食，她的生活是轻松与快乐的。为此，她常感叹我们在这里是在享受生活。

在金东方花园生活，我感到温暖，不仅因为这里是居家养老，有家庭的温暖，还因为这里能享受到良好的服务。无论在经理部、服务总台、销售部、财务科、宣传部、医务室，还是在食堂、门卫、浴室以及各楼栋的管家、保洁员处，我们见到的都是热情的笑脸，感受到的则是周到的服务，让人感到方便、舒适。有一次，我在浴室洗澡时看到一位坐着轮椅的老人进来洗澡，两位在浴室管理、服务的师傅热情地迎上去，为他脱衣，分左右两边搀扶着他走进浴池，为他擦身，洗妥当后又搀扶他到更衣室坐

262

下来，帮他把身体擦干，穿好衣服。他们不是家人胜似家人，良好的服务让我十分感动。我当着两位师傅的面赞扬了他们，并动情地对这位老人说："老人家，这两位师傅为你做到的，你的子女也不一定能做到吧？"老人告诉我："他们待我确实很好！"

　　能享受到这样好的生活和这样好的服务，老年人在金东方花园的生活还会不幸福吗？两个多月的生活告诉我：来金东方花园养老是我明智的选择。（2015 年）

金东方，山水诗画里家的港湾

欣欣雨

家是幸福的港湾，家是温暖的地方，家便是心，心便是家，是一个永远不会抛弃你的地方，是一个包容你所有缺点、让你尽情撒娇的地方。对于金东方颐养园里的老人来说，金东方就是他们的家，是他们远离孤独寂寞的地方，是他们温馨的家的港湾。

位于武进区湖滨南路 99 号的金东方颐养中心是一个国家级居家养老居住区，是一幅山水诗画里家的港湾。走进金东方颐养园，从园区东边的中式凉亭望去，景致错落，满眼新绿；置身于 260 亩天然氧吧，身心舒畅。1.5 万平方米的内湖碧波荡漾。钓鱼台边有金东方的会员正在悠闲地垂钓，阳光房内三五个老人在喝茶聊天，前来参观的老人们忍不住驻足其中。

每天早晨醒来总会第一时间听到护士们的问候："爷爷奶奶早上好""爷爷奶奶我来给您量血压了""爷爷奶奶我来给您打开水了""爷爷奶奶昨晚睡得好吗？空调是不是开小了，有没有着凉"……这些不经意的问候温暖了我们每个人的心，老人们都说这里比自己家里温暖多了。这就是老人们温馨的家。

老人们从自己生活多年的处所来到一个陌生的环境难免会有孤独和寂寞，在这里护士长及责任护士会及时沟通和耐心地介绍，同住的长辈会热心地帮助，老人们经常说：来到这里我们的兄弟姐妹们又多了，他们虽不是亲人但胜似亲人，这里虽不是自己的家，但比家更温暖。这便是老人们的家的港湾。

在东方颐养园入住的老人，大部分都拥有一颗豁达的心态。有一位老奶奶说，既然来到了这里就什么都用不管了，好好享受生活就好了。也许只有经过了岁月的洗礼才能有这种恬静淡泊的心态，才会明白生活的意义，明白生命的价值。入住东方颐养园的老人很多，但他们共同拥有的就是历经岁月洗礼剩下的宁静的心态。

民以食为天，但是美食更是诱惑，每个人在面对美食的时候都是没有抵抗力的吧。但是当年华老去的时候，也许就会被各种各样的疾病缠身，身体就大不如以前了，不能像年轻的时候想吃什么就吃什么，在美食面前就要学会忌口，但是心里面总会不踏实。

在东方颐养园，老人们的饮食经过营养师的指导，可以享受到更多的美味，更加适合自己的身体，也更加有益于自己的健康。所以入住在这里的老人们，享受到了来自营养师的不一样的温暖，一种来自舌尖上的温暖，暖到心里。

东方颐养园真正做到了在家是宾馆，出门是公园，就诊有医院，护理在家园，设施现代化、服务亲情化。东方颐养园，山水画诗里家的港湾，帮天下儿女敬孝，让世上老人享福！东方颐养园，为常州甚至长三角地区的老年人提供一个幸福、温馨、和谐的新家园。（2015 年）

晚情自在金东方

周红军

我多次去过金东方颐养中心，其中的三次特别值得体味。

一次是陪同兄弟城市同行参观，更多的是感受。兄弟城市同行到常州进行工作交流，其间，特地提出介绍金东方颐养中心的情况。因为我对金东方颐养中心比较关注，就对金东方作为社会福利机构，从实行会员制管理运营、坚持"居家养老、机构服务和医疗保障"三位一体、推动医养康护一体化等方面进行了介绍，兄弟城市同行很感兴趣，提出参观要求。走进金东方颐养中心，现代化的设施、因"类"制宜的服务项目引得同行啧啧赞叹。在和他们交流时，我说出参观感受："既有规模，又注重精致；既有常规服务，又突出个性服务，充分考虑老年人的身心需求，在'为老定制'方面，有许多新尝试、新突破。"我的感受获得兄弟城市同行的认可，他们纷纷表示："要回去宣传金东方颐养中心的园区特色、管理经验、服务品质。"应该说，这一次金东方之行，让我对机构养老、定制服务等方面的认识有了提升，特别是基于不同的养老需求，通过专业化、亲情化的服务，将老年生活起居、医疗救治、康复护理等融为一体，引导我对"安度晚年、益寿延年、颐养天年"有了更深刻的理解。

一次是看望一对老干部夫妇，更多的是体验。老先生是离休干部，进入"高龄期、高发病期"，先后到疗养院和医院休养，尽管各方面条件具备，但老先生还是有遗憾：一方面，上述机构"一床难求"，只能老先生入住，老太太常常奔波于家庭和医院、疗养机构之间。老太太一次乘公交时不慎摔了一跤，造成腿骨挫伤。另一方面，老先生喜欢画画，喜欢和人交流，总觉得住在医院或疗养机构闷得慌。我向他推荐金东方颐养中心，并陪着这对老干部夫妇实地考察。漫步园内，绿色馥郁，繁花似锦，树木葱茏，构成了偌大的天然氧吧（据介绍有 260 亩）；湖边徜徉，1.5 万平方米的景观湖碧波涟漪，湖面架桥若彩虹跨越，岸堤小径，可自行散步，也可垂钓怡乐；楼与楼间距开阔、错落有致，或邻河而居，或掩映绿丛，房前绿树红花，让人心旷神怡，屋后竹林石径，让人清神静气。走进不同设置的房间，除齐全的生活设施外，喜欢写文作画的，有专门的写字间；需要保健护理的，有各类设备……第二天，这对夫妇就办理了金东方会员，入住进去。老先生曾多次打电话给我，对我提供的信息表示感谢，对在金东方颐养中心"'医疗保健、作画写生、交流谈心'三不误"颇为满意。听着老先生的话，我感到由衷的高兴。

一次是和同学一起送老人入住金东方，更多的是融入。我一同学常住外地，母亲早年丧偶，一人含辛茹苦把孩子抚养大，拉下了一身病。不到55岁的人，腰酸腿疼、精神不济。同学一直想找一个专业性的疗养机构让母亲能安度晚年。在听到我关于金东方颐养中心"菜单式选择，根据会员需求量身定做，提供温馨贴心的各类服务"时，同学动心了。在我陪着实地考察后，同学为其母亲办理了会员，看到金东方根据母亲的身体条件、精神状况，提供"量体裁衣"的悉心照料后，同学说，他出差在外，不用再为老人的生活起居、身体情况牵挂担忧了。后来，我多次代同学去看他母亲，老人家气定神闲，生活怡然自得。

如今，常州市 60 岁及以上人口占 15.04％，65 岁及以上人口占9.78％，已接近"深度老龄化"标准。人口老龄化进程的不断加快，对居家养老、社会养老等提出严峻挑战，金东方颐养中心"医养康护一体化"模式对此进行了探索。相信随着金东方颐养中心的进一步发展，将会更多地绘就晚情独驻、风景独好的画卷。感受、体验、融入金东方，会是一件舒心的事。（2015 年）

金　东　方

——我不悔的选择

洪善玲

每天早晨我喜欢打开窗户看大楼前那一大片绿色的草地，树丛中的亭子和通往会所楼栋间的雕栏走廊，一天的好心情从这里开始。

早饭后，换上练功服来到草坪打打太极拳或在舞蹈区跳跳广场舞。晨练后，背上相机在小区里散步。欣赏那傲雪的蜡梅、初春的红梅，桃花、梨花、海棠花、樱花、山茶花、杜鹃花。听着树上的鸟儿欢快的歌声，仿佛也在说：我来对了，我来对了。我喜欢在楼栋北边的小山坡前逗留，那条弯曲的石径小路，两旁是高高的竹子，竹尖交叉在一起，为小路添加了一片绿荫，显得那样的宁静。山坡上那些不起眼的小花也在尽情地展现属于它们的美丽。清清的水面上两只白鹅悠闲地划着水，湖中的小岛上，不时传来公鸡的打鸣声。远道而来的鸳鸯一家，也被这美丽的家园吸引，从此在小岛上落户，繁殖后代。

午后的活动丰富多彩。棋牌类、球类、卡拉 OK、游泳，想参加什么任你选。如果想安静，电脑室、阅览室可以静心地看书学习。

家园的夜色很是迷人。在天气晴朗的傍晚，水面如镜，灯火通明的会所的倒影，让我们这些摄影爱好者如痴如醉，灯光下的雕栏走廊都是我们拍摄的好题材，让我们忘记时间，不知回家。我期待着家园的夏天又会是怎样的呢！

我爱这新的家园，这是我不悔的选择！（2015 年）

叔 叔 的 选 择

曹文九

我的叔叔是上海同济大学教授，从教数十年，桃李满天下。当他高龄92岁的时候，急想到在何处养老？尽管上海养老机构比比皆是，但听了我们晚辈的鼓动，还是想一个心有所属的归宿。

今年二月，堂妹从美国回国，专程来到常州考察。我等亲友全程陪同，看了几个敬老院。最后，大家比较满意的是金东方颐养中心。主要原因：一是它的环境优美，置身公园般的小区，应身心愉悦。二是它的设施齐全，吃住行配套全方位，且不用操心。三是它的服务周到，能上门护理还有应急措施，无后顾之忧。

诚然，入住需要相当一笔资金，盘算要有合理性。如今，养老享受应该同家庭收入吻合。子女也应该树立超前意识，让老人晚年舒心宽心放心。老人一生奔波为子女，晚辈孝顺理应当。察看的途中，我还说过一句话，看来给亲友触动不小。我说：与其在上海花中档钱养老，不如到常州有高档享受。

堂妹带着亲友的期望返沪，全家合议决定入住金东方颐养中心。一周后，堂妹来常签约。一个月后，叔婶来常。入住金东方，全家喜洋洋。从此，在这鲜花盛开的地方，有一对高龄老人开始新的生活。他俩每天迎着朝阳送走晚霞，过得心满意足。

4月15日，我等亲友带着水果蔬菜，再次来到金东方颐养中心。在叔婶居室自己动手，和和美美共餐。席间谈笑风生，其乐融融。亲情在这里延伸，关爱在时空洋溢。我对即将返美的堂妹说：你放心去地球那边吧，这里有我们！

下午，我们含笑向叔婶和堂妹告辞。小姨子余兴未尽，悄悄地在我身旁耳语：怎么样？咱们也来入住？我笑答：叔叔的今天就是我们的明天，是到该考虑的时候了！是的呀，归宿应该未雨绸缪。不过，我故意刺激小姨子：你能借点钱么？哪知小姨猛地给我一拳，狠狠地说：你把钱放在银行做嗲！

我仰面哈哈大笑，这充满欢乐的笑声，在金东方明朗的上空传得很远很远……（2015 年）

风景这边独好

张　赋

初识金东方是在 3 月份的一期《常州日报》上，第一眼扫过"金东方"这几个字时，我以为只是一则商品房销售广告。但仔细一读才发现，这个"金东方"很不一般。从那时开始，我每次读《常州日报》都会特别关注金东方颐养中心的信息。而通过报纸、网络以及朋友介绍等各种途径的全方面了解，金东方的"金色形象"在我脑海中日益清晰，并散发出令人着迷的动人光芒。

儿女孝心在此安放

我所在的戚墅堰工房区年代久远，老人特别多。每次在街上看见一位位步履蹒跚、头发花白的老人从身旁走过，自己都会想起远在山东老家的爹娘，想到他们在操劳大半辈子后会如何度过自己的晚年生活。谁言寸草心，报得三春晖。就像金东方网站上所说，"尊老敬老"是中华民族的传统美德，让自己的父母安享晚年不仅是我，更是普天下每一位子女的真切心愿。而这份心意又该何处安放呢？在我看来，金东方颐养中心及其所代表的养老模式给出了完美的回应。

由于工作忙碌，自己还没有到淹城园边亲身感受金东方的魅力。但是我一个朋友的父母去过，到现在为止，我还清楚地记得他们回来后给我们描述金东方时的那份憧憬与欣悦。从他们眉飞色舞的讲述中，我可以感受到 260 亩天然氧吧、1.5 万平方米内湖带给他们的惬意，可以感受到花园式社区、高端配套设施带给他们的享受，更可以感受到酒店式服务、医院式医疗带给他们的安心。风风雨雨半辈子，我们希望自己的父母在晚年可以远离雾霾的毒害，可以避免疾病的侵袭，而金东方用自己的视野、气魄和精细已经让这一切变成了现实，所以我们没有理由不为它拍掌叫好、鼓劲加油。

快乐之花在此绽放

俗话说得好：笑一笑，十年少；愁一愁，白了头。要享受高品质的晚年生活，清净舒心的环境和细致贴心的服务固然重要，但充实丰富的精神生活和积极开朗的心态更为重要。我有好几个来自外地的同事，在买房成家后专程把父母从老家接到常州，想让他们好好享享"清福"，但是结果往往事与愿违。这些"长途迁徙"的老人虽然在常州吃得好、住得好，但是心情并不好，因为他们没有了老家的玩伴，也没有固定的业余爱好和娱乐活动，时间一长就感到无聊乏味、闷闷不乐，很多人没多久就"逃回了"老家。

对于老人们的精神生活需求，金东方显然下了很大工夫。在介绍资料中，我看到金东方颐养中心除了基本的生活设施以外，还配置了多样化的健身设施和娱乐设施，包括恒温游泳池、健身房、台球室、羽毛球场、茶室、书画室、棋牌室，电影院，等等。我们真诚地期待，金东方能够充分依托这些完备的硬件设施，全面了解入住老人不同类型、不同层次的精神文化需求，创造性地搭建一系列体育、文化、娱乐平台，让入住社区的老人们都能尽快建立并融入自己的"朋友圈"，尽情地展现才华、深入地交流分享、充分地愉悦身心，让夕阳红的快乐之花在金东方灿烂绽放。

毛主席在《清平乐·会昌》里曾深情吟诵：踏遍青山人未老，风景这边独好。当我们的父母"踏遍青山"、历经风雨，希望他们在"风景这边独好"的金东方安心享受"诗意"的晚年，也祝愿金东方借着祖国改革发展的东风，乘风破浪、勇创一流，真正成为中国第一、国际接轨、世界一流的绿色生态高品质银发养生社区！（2015年）

拳友来到金东方

崔 勇

关注金东方，缘于 2012 年参加过金东方颐养中心的广告语征集活动并获奖，去售楼处领奖品和证书。从 2014 年 3 月起，我在南大街人民公园对面常州市平济堂陈氏太极拳健身养心会馆每周学习陈氏太极拳，参观体验采访感受过金东方颐养中心，令人耳目一新。

2015 年 2 月 7 日下午，常州市平济堂陈氏太极拳健身养心会馆和金东方颐养中心举行了联谊活动，请市一院骨科专家丁文鸽博士为广大太极拳爱好者讲解运动中骨骼关节的保健知识。下午在钟楼区政府统一集合后，驱车前往金东方颐养中心，许多人还是第一次来金东方。先在 3 楼多功能厅，学员和金东方颐养中心的入住者统一集合，看 2 位学员展示学习成果，杨教练进行表演，听市一院丁文鸽博士讲座。丁博士提醒太极拳爱好者：练习太极拳最好请专业老师教学指导。他提醒太极拳爱好者，练习太极拳应该循序渐进，合理掌握运动量，不可急于求成；练习前应做好准备活动，选择适宜的场地，切不可在高低不平的场地练习；需做到动作科学规范，最好请专业老师教学指导。其实练习太极拳不是老年人的专利，太极拳是套锻炼养生的运动，年轻时注重养生反而更好。听完报告，大家与丁博士交流、提问。然后参观金东方。我的体会是：一周练三次，健康快乐常相伴。作为太极拳的忠实爱好者，我常到南大街太极拳会馆练习太极拳。太极拳注重阴阳平衡、身心双修。久练能有效解除人体身心的过度紧张，消除现代社会"文明病"，预防生理疾病。练太极拳一年多来，我的身体状态有了很大的改善。刚开始练太极拳时，做个云手都会不舒服，如今身体灵活多了，老祖宗的东西确实很神奇，中国传统文化我们应该好好继承下去。受马云推崇的太极禅文化熏陶，我慢慢地接触了太极拳。自己平时疏于运动，久坐办公常常腰酸背痛。于是我就选择练习太极拳，刚开始只是想改善下身体状况，现在已经变成我的兴趣爱好了，既能丰富办公室的氛围，又能锻炼身体，平时的应酬烟酒也少了很多，对自己的身体真的很好！磨刀不误砍柴工，练拳不忘注意事项。

金东方是一家专业性、公益性、非营利性的高端养老机构，实行会员制经营管理模式，向社会提供健康服务、介助保障服务、医疗照护服务、公共配套服务等居家全产业链养老服务。金东方医院最大的特色是以内科为基础，专科为龙头，康复为特色，专家为主力，与市第二人民医院无缝对接，一体运营。在金东方居住的老人，既可享受到家的温馨，又可享受到高质量的"医养康护一体化"专业服务。对此，原江苏省副省长许津荣给予充分肯定。在金东方，老人除了拥有一个可以栖身的家之外，社区还为他们提供了就餐、清扫房间等家政服务，交通、社会活动组织、就医陪伴等便利服务，更提供有专业院区、护理院、商业中心、图书室、计算机室、健身房、恒温泳池、桑拿房、各种球类运动场所、紧急呼叫系统等硬件设施配套服务，全方位一体化地解决了入住老人的全部生活所需。金东方规划分两期建设，一期现已完成精装修养老会员房 793 套。2014 年 9 月 30 日，金东方正式开园，迎来了首批入住老人，开启了常州老人"医养康护一体化"的养老新纪元。

参观客房时，我看到卫生间有紧急呼叫系统的红色按键。在大堂茶座与会员交谈，他给我看，房门的磁卡钥匙皮盒套上也有紧急呼叫红色按键，可随身随时呼叫。

在一楼大堂，我现场采访了许多茶艺人。其中丁女士，为"60 后"，交谈中，得知她在天宁区北直街有房子，她说："3 年前，在金东方订了房子。许多'50 后'也买了。这里有两个亮点：一是精神生活，二是文化生活。找到有共同兴趣和追求的住户，可以交流。现市区的养老院，还找不到具备这样条件的地方。这里的模式、理念不一样。原市计委的领导也在这里买了房子，是会员，常来。"对于金东方提出的"CCRC3＋1"服务管理体系、五星级居家养老服务，其真实情况究竟如何，是广告噱头还是实打实的高品质服务？我深知没有体验就没有发言权。我想，常州首个高品质养老项目已开园，入住体验啥感受？为此找到了在金东方入住已久的老会员，让他们聊聊自己几个月来的入住感受，听听老人"摆摆龙门阵"。丁阿姨在这里开拓了"文艺小天地"，她活泼开朗多才多艺，有着一份"80 后"女孩的年轻心态，太极拳、交际舞、钢琴、唱歌，都能露上一手。2012年初丁阿姨和丈夫看中了金东方一户84平方米的金卡会员房，在金东方，丁阿姨继续发挥自己娱乐积极分子的带头作用，圣诞晚会、会员生日会上总有她亮丽的身影。才短短几个月时间，热心的丁阿姨就在金东方结识了不少小姊妹，国家高级茶艺技师、注册茶艺师培训师朱阿姨便是其中之一。于是，今年1月在丁阿姨的组织下，金东方茶艺协会成立了。金东方茶艺协会共有30多名会员，年纪最小的50岁，最大的80岁。协会定期举办活动，会员们一起学茶道、品茶味、养身心。过段时间还打算组织会员去溧阳茶厂亲身体验采茶、炒茶的工艺。看来，茶艺协会之所以能够办得有声有色，离不开金东方的支持。金东方不仅提供活动教室、优质的纯净水、茶叶等，还派专车接送他们。丁阿姨还计划在金东方开办钢琴俱乐部、组建合唱队，继续开拓自己的文艺小天地。这时，正好董事长金建勇来此，他穿着西装，戴着金丝镜框眼镜，与大多人很熟，但有的会员不认识他："刚才在中心转的他原来是这里的董事长？我只知道他平易近人，解答各种问题。"

我看到：金东方配套设施一应俱全，内部建有恒温游泳池、健身房、台球室、乒乓球室、篮球场、羽毛球场、迷你高尔夫球场等运动健身场所，中心会所里还有茶室、浴室、阅览室、网吧、书画室、棋牌室、KTV包厢、电影院等，全部免费向会员开放，极大地丰富了会员的业余生活。目前，金东方已经成立了摄影协会、书画协会、茶艺协会、棋牌协会、羽毛球协会等多个协会，未来还将建成金东方老年大学，进行专业化管理。在居住方面，可以享受85～105平方米养老会员房，中央空调、地暖、热水器等生活所需一应俱全；在生活上，养生餐厅提供一日三餐，桑拿房可以泡澡，园区内还配有吴江大润发超市，满足会员基本的购物需求；休闲娱乐方面，乒乓球、桌球、羽毛球、健身舞、健身房、恒温泳池、老年健康讲座、打麻将、打扑克、卡拉OK、看电影……

金东方，养老桃花源。（2015年）

人文颐养的美妙园地

席建立

养老问题，越来越被人们重视。第一次对金东方产生印象，是市花博会期间。当时路过，知道了常州在淹城和西太湖之间，有这么个去处。初春，我有机会进入了金东方颐养园。果然惊喜：常州，还有这么一块人文颐养的美妙园地。

所谓人文颐养，在这片 260 亩大小、花红柳绿、碧波荡漾、阳光充沛、道路整洁的园地里，是摸得着、看得见的存在。人生向着句号从容而去的前期，能在这里生活，颐养天年，是种幸福。

老人在这里，可以舒适而居。住房围绕 1.5 万平方米的中央景观湖而设。北面中式家居建筑群已落成。湖边火红的杜鹃花旁，一对原干休所过来选房居住的夫妇，对我侃侃而谈，说出他们在此生活近半年的新奇和满足。他们选两室一厅安度晚年，房里设施一应俱全，装饰是他们喜欢的温暖色调，中国风格。还有及时周到的送餐、洗衣等家政服务。房子阳光充足，开窗即景，空气清新。所谓出门是公园，进门如宾馆，并非传说。平时，几个或参军或读书分配在外地的子女想来探望，也很方便。离休的男人实事求是地说：这只是我们初步的感受。每个人的愿望、要求有别，而自己来到颐养园，算是住得舒服。以后园南边，还将造出新的居所，以满足不同人的需求。

老人在这里，可以合胃而食。生活在颐养园，你可以随心，有选择地一日三餐，或多餐。想居家自己动手买菜烧食，也可以：园东边就是配套超市，荤素咸甜一样不缺，想吃什么就能买到什么；想饭来张口，让人送餐上门，也可以：颐养中心餐厅内有餐饮服务，主食米面粗细搭配，菜肴荤素搭配，你报上名单，会有人送上门。当然，你想散个步，走去中心就餐处和大家一起食用，也行。这里的住房结构，底层都有室内大通道，房外有亭台廊道相连，可遮阳挡雨。

老人在这里，可以及时而医。人老了，总难免有这样那样的身体不适。那位离休老人肾功能就远不如老妻，但老人坦然，无惧。住进颐养园，就随时随地有健康秘书关心、照料。老人的生理、心理健康，有专人过问。园北配套的二院新院，即将完工。以后感冒等小毛病的就医，更快捷、便利。即便碰到些大毛病，园里也负责用车送至适合或老人想去的城区其他医院，及时得到和谐的医疗服务。没病的老人，因为少了社会接触，子女又不在身边，难免会有失落感、孤独感，对比园里有人关注，提供一种温馨的亲情般服务，以解老人之需，保障和促进其快乐和健康。

老人在这里，可以任性而乐。被碧波和绿色包围着的颐养中心房内，是老人们的乐园。这里有许多娱乐内容，可供不同爱好、不同兴趣的人任意、随心选用，远离空虚。如地下一楼有健身房、桑拿房和游泳池。游泳池池水清澈，自动循环去污、调温。一年四季，都有适宜的水温供游泳健身或水边休息。一楼有游艺室、儿童乐园、台球室、乒乓球室等。室外也有各类球场掩映在花草树木丛中。三楼有茶座、书室、棋牌室、电脑室等。作为入住会员，约两三好友，选个清静雅室，打上半天牌，或喝茶聊上几小时，一切尽由着你。喜欢安静的，可到湖边，或露天或帐篷里捧本书，垂竿钓鱼，都可以。

老人在这里，可以幸福地有依、有为。金东方颐养中心引进美国CCRC服务体系，并结合中国式、东方式的人文关怀理念，在健康服务、医疗照护、家政保障这些老人最需要关爱的地方，让人无后顾之忧，从而舒心地颐养天年，尽情地享受生活。且不丢掉老人们习惯的社区式服务，让进园的老人身心有依。包括一些细微之处，如定时放些电影老片，组织戏剧演唱，甚至佛堂的摆设，都安排周到，显得人性化。而一些现代化设施，如互联网电脑，颐养中心楼房内也可用，也可私人定制宽带入户，让一些有文化有知识的老年人继续发挥余热，继续有益于社会，有乐于自身。

有位曾在县里任过宣传部长、文联主席的老作家，他写出了好几本乡土气息浓厚的书，生动描绘出许多迷人的江南水乡风光。他的《稼禾记忆》里，满是清新淳朴的风情画。我认识他，也熟读并抄写过他的文章。这次去金东方颐养园，我意外发现这位老作家和妻子也住进了这美妙园地。是巧合，还是一种必然？至少可见人们对颐养园喜欢的气氛，随着岁月的久长而逐渐弥漫开去。

只是，作为专业性、公益性、非营利性于一体的金东方颐养园，毕竟还仅是高端养老的美妙去处。哪天，若能够让高端化和平民化相结合，让公共资源共享，让更多的老人能有选择，能够进入，那么：普天下"别再说自己老，青春从 60 岁开始"，才会真正有从梦想走向现实的可能。期待着：天下老人！（2015 年）

金　东　方

——有你，真好

李小兵

在家是宾馆，出门是公园。金东方如同一个"梦工厂"——将传统的养老院转化成为一个幸福、温馨、和谐的新家园。

我与金东方的缘分还要从头说起。2012年年底，我被公司任命为金东方暖通工程的项目经理时，不满27岁，是参建单位项目经理中较年轻的一位。在这近3年里，我实实在在地参与了金东方的建设，目睹了她从无到有的点点滴滴，陪伴她一同成长起来。

初涉金东方，我认为这不过是一个养老院而已，看着金东方宣传条幅中写着"金东方，五十岁以后的精彩生活"，当时颇感纳闷，五十岁以后已经错过了青春年华，何来精彩生活而言？直到如今走进金东方，我才有了另一番感受，看到洋溢着幸福笑容的老人，看到他们远离闹市的喧嚣，享受这份难得的恬淡怡静，我不禁感慨：有你，真好！

我以往也有参与过类似的养老项目的经历，但是他们的建设团队和服务团队同金东方相比，我感觉还是有些差距。金东方的建设团队，犹如建设自己的家园，兢兢业业，注重每一个细节。在讨论问题的时候，他们会换位思考，假如你是老年人，你会怎样。金东方的服务团队，在工程投入使用后，把每一个会员，都当作自己的父母一样侍奉。金东方人在工程建设和服务过程中都付出很多的汗水，特别是该工程的总掌舵人——金建勇理事长，在工程建设过程中，每天六点多就在工地检查施工进展情况和存在的问题。检查完成后，对存在的问题他从不拖延，会立即召集各参建单位的负责人针对存在的问题逐一解决，绝不含糊；晚上八九点，金理事长还会深入工地，对加班的工人进行慰问。工程交付后，金理事长对服务过程的每一个细节悉心考虑，经常主动去了解老年人在入住过程中存在的困难，包括生活中存在的烦心事，对于老年人提出的困难，他都会在第一时间进行解决。金东方会定期组织服务团队进行各项训练，如角色的扮演、轮椅的使用，真正让服务团队中的每一个成员去切身感受被服务者的心态。徜徉在金东方中，感觉置身在幸福的海洋，迎面遇到的永远都是笑脸。当挂着拐杖的老年人步履蹒跚地走在金东方园区内，每一个发现的人都会主动迎上去，微笑地搀扶着他直到安全地送到目的地。金东方在建设过程中，考虑到每个入住者的需求，如高尔夫球场、菜地、水车、书画室、钓鱼池、篮球场、阅读室、棋牌室、游泳池、多功能厅等，老年人可能的需要几乎都有，要真正地让老人感受到无拘无束，有求必应。特别是今年将投入的服务中心和护理中心，更是锦上添花，金东方让老年人足不出户也能享受到五星级的护理和医疗。

金东方作为一个江苏省的养老示范项目，经常会得到社会各界的关注和考察。肯尼亚总统、常州市委书记、住建部领导先后到访金东方，我有幸作为建设单位代表陪同讲解项目情况，听着各位领导啧啧称赞，我作为金东方建设者的一分子，倍感自豪。

如今，我们的项目已经告一段落，但我还会常回去看看，因为这里早已进驻我的心里，用心感受，就会发现这里的味道只有一种，那就是"家"的味道。

金东方，我以你为荣；金东方，有你，真好！（2015年）

老了，可以这样过

陆约维

看过一篇文章《将来您老了，指望谁？》，答案是：自己，自己，还是自己。在此我点赞，点个大大的赞！

老了，经历坎坷，风风雨雨。是沧桑，亦是辉煌；是平凡的千锤百炼，亦是饱经风霜后的坚强和壮阔！

走过人生的大半辈子，幼时听父母，少时听老师，壮时听领导，唯有老时可以任性——听自己的！

晨起，绕绿堤，拂柳絮，听鸟鸣，赏花草，打太极，练气功。随乐漫舞，任心飞扬！

巳时，或篮球、门球、乒乓球，或高尔夫球、台球、羽毛球。长传短击，跳跃翻飞，彰显当年！

午后，小憩片刻，品茗走棋习字画，水榭垂钓观游鱼，阅报浏览去网吧，看书诵经净心灵！

傍晚，跑步桑拿发汗消食，瑜伽游泳吐故纳新，歌声琴声放飞心情！

入夜，灯火依稀，安逸宁静。褪去铅华，随星月而行，进入了甜甜的梦乡……（2015 年）

文化养老，你准备好了吗

沈成嵩

进入老龄社会，"物质养老"替代了传统的"养儿防老"理念，但对"文化养老"，大家相对比较陌生。

文化养老是近年来随着人民物质生活水平显著提高和适应老年人口不断增长的文化需求，而提出的一种积极的养老理念。它以社会文化与发展为前提，以满足精神需求为基础，以沟通情感、交流思想、拥有健康体魄与心态为基本内容，以张扬个性、崇尚独立、享受快乐、愉悦精神为目的，具有群体性、互动性和共享性的特点。简单说，文化养老就是指政府、社会或家庭在为老年人做好物质赡养、生活照料基础上，提供的一种精神慰藉，以求使老年人精神生活更加丰富，身心更加健康。与物质养老相比，文化养老体现了传统文化与当代人文关怀，是一种更高境界、高品位的养老方式。

其实，文化养老在我们身边早已悄然实行。《常州日报》近期就刊登过常州市老年大学报名火热的报道。这种老年人读书看报、琴棋书画、提高自身修养、发扬优良传统的内容就属于文化养老的范畴。此外，文化养老从内容上还分文体娱乐类和奉献服务类。老年人参与歌舞弹唱、健身旅游、文艺表演，从中老有所乐的就属于文体娱乐类，如参加夕阳红艺术团、门球协会、棋牌球队、跳舞健身操队等。老年人奉献社会，发挥作用，热心参加各类社会活动，老有所为的属奉献服务类。伴随社会文明与进步，文化养老不仅指老有所教、老有所学，更是实现老有所为、老有所乐的基本途径。但现实生活中，因为老年人群体大、文化基础不一、时间充裕、缺少警惕等原因，老年人易被人诱导，参与传销，误入歧途，热衷迷信赌博等，成为文化养老中的不和谐音符，给家庭、社会带来不良影响。

而"常回家看看"的想法，印证了当今老年人孤独寂寞生活的现状，更加突出文化养老的现实性、紧迫性和重要性。那么，广泛推进文化养老需要做什么呢？

首先，老年人要主动参与文化养老。"文化养老乐为先"，文化养老就是要老年人走出去、动起来、学起来、乐起来，在满足老有所养、老有所依的前提下，逐步改善老有所教、老有所学的环境，努力实现老有所为、老有所乐。主动参与就要学习不止。许多老人渴望掌握信息技术，学会淘宝购物、QQ聊天、手机上网等，这就需要通过上老年大学、老年电大等来充电弥补、学习提高。主动参与就要活动不止。常州市有各级各类老年群团组织，喜欢书画，就参加老年书画协会；爱好体育，就报名老年体协；钟情摄影，就参加老年摄影协会……生命在于运动，人有事做不易老，老年人要在文艺活动中享受文化的乐趣，享受人生的幸福。主动参与就要奉献不止。人生在世主要是为了奉献，不是为了索取。老年人有丰富的人生阅历和渊博的智慧积淀，更应当实现自我价值，发挥所长，造福社会。老年人可根据自己特长投身地方文化研究，更多地参与结对资助、调节矛盾、义工服务等工作，服务全社会，关心下一代。

其次，党委政府要支持文化养老。一要从经济文化建设、老龄工作发展、和谐社会建设等层面，重视文化养老工作。现有老年人免费乘坐公交政策就是重视文化养老的一种体现。二要从阵地建设、设施投入等方面提供硬件保证。如满足老年人上老年大学的旺盛需求就是一个方面。三要协调各部门推进文化养老工作。城镇化建设中如何规划文化养老场地、优化文化养老服务、规范文化养老管理等，都需要党委政府领导、协调、落实。

再次，全社会都要参与文化养老。文化养老不仅是老年人的事，更是全社会的事。要形成尊老敬老爱老的社会风尚，像公交车上为老年人让座这种孝文化就要弘扬。要共同享用文化资源，镇街社区、企事业单位有不少文化资源，可让这些文化资源服务于文化养老。要深化社会文化养老服务，社区"四就近"、居家养老、陈宅养老模式都是很好的文化养老的探索和实践，值得深入实施，广泛推广。

"人活百岁不是梦，六十华龄正当时。"物质富裕、精神富足，这是新时代老年人的"老年梦"，文化养老将圆上这个老年梦。文化养老，你准备好了吗？（2016年）

金东方 春光美

杨复辰

春节后，我入住金东方有两月整，感到天天快乐，时时舒心。环境幽美，真是大花园。人情温暖，胜过小家庭。

清晨听闻群鸟鸣，百啭千声，呼朋引伴，追逐嬉戏，比翼双飞。开窗即见，姹紫嫣红，鹅黄嫩绿，生机勃勃，满目皆美景。

沿湖散步真开心，桃红柳绿草青青。湖面犹如一明镜，树木葱茏留倒影。忠孝亭，映蓝天，飞泉溅珠赏喷泉。8 号楼前一小岛，就是动物的桃花源。白鹅成对水上游，无人干扰多自由。雄鸡啼唱声嘹亮，母鸡觅食多悠闲。大树之上有鸟巢，日飞夜宿很安全。对岸有只小木船，野渡无人诗意添。金水桥畔蜡梅飘清香，茶花红艳穿新装，好像一个新嫁娘。红梅樱花灿烂如霞竞绽放，欲夺花魁互不让。无限春光难画描，人比景色更美好。

天南海北来相聚，处处欢声和笑语。虽然初逢人不识，微笑点头打招呼。

走进二楼大食堂，热气腾腾饭菜香。有荤有素有鲜汤，有饭有面，花卷糕饼加杂粮。花色多样营养好，更美还在热心肠。姑娘如花红脸庞，亲切笑问："爷爷阿姨，喜欢吃啥对我讲。"白发老太坐在轮椅上，历经风霜欢度晚年把福享，面带微笑多慈祥，儿女对面一勺一勺把饭喂。"谁言寸草心，报得三春晖"，我抢拍下这个镜头，取名"报春晖"。

书画展厅留春光，长卷短幅琳琅满目挂墙上。楷书隶书，浑厚端庄；篆书古朴，引人深思细观赏；草书龙飞凤舞，气势豪放，令人心旷神怡。猛虎下山，金鸡独立，鲤鱼戏水，牡丹绽放。崇山峻岭势巍峨，小桥流水有人家。苍松迎宾客，山深云满楼。花鸟山水，淡墨彩绘，五彩缤纷，美不胜收。

欢度佳节真闹猛，秧歌队，腰鼓队，大头娃娃满脸笑，锣鼓声声动心房。舞姿美，乐悠扬，大家拍手齐夸奖。到夜晚，灯明亮，大厅一派喜洋洋。联欢晚会又开场，歌舞对唱节目多，猜谜有趣还发奖。老年时装模特队，服饰时尚多鲜亮，雍容大方来亮相，可与姑娘小伙赛一场，返老还童展现美丽风光。

棋牌室，下象棋，打扑克，搓麻将，结交朋友心欢畅，悠闲快乐度时光。

KTV 包厢内，家人亲友大家唱，新歌老戏齐登堂：《心雨》《一剪梅》《甘露寺》《沙家浜》……

浴室游泳池免费开放。洗一洗，浑身舒爽；游一游，增进健康。

一楼有面锦旗墙，面面锦旗闪金光，把那管家、医护、食堂工作人员来表扬。你看那，"好管家，管家好，老人贴心小棉袄""饭菜飘香，情暖人心""不是亲人，胜似亲人"……字字句句，流露出会员深深感谢一片心。

一花独放不是春，万紫千红春满园。感谢金东方的领导和全体员工，你们用辛勤劳动和热情服务，创造出美好和谐的家园，真是处处有春色，四季皆春光。

啊，金东方，我要热情歌唱你，衷心赞美你。"你真是养老福地，人间天堂"！（2016 年）

老 年 长 寿 民 谣

杨文林

"六十老人比较小，七十老人满街跑，八十老人不服老，九十老人随便找，百岁老人精神好"。这是时下流行的一首长寿谣，读了令人高兴。

随着社会的进步，科学的发展，生活的富裕，医疗保健事业的改善，中国人的平均寿生命不断延长。

新中国成立前，中国人的平均寿命仅为 35 岁，而今江苏人的平均寿命已达 77.5 岁，整整翻了一番多，这不能不算是一个奇迹。

中国有句古话，叫做"人生七十古来稀"，如今这话早已过时了。今天的民谣说："谁说七十古来稀，如今百岁不稀奇，七十是小弟弟，八十笑眯眯，九十多来兮"。时代不同了，老寿星比比皆是，过去六七十岁的老人是一种什么形象呢？有首顺口溜说："皱纹满脸间，背曲朝前弯，拐杖不离手，上街要人搀，丢三又忘四，初二当初三。"如今的老人呢，"心态非常健康，身材十分硬朗，思维无比敏捷，行动一切如常"。可见新旧社会两重天，今非昔比不一般。

我们几百位老人，生活在"五星级养老村——金东方"，也听到了几首养老民谣："岁月匆匆眼前过，所剩时光已不多，点点滴滴倍珍惜，重新安排新生活。""琴棋书画天天乐，唱歌跳舞日日欢，种花钓鱼自有趣，结伴聊天乐翻天。""朋友多，快乐多，邻居好，赛珍宝。"有人将我们这些老人称为"新新老人"，说我们是"九十岁的年龄，七十岁的模样，六十岁的时尚，五十岁的衣装，四十岁的追求，三十岁的理想。"真是，返老还童，越活越年轻了，越活越有奔头了，哪有老的迹象。

"人不思老，老将不至。"生命的衰老是自然现象，这是不可抗拒的，但一个智慧老人若能保持身体健康，精神年轻，童心不老，就会笑口常开，乐而忘忧，活一天，乐一天，天天有好心情。有谣曰："一颗平常心，一副好心情，快乐无龄限，越活越年轻。"

养老要有老朋友，喝茶聊天解我忧。

吹拉弹唱在一起，上台演艺又走秀。

天天跳舞唱心曲，一日不见隔三秋。

家事国事天下事，朋友之间多交流。

爱情亲情和友情，结伴养老真不丑。

（2017 年）

第四篇

养老诗词

古诗词吟养老

龟虽寿

曹操（三国）

神龟虽寿，犹有竟时。

螣蛇乘雾，终为土灰。

老骥伏枥，志在千里。

烈士暮年，壮心不已。

饮　　酒

陶渊明（东晋）

结庐在人间，而无车马喧。

问君何能尔，心远地自偏。

采菊东篱下，悠然见南山。

山气日夕佳，飞鸟相与还。

此中有真意，欲辩已忘言。

山中问答

李白（唐）

问余何意栖碧山，笑而不语心自闲。

桃花流水窅然去，别有天地非人间。

淇上别业

高适（唐）

依依西山下，别业桑林边。

庭鸭喜多雨，邻鸡知暮天。

野人种秋菜，老古开原田。

且向世情远，吾今聊自然。

田　舍

杜甫（唐）

田舍清江曲，柴门古道旁。
草生迷失井，地僻懒衣裳。
榉柳枝枝弱，枇杷树树香。
鸬鹚西日照，晒翅满鱼梁。

悯　农

李绅（唐）

春种一粒粟，秋收万颗子。
四海无闲田，农夫犹饿死。

春　晓

孟浩然（唐）

春眠不觉晓，处处闻啼鸟。
夜来风雨声，花落知多少。

山　行

杜牧（唐）

远上寒山石径斜，白云生处有人家。
停车坐爱枫林晚，霜叶红于二月花。

浪淘沙

刘禹锡（唐）

莫道谗言如浪深，莫言迁客似沙沉。
千淘万漉虽辛苦，吹尽狂沙始到金。

题信天巢集

高翥（宋）

信天巢小仅容身，中有图书障俗尘。
不与世争闲意气，且随时养老精神。
破铛安稳齐钟鼎，短褐参差比缙绅。
渴饮三杯饥两饭，主人日用未为贫。

挽李处士

杜范（宋）

确荦群山兀海隅，芬川蔚有吉人居。
施仁一念周乡井，称善同声溢里闾。
教子垂芳心有待，荣亲养老意何如。
贻恩漫尔撑门户，肯负当年一束书。

寄　　内

董萝（宋）

别向春闱十载深，家园无梦可追寻。
酸风冷月凄官阁，瘴雨蛮烟度郁林。
养老需卿扶健杖，怕寒怜我守孤衾。
封侯未卜常滋愧，一寸程途一寸心。

薄　　粥

陆游（宋）

薄粥枝梧未死身，饥肠且免转车轮。
从来不解周家意，养老常须祝鲠人。

过零丁洋

文天祥（宋）

辛苦遭逢起一经，干戈寥落四周星。
山河破碎风飘絮，身世浮沉雨打萍。
惶恐滩头说惶恐，零丁洋里叹伶仃。
人生自古谁无死？留取丹心照汗青。

养老客

寒山（唐）

寒山道，无人到。
若能行，称十号。
有蝉鸣，无鸦噪。
石磊磊，山隩隩。
寒山寒，冰锁石。
藏山青，现雪白。
日出照，一时释。
从兹暖，养老客。
我居山，勿人识。白云中，常寂寂。
寒山深，称我心。纯白石，勿黄金。
泉声响，抚伯琴。有子期，辨此音。
重岩中，足清风。扇不摇，凉冷通。
明月照，白云笼。独自坐，一老翁。

懊恼歌

刘基（明）

养儿徒养老，无儿生烦恼。
临老不见儿，不如无儿好。

石灰吟

于谦（明）

千锤万凿出深山，烈火焚烧若等闲。
粉身碎骨全不怕，要留清白在人间。

赴戍登程口占示家人

林则徐（清）

力微任重久神疲，再竭衰庸定不支。
苟利国家生死以，岂因祸福避趋之。
谪居正是君恩厚，养拙刚于戍卒宜。
戏与山妻谈故事，试吟断送老头皮。

江山代有才人出

赵翼（清）

李杜诗篇万口传，至今已觉不新鲜。
江山代有才人出，各领风骚数百年。

竹　　石

郑板桥（清）

咬定青山不放松，立根原在破岩中。
千磨万击还坚劲，任尔东西南北风。

化作春泥更护花

龚自珍（清）

浩荡离愁白日斜，吟鞭东指即天涯。
落红不是无情物，化作春泥更护花。

咏　松

郑板桥（清）

风吹雨打永无凋，
雪压霜欺不折腰。
拔地苍龙成大器，
路人敢笑未凌霄。

咏　兰

郑板桥（清）

（一）

兰草已成行，山中意味长。
坚贞还自抱，何事斗群芳。

（二）

峭壁一千尺，兰花在空碧。
下有采樵人，伸手折不得。

（三）

兰花不是花，是我眼中人。
难将湘管笔，写出此花神。

金东方老人养老古诗词

凉亭闲聊

劲草老人

斜阳淡照落疏影，
夏荷轻摇抒闲情，
知己倾心何处是？
清风徐来湖心亭。

昨日崎岖也是金

东方老人

百岁老人几浮沉，
雾里乾坤寻梦人，
莫道坦途迟与早，
昨日崎岖也是金。

夕照南山霞满天

高山

光阴匆匆三经年，
萍水相逢意惠言。
五湖四海成知己，
聊天养生史无前。
莫道人间桑榆晚，
夕照南山霞满天。

人生百岁更逍遥

赵锦土

东方颐养远尘嚣，
三秋深院正风骚。
篱边黄菊无心瘦，
水上芙蓉有意姣。
耄耋于今休老大，
人生百岁更逍遥。

日出东方霞满天

陈锡坤　岳其大

日出东方霞满天，
文化养老颐天年，
琴棋书画不老丹，
歌舞戏曲乐心田，
种瓜采豆东篱下，
垂钓品茗太极拳，
千金难买老来乐，
欣逢盛世笑开颜。

清平乐·初到金东方

姚仁富

把臂引路，
疑是豫园入，
居家养老添服务，
日子这边独好。

会所娱乐总多，
歌舞棋牌玩球，
老叟坚信未来，
更加快快乐乐。

贺重阳

朱镜芳

北雁南归贺重阳，
颐养园内黄花香，
霞光满天映皓首，
养老莫过金东方。

一年一度秋风劲，
此处秋光胜春光，
文化养生年轻态，
要将重阳当端阳。

月里嫦娥向吴刚

钱湘元

月里嫦娥向吴刚，
人间何处好颐养，
玉兔遥指西太湖，
文化养生金东方。

喝茶聊天话乡愁，
不忘初心说兴邦，
人老怎敢忘忧国，
读书读报读华章。

金东方寓居六首（五律）

潘文瑞

其一

暮年因好静，投宿太湖边。
环境清幽美，园林草木妍。
诗书唯一好，酬唱有三弦。
当以蓬莱比，逍遥山水间。

其二

漫步清溪路，落霞明紫庭。
花间亲老阁，竹外孝心亭。
绿凫归巢宿，白毛拍翅暝。
春来增秀色，岸柳已青青。

其三

清明酥雨润，坪草绿油油。
杨柳春风剪，芦蒲玉露抽。
虹桥融月色，灵石偎松猷。
此处荒池水，羡鱼好放钩。

其四

今觉投闲好，深居午梦长。
愁怀容我放，倦眼笑人忙。
倚枕翻诗集，勺泉瀹茗香。
问心知晚福，莫道旧时伤。

其五

东方颐养地，莫道我庚长。
自演京昆戏，传书锦绣章。
挥毫描福寿，剪纸贴花墙。
名士东南富，当年龙虎榜。

其六

夕阳西下晚，湖畔旅人稀。
皓首观残月，禅心学古诗。
低吟工部句，品味谪仙词。
秉烛沉寥夜，神清乐自持。

金东方铭

刘伟

地不在偏，有名远扬，院不在大，有路坦荡。斯是金东方颐养园，老年人养老天堂。庭院树木葱茏，池水微波荡漾。鸟语花香，蛙声蝉鸣。远都市车马之喧嚣，养宇宙天地之精气。谈笑识新朋，交往无拘谨。修心且阅书看报，棋牌对弈，舞文弄墨，琴瑟和鸣。健身则游水戏球，翩翩起舞，健步畅行。无一日三餐之烦劳，去求医问药之忧虑。四方贤集之会员，无不啧啧称道，皆曰幸福美满。

现代诗文选

金东方十二月颐养小令

沈成嵩

（一）

正月龙灯

腰鼓狮子皮老虎

爆竹声声

春卷汤圆庆元宵

互贺新春

（二）

二月春寒

春天要捂晚脱棉

荠菜马兰

毛笋咸肉笃豆腐

越吃越鲜

（三）

三月艳阳

梨白桃红金东方

美景美园

载歌载舞唱新曲

老人乐团

（四）

四月清明

孝悌人家要上坟

忆祖思恩

新茶新豆新莴笋

合家团圆

（五）

五月端阳

颐养中心裹粽忙

喝茶聊天

家事国事天下事

说短话长

（六）

六月农忙

金东方美景是荷塘

蝉声蛙声

一片田园好风光

是城是乡

（七）

七月流火

老人卧室不觉暑

疑是庐山

不是疗养胜疗养

身心舒处

（八）

八月桂花

颐养花园翰墨香

丹青书法

摄影佳作贴满墙

文化之乡

（九）

九月国庆

老年戏迷忙化妆

京剧锡剧

相声小品河南梆

声声董郎

（十）

十月阳春

每月一次祝寿辰

集体做寿

老人越活越年轻

返老还童

（十一）

冬月冰封

金东方四季如春

三餐美味

少盐少糖少脂肪

粗蔬养生

（十二）

腊月梅香

养老莫过金东方

医养结合

五湖四海齐相聚

他乡故乡

这真是：

颐养文化金东方

琴棋书画歌舞畅

文化体育长生药

心情愉悦不老汤
放歌一曲十年少
邻里和谐宽心肠
天涯游子若比邻
不是天堂胜天堂

金东方花草剪影（八则）

沈成嵩

月季

莫道花无十日红，
月季无日不春风。
枝头香气超桃李，
乐坏园中颐养翁。

杜鹃

花中西施属杜鹃，
开在园中溪水边。
可与牡丹比国色，
赠给老人颐养年。

茶花

园中四月雨兼风，
桃李飘零扫地空。
唯有茶花耐长久，
绿丛又放数枝红。

蔷薇

落户农家不嫌贫，
丛生荒郊乐为邻。
万朵小花成气候，
临波而立真性情。

野花

颐园盛开无名花，
清新淡雅朴无华。
名利场中无地位，
落户寻常百姓家。

野草

野草青青一树明，
春光最爱夕阳人。
莫道野草不是景，
岁岁枯荣生复生。

垂柳

春剪垂柳万千条，
植根沃野绿平川。
根根柳条接地气，
身处高位不自高。

芦花

朔风月夜板桥霜，
鸿雁展翅渡苇塘。
惊飞芦丛夜宿鸟，
花絮飘飘白雪扬。

金东方美

沈成嵩

金东方美啊金东方美，
美就美在环境美，
绿荫全覆盖啊，
处处翠鸟飞
一年四季花似锦，
轻轻池塘鹅戏水。

金东方美啊金东方美，
美就美在文化美，
琴棋诗书画啊，
歌舞令人醉，
文化颐养精气神，
幸福快乐活百岁。

金东方美啊金东方美，
美就美在服务美，
医养护结合啊，
贴心服务队，
全心全意为老人，
精心侍奉全方位。

贺重阳，点赞金东方戏曲协会

沈成嵩

岁岁重阳，
今又重阳，
一年一度秋风劲
养老最宜金东方。

蟹肥菊黄，
桂子飘香，
养老村里乐器响，
生旦净末齐登场。

京剧越剧，
沪剧滩簧，
江南丝竹伴奏，
戏曲协会精心煲制"心灵鸡汤"。

燕子来做媒，
雷雨金钟响，
石榴裙下平民女，
霸王别姬败乌江，
红色种子山河恋，
风声紧急沙家浜，
攀弓带夫妻同心，
送凤冠小品笑断肠。

颐养文化，
开心健康，
琴棋书画"长生药"，
戏曲歌舞"不老汤"，
感谢五星养老村，
最佳导演金区长！

集体祝寿

沈成嵩

同志们，朋友们，
你参加过集体婚礼，可你见过集体寿礼吗？
没有！
可在金东方，
每月六号，都在举行集体寿礼！
不管是赵钱孙李，也不管是周吴郑王，
不管是男女老中少，也不管是汉满蒙回藏，
不管是东南西北中，也不管是工农兵学商，
只要是同一个月过生日，就将共同步入寿堂！

几十位寿星聚在一起，载歌载舞，尽情欢唱，
吹蜡烛，许心愿，生日歌，吃蛋糕……
参加这样的寿礼，
其福融融，其乐融融，其趣融融，其情融融，
这是何等的壮观，这是何等的时尚！

参加祝寿的既有同事同乡，
又有相识和不相识的朋友到场，
他们都有一个共同的名字：金东方！
这简直就是一个寿星班级，
这简直就是一个寿星连队，
太有趣了，太好玩了！

瞧，夫妻双双当寿星！
瞧，这一家子，竟是三代同堂——
老顽童和小顽童一起戴寿星帽，
老奶奶和外孙女一起定格在镜头上。
大屏幕上传来了孙儿孙女的祝福，
大洋彼岸也向金东方的老人送来幸福吉祥！

这样的寿礼，

就是世界第一寿，就是人间第一礼！

集体祝寿，

这是金东方人的智慧，这是金东方人的创新、创造。

在中国社会学、民俗学、家庭伦理学上，

将增添新的词条——"金东方人的集体寿礼"！

这样的寿礼充满着创新，活力，联动，包容，

这样的寿礼充满着人情、友爱、温馨、慈祥。

这可是人间的大爱啊！

这就是黄金有价情无价！真情大爱金东方！

东方金色余晖

沈成嵩

东方金色余晖，
花甲之人心醉。
青山绿水蓝天，
笑语伴随歌飞。

东方金色余晖，
天堂颐养最美。
小桥流水人家，
夏荷秋菊蜡梅。

东方金色余晖，
桃花源里可慰。
琴棋书画体操，
身心愉悦百岁。

东方金色余晖，
天然氧吧无愧。
返老还童心态，
人间大爱况味。

东方金色余晖，
快乐幸福智慧。
传承敬老孝悌，
构建和谐社会。

东方金色余晖，
爱心真诚心美。
全心服务老人，
口碑胜似奖杯。

夕照金东方

沈成嵩

夕照金东方，
秋光胜春光。
人间有大爱，
颐养在天堂。

夕照金东方，
此处赛苏杭。
记得住乡愁，
他乡似故乡。

夕照金东方，
老人暖心肠。
兄弟姐妹爱，
天涯情谊长。

夕照金东方，
读书著华章。
吟诗又作画，
砚田耕耘忙。

夕照金东方，
绿色生态香。
益寿又延年，
提前奔小康。

入住金东方　我决定慢下来

沈成嵩

入住金东方，
我决定，慢下来。
外面的世界充满喧嚣，
现代生活节奏过快，
搏风击浪一身伤痛，
奋斗半辈两袖尘埃，
让颐养中心的晨露洗涤心灵，
听阵阵鸟语梦回天籁。
感知颐养文化，我决定慢下来。
慢下来，让身心慢下来，让思绪慢下来。
在轻歌曼舞中回忆青春，
在琴棋书画中乐享未来。

慢下来，把焦灼变成记忆，
慢下来，把时尚搁在园外，
和老友一起品茗聊天，
和老伴一道种瓜种菜，
祖孙三代打牌逗趣，
花草虫鱼闲散情怀。
慢下来，阅读案头的书，
慢下来，咀嚼盘中的菜，
慢下来，细品杯中的酒，
慢下来，回味人生的爱，
慢下来，看园中的花花草草，
慢下来，赏天空的五色云彩。
我决定慢下来，慢下来。

健康乐活，慈善和谐，
返老还童，朴实可爱。
远离追名逐利，
不要掌声喝彩，
不为儿孙忙碌，
看淡功利世界。
放慢是淡定者的从容，
放慢是沧桑者的释怀。
放慢是老年人健康的体现，
放慢是颐养人生的应有心态。

这真是：
采菊金东方，
悠然看蓝天。
园中是氧吧，
天空多白云。
鸡鸣竹林里，
鹅戏绿水前。
只可自愉悦，
不能赠与君。

金东方十二月花词

沈成嵩

（一）

迎春花开金灿灿，
颐养老人乐得欢。
春节元宵大舞台，
载歌载舞兴致专。

（二）

二月白玉兰花艳，
红杏枝头闹春荫。
春眠鸟语不觉晓，
心静修身又养性。

（三）

三月桃花笑春风，
老人四季皆如春。
琴棋书画长寿药，
戏曲歌舞可健身。

（四）

四月芦苇出池塘，
尖尖小荷水中央。
丝竹声声锣鼓响，
你方唱罢我登场。

（五）

五月榴花红胜火，
蛙声咯咯如打鼓。
家事国事天下事，
老人也要鼓与呼。

（六）

六月荷花别样红，
老人书画显神通。
文化颐养能长寿，
身心愉悦在福中。

（七）

七月鸡冠太阳花，
亦乡亦城亦农家。
民间自有真情在，
接近地气乐无涯。

（八）

八月中秋桂花香，
月里嫦娥回头望。
巧手编织又刺绣，
绣出玉兔和吴刚。

（九）

九月花开话重阳，
但愿早日奔小康。
人老不忘中国梦，
幸福生活万年长。

（十）

十月秋菊喜怒放，
小桥流水板桥霜。
各种球类比竞技，
体育锻炼不老汤。

317

（十一）
冬月水冷雪花纷，
老人心中热腾腾。
五湖四海齐会聚，
同住五星养老村。

（十二）
寒冬腊月梅花丛，
老人体健不老松。
医养文体四结合，
九十老翁可还童。

总结：
金东方苑唱百花，
口碑点赞大中华。
文明花开最珍贵，
黄金有价花无价。

对衰老的回答

周 涛

孩子们不会想到老，
当然新鲜的生命连死亡也不会相信。
青年人也没工夫去想老，
炽烈的火焰不可能理解灰烬。
但是，总有一天衰老和死亡的磁场，
会收走人间的每一颗铁钉！
我想到自己的衰老了。
因为年龄的吃水线已使我战栗、吃惊；
甚至于在梦中都能感到，
生命的船正渐渐下沉。
"但是别怕！"我安慰自己，
人生就是攀登。
走上去，不过是宁静的雪峰。
死亡也许不是穿黑袍的骷髅，
它应该和诞生一样神圣。
我也设想了自己的老境——
深秋叶落的梧桐，
风沙半掩的荒村；
心的夕阳，
沉在岁月的黄昏，
稀疏的白草在多皱的崖顶飘动；
颤抖滞涩的手笔，
深奥莫测的花镜，
借一缕冬日罕见的阳光，
翻晒人生的全部历程。
"累吗?"我想问自己，
回首往事，最高的幸福应该是心灵不能平静。
我很平凡，不可能活得无愧无悔，

我很普通，也不敢奢望猎取功名。
我宁肯作一匹消耗殆尽的骆驼，
倒毙于没有终点的途中；
我甘愿是一匹竭力驰骋的奔马，
失蹄于不可攀登的险峰。
让我生命的船在风暴降临的海面浮沉吧，
让我肺腑的歌在褒贬毁誉中永生。
我愿接受命运之神的一切馈赠，
只拒绝一样：平庸。
我不要世俗的幸福，却甘愿在艰难曲折中寻觅真金。
即使我衰老了，我也是骄傲的：
瞧吧，这才是真正好汉的一生！
白发如银，那是智慧结晶；
牙齿脱落，那是尝遍艰辛。
我将依然豪迈，依然乐观，
只是思想变得大海般深沉。

命运哪！你岂能改变得了我的本性？
我会说："我生活过了，思索过了，
用整整一生作了小小的耕耘。"
我愿身躯成为枯萎的野草，
却不愿在脂肪的包围中无病呻吟，
我愿头颅成为滚动的车轮，
而决不在私欲的阵地上固守花荫；
我愿手臂成为前进的路标，
也决不在历史的长途上阻挡后人。
这才是老人的美啊——
美得庄严，美得凝重。
岁月刻下的每一笔皱纹，
都是耐人寻味的人生辙印。
这才是我的履历，我的碑文，
才是我意志的考场，才能的准秤。

而且，越是接近死亡，
就越是对人间爱得深沉；
哪怕躯壳已如斑驳的古庙，
而灵魂犹似铜铸的巨钟！
生活的每一次撞击，
都会发出浑厚悠远的声音。
假如有一天，
我被后人挤出这人间世界，那么高山是我的坟茔，
河流是我的笑声，
在人类高尚者的丰碑上，
一定会找见我的姓名！

金东方赋

陈志福

常州沐春风，太湖流域情。广玉兰翠绿，月季花艳红。
金东方温馨，颐养园感动。社会福利好，民办非企兴。

养老会员制，医养康护中。"三位一体"赞，出暖花开盛。
颐养中心美，细致服务精。养老模式新，生活体验呈。

绿色生态地，高档养老城。尊老敬老传，核心价值领。
高端养老院，首家专业性。文化底蕴处，历史"龙城"称。

改革开放起，和谐加包容。面对老龄化，颐园中心成。
无障碍设计，高品质人生。温馨舒适住，安全便利行。

"以人为本"路，东方韵味浓。风格典雅带，风光无限景。
生态自然建，怡老养老境。亭台林立美，中式园林型。

园区门口处，购物超市醒。四周绿水绕，小桥别样萌。
阳光房太极，伴音乐品茗。服务五星级，入住心恬静。

金东方一日

沈成嵩

凌晨金东方，
安宁静谧，
远处布谷声声，
近处虫声如雨，
湖山上报晓金鸡。

晨曦亮丽，
满眼见绿，
白鸽入云霄，
晨练老人健步，
一招一式太极。

上午举杯品茗，
好友满座，
茶香四溢，
棋盘对弈，
键盘敲击，
越洋视频对接。

宽敞书画室，
挥毫泼墨，
书法铭志趣，
丹青寄深情，
从传统文化中寻寻觅觅。

江南丝竹，
乐器悠扬，
京剧、锡剧、越剧，
美轮美奂的地方戏曲。

锣鼓声中，

粉墨登场了，

一个个生旦净末丑。

老年聊天养生，

趣说家事国事天下事，

畅谈爱情亲情友情，

人老怎敢忘忧国，

不忘初心，

永葆本色。

午后精蓄神养，

门球挥杆，

台球追逐，

羽毛挥拍，

乒乓角逐，

你追我赶，

好不快乐。

卡拉 OK，

翩翩起舞，

探戈飞旋，

三步四步，

银发金裙，

舞出夕阳春色。

农耕园中，

瓜棚豆架下，

满是收获，

老翁竹篱下，

采摘稼禾乐趣，

健体赏心悦目。

池塘碧水，

凉亭翠竹，

小桥轻架，

一派江南农家乐，

但见白鹅曲颈高歌，

红荷上一只只蜻蜓展翅独立。

夏秋入夜，

凉风习习，

月明星疏，

蛙声如织，

老人笑醒了，

梦乡中还在寻乐。

变老的时候会更好

李兰萍

我曾经看过一篇诗稿，
说是，变老的时候要变好。
我想，我一定能做到！
而且是，想要多好就有多好！

变老的时候要变得更好。
因为我上有老下有小，
我是我们家中的宝，
上上下下都把我瞧。

变老的时候要变得更好。
我是金东方的会员，我对自己的要求很高，
金东方是我的家，我要把她的声誉维护好，
因为，我要在这里好好地养老。

变老的时候要变得更好。
不仅要对自己好，我也要对别人好，
我们有缘到金东方来养老，
那是咱们三生有幸，福星高照。

变老的时候要变得更好，
我爱保洁员，因为他们天天把卫生搞，
我爱维修工，有他们在我们的生活就牢靠，
我爱金东方，因为一跨进金东方我的心情就好！

变老的时候要变得更好，
我要爱这里的一花一草，
因为它们天天对着我笑，
所以，我也要对它们说"你们好！"

变老的时候要变得更好，
因为，我知道，活到老要学到老，
新生事物有多少？
这一辈子我都学不了。

兄弟姐妹，你们好，
让我们携起手来把舞跳，
跳出我们的老来俏，
跳出我们的品质高！

金东方我的家

李兰萍

金东方，好好好，
我们携手来养老；
要问为啥来这里，
我们和您唠一唠。

金东方，理念好，
尊荣、现代、时尚、生态是头一条，
生老病死有保障，衣食住行都关照，
这些我们不赘述，只把娱乐聊一聊。

阅览室，静悄悄，
上网、看报随你挑，
足不出户观天下，
国家大事全知道。

书画室，值得瞧，
书画作品人称妙；
国画、油画、丙烯画，
隶书、行草造诣高。

门球、门球，好东西，
费力不太大，技术可不低，
站正、瞄准、盯住、屏息、稳击，
快乐门球，健康第一。

台球室里真热闹，
彩球撞击热情高，
你一杆来我一杆，
杆儿起球落技艺高。
棋牌室里来练脑，

象棋、围棋、扑克、麻将一样都不少，
运筹帷幄、酣战淋漓，
老当益壮把胜券操。

练功房里练舞蹈，
婀娜多姿身影俏
身轻如燕俏女郎，
要是告诉你年龄准把你吓一跳。

好茶、好水、好糕点，
好人围成一个圈，
说说家长和里短，
明是非，促团圆。

老年大学，人才济济，
讲课的、听课的都很积极，
活到老要学到老，
拿多少文凭都不稀奇。

手工坊里色彩斑斓，争奇斗艳，
动物、花卉样样齐全，
心灵手巧装点生活，
我们的生活比蜜还甜。

游泳池水清澈见底，
浪里白条上下翻飞，
三天两头水里一钻，
省下了好多医药费。

翠绿草坪郁郁葱葱，
白色小球来回翻滚，
弯腰、瞄准、击球、转臀、挥杆，
高尔夫球钻进了洞。

钢琴房里琴声悠扬，
弹琴的人儿低吟浅唱，
幸福的生活到处是歌，
美好的未来令人向往。

再来看看乒乓球室，
你推我挡大汗淋漓，
上旋下转，你抽我拉，
小小的球儿传播友谊。

健身器械叮当响，
那是我们的健身房，
跑步、骑车、握哑铃，
练的身体硬朗朗。

聊天室里人丁旺，
国家大事心中装，
热点、焦点和看点，
每一点都给你说得明明白白、荡气回肠。

最后还想告诉你有一个去处不可少，
若想和上帝来对话可到教堂去祷告，
若想与佛来沟通，可到佛堂去念经，
当然，还有我们众多的兄弟姐妹们。

金东方的好处道不完，
今天只说了一点点，
让我们共同来体验，
幸福美好就在眼前！

"抗疫"三感

金建勇

编者按：

新冠肺炎疫情发生的三年多里，以习近平同志为核心的党中央团结带领全党全军全国各族人民同心抗疫，取得疫情防控重大决定性胜利，创造了人类文明史上人口大国成功走出疫情大流行的奇迹。三年中，金东方会员与员工同舟共济，共渡难关。颐养中心理事长金建勇在三年多的抗疫实践中有很多感想，曾先后写下《2020 抗疫有感》《2022 抗疫又感》《2022年底抗疫再感》。这些诗歌既反映了当时的国际、国内宏观形势，也记录了金东方的抗疫实践和会员状态，对当时疫情形势判断有较大预见性。今天读来，仍值得回味。

2020 抗疫有感

（2020 年 5 月 6 日）

二零二零奔小康，遭遇病毒来劫场。
新冠肺炎从天降，世界人民都遭殃。

英明决策党中央，人民战争威名扬。
统一行动力量强，令行禁止高风尚。

打响武汉保卫战，千军万马去增援。
火神雷神方舱院，医生护士加志愿。

集中优势办大事，集合专家科学治。
要与死神来拼命，危重病人总生还。

白衣战士打先锋，全国人民宅家中。
隔离病毒神机算，陆海空天特种战。

养老机构金东方，会员人人斗志昂。
团结一致抗疫情，爱国主义大发扬。

时值五月火红天，中国抗疫已告捷。
世界病毒正蔓延，尚需坚守力不懈。

精准施策显高招，复工复产复活力。
誓把病毒全消灭，美好生活早实现。

2022 抗疫又感

（2022 年 4 月 9 日）

二零二零抗疫年，新冠突袭大武汉。
全国人民齐参战，当年五月捷报传。

老汉参战有体验，预测世界风云变。
呼吁抗疫莫松懈，写下感想作留念。

如今抗疫已三年，又值火红五月天。
再写感想忆战事，留得思考史为鉴。

抗疫本非艰难事，阻断传播即胜利。
感叹世界这么大，不会人人都听话。

西方抗疫政治化，最初竟想看笑话。
谁知石头砸自脚，罪有应得受惩罚。

中国抗疫常态化，国外共存讲废话。
罔顾苍生骗选票，躺平不干两手摊。

由于西方给机会，病毒趁机花样变。
前脚刚走德尔塔，奥密克戎又翻版。

虽然中华清零早，国外输入难防范。
动态清零总方针，实属硬仗不易打。

变异病毒实狡猾，隐姓埋名暗中达。
社区传播速度疾，多城感染风险大。

几度激战几度胜，彻底消灭实艰难。
最终上海也沦陷，全国爱沪大决战。

金东方人保家园，阻断传播是关键。
会员闭门隔病毒，员工地铺斗志酣。

两名密接风波起，百余老人被隔离。
八轮核酸见到底，园区安全没问题。

统一买菜保生活，专场看病防感染。
一桌一人去用餐，洗浴也要有时限。

心理健康能量大，活动场所来交换。
家园共祭寄深情，几度清明一日还。

健康之声广播响，专家坐堂来分享。
家国情怀都要讲，会员听了心欢畅。

党的领导指航向，志愿者们高风尚。
一切服从党中央，战胜疫情指日望。

2022 年底抗疫再感

（2023 年 1 月 5 日）

新冠病毒实凶险，中国抗疫整三年。
三大战役战果显，经验教训很深刻。

首开武汉保卫战，为了全国大安全。
举国之力保武汉，首战告捷值得赞。

此间闭国又封城，隔断病毒传播情。
果然半年清了零，当年经济大跃升。

二零二一更给劲，动态清零打头阵。
外防输入更精准，不让病毒进家门。

集中隔离成热门，三码价值赛黄金。
全国不断产业链，经济领跑全世界。

二零二二实不易，病毒变异太诡异。
沪深两市遭沦陷，重创经济到底线。

胜利召开二十大，举旗定纲指航向。
第一要务是经济，人民至上重权益。

国家防控出新政，动态清零被停行。
取消三码和核酸，自测抗原责任担。

养老机构金东方，认清形势快换挡。
降低三率为方向，能防则防尽量防。

联防联控优势强，治疗管控讲得当。
确保低染低死亡，生活最小受影响。

员工会员高风尚，志愿队伍响当当，
物资紧缺相互让，遇有困难抢着上。

虽然一波高峰过，病毒底线尚未见。
继续努力不松懈，斗志昂扬迎春天。

第五篇

媒体声音

常州"金东方"："在水一方"的五星级退休村

孙晓飞 刘 洋

仲秋的北京，已是落叶缤纷的季节。记者从北京出发时，行囊里不得不装入厚厚的秋装，以抵御回京时恼人的秋风。

经过 4 个多小时的高铁之旅到达常州，感受到的却是一派春意。"花博园"内争奇斗艳的花朵，为常州营造了一个春天般的世界。西太湖畔，一个叫"金东方颐养园"的中国五星级养老村，是旅行的终点。园内，一泓清澈的碧水和绿茵茵的草坪，环绕着古色古香的五星级中央会所。微澜轻起，湖波荡漾，不由得让人产生一种不真实的幻觉：不远处正持箫长吟的老先生，是都市中的一位退休长者，或是归隐山林的一个奇士？

湖边倚栏而立，在常州的熏风中沉醉良久，才恍然惊觉，我所在的"金东方颐养园"，要营造的，可能就是这样一种新时代的"世外桃源"之美：所居，乡村的大美之境，所需，都市的百般富足。

夜色渐起，灯光齐亮，离开湖边，回首一望，现代化的五星级中央会所，如一只高贵的天鹅，静卧在水中央。

湖边养老：常州"金东方"的智性思考

中国正成为一个退休者大国。到 2020 年，60 岁以上的退休者将达 2.43 亿。而随着生活水平和保健水平的提高，中国人平均寿命延长。漫长的晚年时光，将去哪里度过？成了许多人要思考和选择的重要问题。

尽管许多有传统观念的老人喜欢在熟悉的环境里安度晚年时光，但仍然有相当一部分追求品质生活的老人向往另外的选择：去一个环境更好、风光更美、温度更适宜、养老服务更完善的地方，用一种崭新的养老方式开始另一段精彩的人生。

采访中了解到，常州"金东方颐养园"，吸引了不同类型的退休者来这里养老。

叶落归根型。75 岁的赵东来（化名，为保护退休者隐私）是一个在北京居住工作了数十年的常州人，中国人向来都有叶落归根的传统，退休后，赵先生一直想回常州养老，却一直没找到合适的地方。

2013 年年初，常州的外甥女打电话告诉他，常州"金东方颐养园"已经建得差不多了：绿化率高达 50％以上，景观湖 1 万多平方米，有近 7万平方米的配套设施，有湖滨景观公寓、临水花园洋房等多种房型可供选择。

更重要的是，外甥女还向他提供了这样的线索：这里不但建有老年活动中心，还配套建了护理中心和商业中心，护理中心是建在园区内的一家三甲医院，专为老年人提供医疗和护理服务，让赵先生一下子放下了所有的后顾之忧，在电话里就催外甥女帮他马上订一套湖滨景观公寓。

空巢寻伴型。来自上海的陈永娣（化名）今年才刚刚 49 岁，女儿留学国外，她和她先生成了空巢家庭。他们不大可能选择异国养老，而大都市里的喧嚣，又让她不愿意选择居家养老留在上海。听人介绍了"金东方颐养园"后，专程考察了 3 次，最终决定把晚年的"家"安在常州。

生怕和这里的人不熟，她拉上了同样年纪的好友，以便真的开始养老生活时，彼此有个照应。两人买了不在一个单元的隔壁，既有各自的私密空间，又可在一楼的共享大厅方便地沟通。"金东方颐养园"会员中心的工作人员告诉记者，在这里，像这样类型的养老者有很多。

江南安居型。67 岁的李向明（化名）家住东北的一个县级城市，儿子在北京工作，是一家公司的高管，想让他去北京养老。但北京严重的雾霾吓退了这位对生活品质有要求的老人。

李向明喜欢文学和书画，南方的温润山水，一直是传统中国山水画的典型画境，退休了，选择一处有湖、有林、有田的地方，远望则眼底烟云，近谈则品茗怀古。在网络上看到介绍"金东方颐养园"的文章后，借儿子和他一起去常州看"花博会"的机会，亲自到"金东方颐养园"考察。

湖边大宅，中央会所，护养医院，这些，都打动了李向明。儿子也认为，常州处于"长三角"的有利位置，与上海、南京、杭州等距相望，均只需 1 小时车程，交通十分便利。相对来说，来这里养老，比在老家和北京都要好。

但最后让他决定留在常州的，却是儿子的建议："金东方颐养园"不像普通的养老住宅一样，不出售70年产权，而是出售长期的会员权。

李向明的儿子告诉他，会员权，同样是一种受保护的权利，只要品质过硬，肯定会因其稀缺性而升值。儿子前几年买了一家高尔夫会所的会员权，后来转让出去，同样赚了很多钱。同时，最大的好处是，可随时交易，还不用交税费。假如有一天李向明走了，儿子又不愿意或者不方便来这里居住，就可以把会员权转让出去。

李向明表示，2014年入住后，就带着老伴儿来常州，成为一名新常州人，一个有传统书画里的名山胜水可陪伴的南方人。

北方的老家，只偶尔像候鸟一样飞回去，因为那里，毕竟还有其他朋友和亲人。

持续照料：国际养老理念的引进和实行者

在"金东方颐养园"，理事长金建勇介绍说，我们正在将公园式的社区规划、家庭式的居住环境、酒店式的精致服务和医院的医疗保障完美地融合在一起，目的是在长三角地区打造一家专业性、公益性、非营利性于一体的高端养老项目，让退休者根据个人需求和经济能力进行选择，使养老住所呈现多元化，增加退休者的选择机会。

金建勇说，"金东方颐养园"获得了建设部有关负责人的肯定，称赞"先进理念让我遇见了知音，这个项目非常有远见。"这位负责人还称赞会员制运营模式"非常高明，既运用了美国、加拿大的成熟营运理念，又充分考虑了中国国情，目前在国内还很少见。"

"但我们在国内真正领先的，还是'CCRC 3＋1'服务理念"，金建勇说。

所谓的CCRC，是起源于美国的"持续照料退休社区"理念，指复合式的老年社区，通过为老年人提供自理、介助、照护一体化的居住设施和服务，使老年人在健康状况和自理能力变化时，依然可以在熟悉的环境中继续居住，并获得与身体状况相对应的照料服务。

在这个理念基础上，"金东方颐养园"创建了"CCRC 3＋1"体系，即健康服务体系、介助保障体系、医疗照护体系加社区公共配套服务体系。

除此之外，"金东方颐养园"还想做得更多。

金建勇透露，医疗中心建成之后，每个家庭都会配备家庭医生，平时为住户做好健康管理，有病去医院问诊及输液，有专人负责，治疗完毕马上可以回家。这样，可以帮助退休者消除患病期间的焦躁感和恐惧感，永远在家的附近，得到家人一般的照护。

"金东方颐养园"内建有"迷你"高尔夫球场，有一座原地保留了一百多年的历史古桥，一片带有农耕水车的稻田，园内还有一块小型"开心农场"，让退休者可以像古代的还乡者那样，边耕边读边思考，过一种高品质的退休退隐生活。

采访结束的时候，我在中央景观湖边伫立良久，一个老者也沉醉不已地欣赏着湖面的点点微波。共同向湖水投射着情感，让我们瞬间心灵相通。在家是宾馆，出门是公园，就诊有医院，护理在家园，设施现代化，服务亲情化……

我们无法选择在哪里出生，却可以选择在哪里终老。置身这片让人陶醉的乐土，我忽然想起了远在家乡的母亲。四十不惑，"带着母亲去西太湖边的常州安居"的念头竟然在这一刻让我怦然心动！（2013 年）

（本文摘自《中国老年》杂志 2013 年 12 月上半月版）

首付交响曲

刘　洋

（一）

2014 年 9 月 30 日，金东方颐养中心。

这天特别热闹，因为从今天开始，会员们翘首以待的会员房就要交付到大家的手中了。今天签约，明天即可入住。

颐养中心中央会所大厅的人特别多，大家一大早就三个一群五个一伙从远处赶来，准备签约付款。喜气洋洋的氛围中，第一对签约的家庭来了，像是中了头彩一般。

一家四口，老两口，小两口。

他们显得特别开心，脸上的笑如花儿一般灿烂。女主人模样的阿姨拿着大红的会员证，招呼家人聚在一起，让我给他们拍照。很多人也笑着拥过来，想沾沾喜气。

这两位老人来自河南，一个叫刘青奇，一个叫马青美。几年前夫妇俩从河南一家大型国企退休后，便随了女儿、女婿来常州定居。女儿女婿单位不错，工作很忙，老人也顺便来照顾他们的大外孙。

言谈举止中，看得出他们是极其和睦的一家人。

马阿姨说她在报上看到金东方的养老项目后，认真考察过，来过很多次。自从决定要在金东方养老的那一刻起，他们就把这里当成自己未来的家了。

每隔一段时间就会来看看，看着这些建筑拔地而起，看着这里绿树成荫，看着这里由一个普通的村落变成了时尚生态的居住小区，心里也由衷地高兴。

终于等到今天，见证，幸福养老来临的时刻！

（二）

金东方会员房交付后的第一个重阳节上午，金理事长一行数人查看了园区的入住情况，并特意上门拜访首户入住金东方的会员王亮亮、朱珊珊一家。

王亮亮是一位刚刚卸下重担的某海关原副关长，退休前被授予"国家二级警督"。在王关长家，他指着照片墙上戴着博士帽的儿子，颇为自豪地说，儿子已经在美国成家立业，如今在那边工作稳定，收入颇丰，生活幸福。

尽管衣食无忧，生活富足，但退休后该怎么生活，一直是他和夫人的一块心病。身体健康、精力充沛的他们既不想离乡背井，又不甘心待在家里养老。

直到有一天，当了解到常州有金东方这样一个养老项目正在筹建时，他们当即毫不犹豫地预订了。

赴美探亲时，他们去过美国多家养老机构，也曾一度留恋过美国加州的圣地亚哥，那里有全美最先进的 CCRC 养老社区。回国后，他们一有空就会跑来查看金东方的进度，希望金东方能打造成圣地亚哥的样子。

从破土动工到竣工交付，当他们看到金东方正一点点由一块空地、一种理念演变成令人振奋的现实时，两颗悬着的心终于安全着陆。因为，如今的金东方早已超乎了他们当初的想象。

今天金理事长亲自上门拜访，王关长和夫人显得很开心。他们带领大家到卧室、书房、厨房里里外外看了个够，还热情地招呼大家坐下合影。

"金东方绝对超过了美国的圣地亚哥！"王关长信誓旦旦地说，感谢金东方给我们提供了一个绝佳的养老圣地，我们的精彩生活已经开始。今天是个好日子，你们在我家的客厅里留个影，我们的美好明天从这里起航！

（三）

洪孝明、陆约维夫妇来自上海，今天前来签约时他们特意带上了宝贝儿子。从事 IT 行业的儿子尚未成家，但对于父母离开上海前来金东方养老的举动，儿子表示完全赞同。

"他很独立。"陆约维说。

"我们之前也认真地征求过他的意见。"洪孝明说。

作为土生土长的上海人，他们退休前在中海油有一份体面的工作，有不错的收入，有良好的社会人际关系。在闵行的某高档社区里，他们还有一套一百四五十平方米的大房子。

三年前，当听人介绍常州有金东方这样一个养老项目即将动工时，他们便有了自己的想法。

"我是被你们的全新养老理念吸引，被你们要打造国际一流养老品牌的决心感动"，陆约维说"我就是想改变一下生活方式"。

想改变一下生活方式，并不是对生活的厌倦，而是对更加美好生活的向往。这对夫妇有很好的气质与修养，眉宇之间透露着豁达与谦逊，一看就是那种特有范儿的人。

陆约维说他们也知道上海有类似的养老项目，也曾有身边的朋友前往打探。打探的结果不言而喻，他们更喜欢金东方，因为他们是执意追求更高生活品质的人。

在颐养中心的餐厅里，他们称赞了饭菜的口味，并和我们拉开了话匣子。陆约维说，在她的同龄人中，很多人年轻时为了事业、为了家庭忽视了自己，忙忙碌碌几十年，回过头来再仔细想想，好像人生的很多精彩都擦肩而过。

如今退休了，身体还很健康，思想还很前卫，条件还很优越，该怎么生活呢？

"可以跟老伙伴们一起学习交流，也可以去游游泳，唱唱歌，打打球，钓钓鱼……其实还有很多事情要做。以前我们没有太多时间去做，现在有空了，我们就是想要精彩的生活！"陆约维在描述未来的时候，眼神里的幸福感不停地闪烁……

（四）

当我陪着802的会员去验房的时候，发现一头银发的赵公美阿姨正拿着卷尺在测量窗台的高度。我有点不敢相信客户对于验房竟然"严苛"到了这种程度。

看我惊讶的样子，有人提醒我："我妈是搞设计工作的。"

赵阿姨自然没有注意到我的惊讶，她自顾自地逐一检查着房间的每个细节，很专业。

房间的另一头，她的爱人吴金大在查水电，还有个小伙子在看电信盒子，同样很专业。

"我以前是搞电力工作的。"吴金大自豪地说。

……

我无语。

"我是搞电信的。"小伙子坏笑着"挑衅"。

我的小心脏被瞬间击穿——这个家庭简直是一家拥有实力超强的验房团！

我有时还叽叽地跟人讲解，原以为在验房小组那里学到的那些东西能跟他们搭上话，此刻看来，唯一能选择的就是闭嘴。

赵公美认真的态度，让验房小组的小张肃然起敬。同样搞设计工作，一个已年逾花甲，一个尚在青春年华。看着她俩亦步亦趋的背影，我确认了她俩身上同样具备的一种可贵的品质：严谨，细致。

验房快要结束的时候，赵阿姨的脸上露出了微笑。有人告诉我们，赵阿姨不仅是搞设计的，而且还是国家轻工部的工程设计专家！

我问赵阿姨房子的质量如何，她笑着，点头表示赞许。吴金大和小伙也笑着附和。

室内设计师小张始终保持着淡定的微笑，从容而自信。我知道，金东方人对自己的作品都有这样的自信。

这边大家在七嘴八舌的时候，隔壁801的会员也走过来凑热闹，攀谈之间感觉他们一见如故。一打听，竟然真的是故人。

原来，801的老人家住南京，退休前在省商务厅任职，而802的老人一直生活在首都北京。两家的女主人是学生时代的好姐妹，多年来一直都在交往。但苦于距离遥远，又各自有自己的工作要忙，一年到头难得见上一面。

如今各自退休了，虽有了闲暇的时间，但是遥远的距离已经让她们没有了说走就走的冲动。

也不知是谁先发现了金东方，就告诉了另一方。大家相约参观以后，都很惊喜，也很满意。也许这是冥冥之中的注定，两家人没有丝毫犹豫就决定了，要分别从北京和南京搬家到金东方做邻居！

一个金东方，把两个原本相隔万水千山的家庭聚到了一起。我也终于相信，从北京到南京，此刻仅有一步之遥……

（五）

年轻时驻过陕西，扎过河南，夫妇俩跟随部队四海为家，戎马一生。现在，他们退休后荣归故里，有足够的时间可以好好地安享晚年。在干休所生活了几年之后，常州人余鸿昌和老伴荆增福有了新的想法。

干休所已然很好，但在老两口的心中，若要将晚年生活过得精彩，非金东方莫属。

余鸿昌是经历过抗美援朝的人，军人特有的气质让他看起来表情严肃。在工作人员带领他们验房的过程中，他始终都没怎么笑过。

开始还以为哪里不好让他不满意了，验房结束后才发现事实并非如此。老两口对房子很满意！

谈及子女时，余鸿昌的脸上露出了笑容。他说孩子有好几个，有的住在北京，有的住在上海，还有的在香港。看得出，老人此生为之骄傲的除了军人的荣耀，还有让他们牵肠挂肚的儿女。

尽管没有一个儿女能陪在身边，老人却并不担心。来到金东方，无需儿女的陪伴，他们依然能得到最好的照顾。每天，只要想想远方的孩子们，他们就会觉得幸福。

（六）

在老年大学门口我碰到了另一对夫妇。他们性格开朗，笑起来很灿烂，言谈举止之中散发着成熟的中年人气息。

看我拿着相机走过去，她就笑了起来。

还要照相啊？她笑着问。

我说是的，可以吗？

她说可以，不过今天没穿红色衣服，不够鲜亮。

我说没关系，等下次您穿了红色的我再给您拍。

他们用微笑表示默认，很配合地让我咔嚓了一张。由于面相年轻，再配上一脸善意的微笑，我竟然不知道该叫她阿姨还是大姐。

我问她该怎么叫，她说按年龄该叫阿姨，不过她还是喜欢别人叫她大姐。

一屋子的人都忍俊不禁，呵呵，那我们就叫大姐吧。

大姐介绍说他们一家跟王关长一家是好朋友，来金东方后又成了好邻居。也许是跟率直、开朗有关，"大哥大姐"不仅看起来颇显年轻，笑起来也很美。

真是驻颜有术……我心里一阵羡慕，暗想待自己到这个年龄的时候，能否也会像他们那样。

熟悉后才知道，大哥大姐是刘振刚、徐振明夫妇，他们有个可爱的外孙女，是金东方的最小会员。

类似大爷大妈和"大哥大姐"的会员还有很多，或来自不同的地方，或有不同的生活阅历，但有一点竟是惊人的相似，那就是——他们的幸福感，显而易见。（2014年）

（本文摘自金东方微信公众号并经编辑整理）

常州金东方模式：中国未来养老社区的智慧样本

桂大成　刘　洋

2015 年 12 月 21 日，广州。一个平常的周一，却因为一场不平常"约会"变得格外引得媒体注目。

来自全国众多地产领袖、地产精英以及地产行业上下游产业的知名企业代表超 600 余人齐聚，参加以"创新服务、引领未来"为主题的全联房地产商会 2015 年会。

本届年会宣布启动服务于房地产行业及会员企业的社区养老服务平台，江苏省常州市金东方颐养中心在此届年会上被列为"全联房地产商会养老产业示范基地"。获此殊荣者全国仅有三家，另外两家分别是清华大学养老研究所和绿城雅苑。这意味着"金东方模式"开始引领国内养老产业消费发展方向。

五星级的"退休村"是什么样子？

"眺望四周，近处的流水淙淙，湖中央喷泉喷薄而出，水流虽短而急，水花四射，掀起四周水波微澜，碧波荡漾，虽非壮观却小巧玲珑，怡人心智。岸边绿树成荫，各种不同的花木参差不齐，错落有致，构成绿色海洋。远方，隐隐约约间，仿佛层峦叠嶂。手扶着被清洁工擦洗得一尘不染的栏杆，清风拂面，神清气爽，遗世独立，宠辱皆忘。"昔读《聊斋·仙人岛》感触良多，若蒲翁能睹此美景，笔下更能生色矣。今年 77 岁的退休教师许植基先生在自己文章中说，"各类建筑宏伟、华丽、舒适、宽敞，自不待言；环境之优美，非拙笔能形容。许多介绍描述它是人间仙境，没来之前总以为是溢美之词，广告手法，亲眼瞧过以后，方觉绝非过誉，恰如其分。"许先生所描述的就是位于常州的金东方颐养中心。

记者在现场看到，因为紧邻淹城和西太湖，金东方所处地段环境好，空气好。进入颐养中心内，湖水碧波荡漾，处处鸟语花香，绿化率高达

50%，然而，这仅是金东方颐养中心的表面形态。

据工作人员介绍，金东方颐养中心最吸引中老年人的是其配套和服务。

在配套方面，一站式老年购物中心全方位满足老人生活所需；五星级中央养生会所立体化满足老人吃喝玩乐的多层次养老需求；更有常州市第二人民医院金东方院区（中老年专科医院），为园区内老人量身定制，为老人的身心健康提供了全面保障。

在服务方面，金东方引进美国先进的 CCRC 服务管理理念，并且加以升级和本土化改造，首创金东方"CCRC 3＋1"养老服务管理体系。另有美国品质生活集团主席担任顾问，组建高品质服务团队，以"生活秘书""健康秘书""快乐秘书"为支撑，全方位为园区内老人提供五星级的居家养老服务。

CCRC 服务管理理念在国外已经很成熟。CCRC 是 Continuing Care Retirement Community（持续照料退休社区）的首字母缩写。他们通过为老年人提供自理、介护和介助一体化的居住设施和服务，使老年人在健康状况和自理能力发生变化时，都能在一个熟悉的环境中继续居住并获得与身体状况相对应的照料服务。相信对于健康长寿的追求会让更多的老人选择该类型的养老社区。

今年 53 岁的郭女士笑容爽朗，动作利落。当初郭女士自己看中了这里的环境和服务，于是买一套先给母亲养老，等自己和先生老了，再入住这里。"其实之前没打算到这养老，因为家里的条件也不差，下决心让我买金东方的会员房，最重要的原因是，这里有机构服务与医疗保障。在家里，最多请一个全天保姆，在这里是一个团队。"郭女士所言的"团队"主体是"三种秘书"，他们大多毕业于专业院校，负责老人的生活、消费、娱乐等一切事宜，24 小时待命。

在常州，金东方颐养中心被人们亲切地称为"退休村"，而且是"五星级的退休村"。"村长"金建勇是金东方颐养中心理事长。在此之前，他的身份是常州市钟楼区区长。

金建勇告诉记者，因为之前在政府工作，深入研究过民政事业，发现我国现阶段的民政事业需要做的事情还很多。金东方颐养中心不同于一般的养老院，它把我们的"居家养老、机构养老、医养型养老"三种模式结合在一起，打造"三位一体"的养老模式。这种模式可以集中利用资源，形成规模性、专业性、高品质的服务，这样既方便了老人，使其能够在晚年的生活更加幸福，同时也给机构带来更大的规模效益，能够可持续发展。"我和爱人这次去美国考察，看了美国最好的养老院圣地亚哥养老院和西雅图高端养老院，一对比发现金东方已经步入世界一流了。"金东方颐养中心会员王亮亮说。王亮亮是刚刚卸任不久的某海关关长，退休前因公务繁忙没有时间享受生活，退休后计划偕夫人游览百国，感受不同国度的风土人情。每游览一个地方，他们都会特别留意当地的养老现状，对于国内外的高端养老机构，他们如数家珍。"在家是宾馆、出门是公园、就诊有医院、护理在家园、设施现代化、服务亲情化。这里是可托付一生的幸福家园。"这听起来像广告语一样的描述，在王亮亮和其他会员们的眼里，金东方已经一一实现。

"物质"和"精神"，如何定制自己的幸福时光？

每天早上起床，在社区散散步或使用社区免费的健身器材锻炼锻炼，然后到社区食堂吃个早饭，再到活动室转转，或做手工，或画画，或吹拉弹唱；接近中午时分，到社区内的大润发超市买些新鲜食材，自己在家里烹制，当然也可到食堂点餐。用完午餐，午睡过后，则到中央会所棋牌室消遣一下，或到放映厅看看电影；晚餐过后，约几个邻居聊聊天……金东方颐养中心的老人们就这样度过了一天的幸福时光。

我国"未富先老"的现实情况，使人们在养老问题上比较重视"物质养老"，而忽视对老年人精神世界的了解和把握。即便提及"精神养老"，也只是把老年人当做被动接受者，忽略了其主观能动性和社会作用。伴随社会经济的不断发展，仅仅是物质生活的供给和生活上的照料已经越来越不能满足当下老年人的需求，精神文化需求和心理慰藉需求则凸显其重要作用。"精神养老"是应时代发展对传统养老服务内涵的全新拓展。

在金东方颐养中心，"物质养老"已是必备要件，而更高层次的"精神养老"需求也正逐步被提上日程。于是，"文化养老"的理念在金东方颐养中心应运而生。在美丽富饶的江南常州，这一理念正在实践并引领现代老年生活新时尚。金东方颐养中心居住着一批素质较高的人群，退休后他们不再满足于"有吃有住坐等老去"的传统养老方式，自发组织各种文化娱乐活动以满足他们对精神生活的强烈需求。

沈成嵩和蒋经宇是金东方"文化养老"的倡导者，他们都是年逾八旬的退休老干部。在计划经济时代，蒋经宇是常州市计划委员会主任。而沈成嵩退休前则是金坛市宣传部长，如今他是金东方颐养文化研究会的负责人。每天早上9点，一批居住于金东方颐养中心的老人会准点走到中央会所一楼露台的阳光房里，开始他们的"聊天养生"活动。阳光房约20平方米，居住于此的书法家潘文瑞老人自题的"聊天养生俱乐部"几个大字赫然在目。在这里，老人们可以一边观赏小桥流水，听听鸡鹅鸣叫，一边谈时事唠家常，交流养生知识，生活惬意无比。这个形式简单，内容却极其丰富的"聊天养生俱乐部"的发起人，正是蒋经宇和沈成嵩等几位老人。"我看到，乒乓室里几个打乒乓球的老人，认真地一板一板拍打着，兴奋得像孩子一样跺着脚。为了不影响其他活动室的环境，他们不高声说话，但抑制不住兴奋状态时，一位老太太向旁观的人做了一个鬼脸；我看到，安静的阅览室里，一位老先生端坐，桌面上摊着一本书，一杯茶，全神贯注地拨弄着电脑的鼠标，像绅士一样，嘴巴却一动一动，可能是默读或哼着无声的曲子；我看到，花园里正在拍照的老太太，倚着树枝，做出几种姿势，打出"V"形手势，一如当年娇艳；我还看到，吴克贤老先生的书桌上又摊上了法律书籍，他的82岁夫人的钢琴上摊开着乐谱。"许植基老先生爱写文章，初次到金东方寻访好友吴克贤时，他看到了上述情景。

当他问吴克贤："还想回原来的家吗?"吴老连声说："No，No，这儿才是我家。"言罢大笑，吴老原来已经乐不思蜀了。

吴克贤说在金东方最大的乐趣是自由自在，活得逍遥和潇洒。吴夫人补充说，这里的服务员特亲近，比子女还亲。因而他们也特别亲近这些"孩子们"，有时，他们家里待久了，就要出去走走，呼吸呼吸新鲜空气，其实是想看看"孩子们"，看看他们的笑脸。

住在这里的老人，在微笑中感受温暖。这种温暖，使他们回归了青春，重拾了童年童趣。在这里，他们找到了自信，找回了本该属于老年人的尊严!

从事营销行业出身的丁蕾，活泼开朗，多才多艺。"50后"的她有一份"00后"女孩的年轻心态，交际舞、钢琴、唱歌、太极拳她都能露上一手。2012年初，丁蕾和丈夫陈勇在金东方看中了一套84平方米的会员房，2014年刚到入住年龄，夫妻俩便迫不及待地搬进了新家。

在金东方，丁蕾继续发挥自己娱乐积极分子的带头作用，圣诞晚会、会员生日会上总有她靓丽的身影。才短短几个月时间，热心的她就在金东方结识了不少小姊妹，国家高级茶艺技师、注册茶艺师培训师朱女士便是其中之一。于是，去年1月，在丁蕾的组织下，金东方茶艺协会成立了。

丁蕾介绍说，金东方茶艺协会共有30多名成员，年纪最小的50岁，最大的80岁。协会定期举办活动，成员们一起学茶道、品茶味、养身心。过段时间，她还打算组织成员去溧阳茶厂亲身体验采茶、炒茶的工艺。平时，丁女士还主动给金东方的员工泡工夫茶，在她看来，茶艺协会之所以能够办得有声有色，离不开金东方的支持。金东方不仅提供活动教室、优质的纯净水、茶叶等，还派专车接送他们。最近，她还计划在金东方开办钢琴俱乐部、组建合唱队，继续开拓自己的文艺小天地。

在金东方颐养中心，随时可以看到一批活跃在林间或湖边的身影，他们步伐矫健，总有忙不完的活儿。他们是金东方摄影协会成员。会长许鹰是个热心人，不仅经常拿起相机捕捉生活中的精彩瞬间，还要定期开办摄影课程，向大家传授专业摄影知识。许鹰的夫人陈嘉也是一个闲不住的人，哪家会员需要她的帮助，她就会出现在哪里。夫妻俩常常出双入对，如影随形，异常活跃。看到这对积极面对生活又非常谦和的夫妇，你怎么也不会想到他俩一个拥有少将军衔，一个是广东省公安厅文联的秘书长。

记者了解到，目前金东方颐养中心已有1 000多人入住，来自社会各行各业的精英们不约而同地选择了在这里畅享晚年安康。大家自发组织了文体俱乐部，下设20多个协会，除了茶艺、摄影、聊天养生，这里还有门球、台球、羽毛球、棋类、牌类、游泳、戏曲、大家唱、交谊舞、广场舞、时装、腰鼓、武术、书画、手工、钓鱼、民乐等多种娱乐活动，形成了独特而又和谐幸福的养老文化。未来还将建成金东方老年大学，进行专业化管理。金东方内部建有恒温游泳池、健身房、台球室、乒乓球室、篮球场、羽毛球场、迷你高尔夫球场等运动健身场所，中心会所里还有茶室、浴室、阅览室、网吧、书画室、棋牌室、KTV包厢、电影院、佛堂、基督教堂等，全部免费向会员开放，极大地丰富了会员的业余生活。

金东方不但提供了优质的自然环境，更是提供了优质的社会环境、精神环境，提供了老人发挥生命力的机缘，守望着老人晚年的幸福和追求，张扬着老人的生命力潜能。金东方就是想尽办法让老人们动起来，做自己喜欢做的事。"现在很多老人都激情满满地吃早饭，然后排计划，周一周三看电影、周二周四跳交谊舞、周末老年大学还要上课……这里的老人幸福指数绝对爆棚"，金东方颐养中心工作人自豪地说。

"养老消费"遇上"大数据"会怎样？

不管你有没有意识到，大数据都已经来到我们身边。

世界互联网大会已经召开了两届，大数据成为名副其实的高频词汇，而大数据与产业的融合也是讨论最多的话题之一。当"养老消费"遇上"大数据"，当时代的两大主题相互碰撞，大数据必然影响养老服务业朝着一个更为良性的方向发展：养老服务机构的设立必然被大数据明显优化，养老机构服务内容的质量必然被大数据显著提升，老人养老需求的多样化必然被大数据充分挖掘。

一向走在养老行业前列的金东方是如何对待大数据的呢？"从最简单的角度来说，我们颐养中心会为每一位入住会员（老人）建立健康档案，并通过对会员的定期体检，绘制会员的健康曲线"，常州金东方颐养中心生活秘书对记者介绍说，"配合会员的饮食情况、锻炼情况的记录，我们可以很清晰得看出什么样的膳食习惯、什么样的体育锻炼对于会员的健康有益，什么样的不利，或者在什么阶段有益，什么阶段不利""还有就像我们的门禁系统，连接到每一户会员家中，当会员在家中一定的时间段内没有出门也没有按紧急呼叫按钮（金东方的每位会员都有紧急呼叫卡，家中也有一键紧急呼叫按钮，连接安保系统及医疗救治系统）的话，他们的楼栋管家（每一栋会员楼均配备有服务人员）就会到会员家中查看，确保会员没有发生意外情况，或者在发生意外的时候能确保在最短的时间内发现并采取紧急措施"。

今年 80 多岁的会员许先生，体质虚弱，长期接有导尿管。"平时我一个人住，过去，身体不舒服只能打电话给女儿，女儿工作忙，为了我跑来跑去，我心里总觉得过意不去。一旦我发病严重，等到女儿赶过来恐怕会耽误治疗时间。"许爷爷说，"每天都过得提心吊胆的。"一次偶然的机会，在参加老年大学活动时，许爷爷得知了金东方颐养中心，经过一番详细的了解后，许爷爷很快就办理了入住手续，成为一室户会员。入住至今，许爷爷共发病三次，多是在半夜里。据他回忆，自己第一次发病是在 2014

年 11 月某日凌晨，当时心跳突然加快，出现胸闷气短等症状，于是按响了床头的急救铃，楼栋管家接到信号后马上通知了值班护士，他们将许爷爷送到了市二院阳湖医院，从检查到开药全程陪同，寸步不离。许先生感慨道，"如果不是住在金东方，可能早就没了。"

金东方颐养中心还配备了先进的饮食记录系统，会记录每一位会员的每次用餐消费情况，结合健康档案的定期体检，可以针对性地发现何种食物有利于什么样的老人，并对老人的饮食提出建议。比如说，老人原本没有高血压，但在一段时间后的体检中发现血压有了明显的上升，金东方颐养中心就可能会从他的饮食习惯中发现导致这一现象的原因，例如可能是高胆固醇食物摄入过多，也可能是含盐量高的食物摄入量过多。在这种情况下，金东方便可以在为老人制定膳食计划的时候，合理地降低其对于高胆固醇等食物的摄入，并通过一段时间的跟踪，看其血压状态有无好转。"现在用的地暖都是红外地暖，它既有保暖作用，还可以理疗，我们会呼吸的墙能调节空气，我们的感应门锁，就是你回去进到你家不用提钥匙的，你的卡放在身上会自动感应，也不用去掏出来，门就自动有信号，你开门就行了。我们还有袖珍套卫，可能你们也看到了，晚上为了方便老年人如厕，我们在他的房间里专门设了一个小型的，有的人叫它袖珍式的卫具。""我们还有一个一卡八通，一卡八通大显神通，它进小区是门禁，回家是感应钥匙，到商店去购买它就是支付卡，你去乘公交它就是公交卡，给你发工资它就是社保卡，到医院看病它就是医保卡，老人在园区内走失了以后它还是个定位卡，我们能找到他。"金东方颐养中心理事长金建勇介绍说。

金东方颐养中心很好地运用了科技发展带来的福利，在日常生活中记录入住老人的各种生活数据，通过对数据的分析得出一定的结论，并据此提出针对性的意见和建议，帮助老人享受更为健康的晚年生活。

金建勇介绍说，今后他们还要大力发展"互联网＋"的概念，不管是金东方社区还是全国其他社区，都可以通过他们的平台，享受金东方的高品质的服务。（2016 年）

（本文摘自《消费日报》2016 年 9 月 26 日）

为了那些温暖的记忆

张　震　郭明珍

笑中带着温情，温情中透着责任。对央视春晚的小品《老伴》，也许大家还记忆深刻。蔡明扮演一位患有失忆症的老太太，潘长江则扮演用各种方法唤醒蔡明回忆的老伴。当你被他们相濡以沫的温情所感动的时候，同样也被敬老院院长的全力配合和尽心尽职所打动。

为了那些老人的温暖记忆，许多养老机构尽职尽责，积极探索养老模式。河海街道万家安居家养老服务中心于 2012 年 1 月正式运行，以老年人需求为导向，以"政府搭台、社会参与、市场运作、惠及老人"为原则，搭建生活服务、学习交流、志愿协作三大平台，使居家老人获得生活上的照料、精神上的关爱。为了更好地服务老人，万家安在全市率先开展居家养老服务标准化建设，目前，其标准已通过市级验收，成为全区乃至全市居家养老服务工作的标杆和样板，成功探索出居家养老的"河海模式"。

助餐送餐，零距离化解吃饭难题

每天上午 10：30 左右，身穿红色马甲、车载红色保温箱的马惠芳骑着电动车，几乎准时出现在兰翔新村温阿姨家楼道口。"饭来啦！"马惠芳的语音刚落，家住一楼的温阿姨便开门相迎。她一手接过热乎乎的盒饭，一手拍着马惠芳的肩连声道谢："万家安运营 5 年，我也吃了 5 年万家安提供的午饭，马阿姨也为我送了 5 年的午饭，真是太感谢了。"

温阿姨是归侨，今年 79 岁，祖籍广东，出生在马来西亚，后随父母回国。20 世纪 80 年代，随兰翔厂的搬迁来到常州。对于万家安每周一至周五提供的午餐，温阿姨赞不绝口："每天两荤两素一汤，菜品经常换花样，营养搭配合理，非常适合我的口味。8 元的标准，政府补贴 3 元，个人自付 5 元，还为 90 岁以上老人、70 岁以上归侨等免费上门送餐。"

为他们上门送餐的是马惠芳和另一位阿姨。每天上午 9：30，63 岁的马惠芳穿上印有"河海乐家"字样的红马甲，来到位于燕兴新村的万家安居家养老服务中心。她们从万家安中央厨房各领取 20 多份盒饭，每个饭盒上都标有送货地址。为便于取拿，她们按路线的远近把盒饭叠放在电动车后的保温箱内，最远的放底层，最近的放上层。所有的汤盒放在另一个红色保温箱内。10 点左右，他们兵分两路，踏上送餐路途。马惠芳走东南线，她先在燕兴新村挨个送出七八份盒饭，然后来到天安花园送出一份，再到兰翔新村，最远送到东南花园的一户人家时已是中午 11：30 了。

下午，马惠芳把从老人那里回收的前一天的饭盒，按要求清洗消毒。对于小小的饭盒，万家安都制订了严格详细的标准：一人两套，专盒专用，标有详细地址。送到老人手上的饭盒必须干净整洁，不能有油渍。从老人手上回收的饭盒，不管对方是否清洗，都必须按万家安要求重新清洗消毒。

5 年来，马惠芳和服务对象相处得像自家人一样。兰翔新村 16－B 幢的一位老人因年事已高耳朵几乎失聪，任凭马惠芳怎么敲门老人就是听不到，其家人索性把家门钥匙给了马惠芳。该新村 17 幢的一户五楼住户，因为腿脚不便，也在马惠芳那里备了钥匙，让她自行开门送饭。遇到行动不便的老人，马惠芳会帮着从厨房取好筷子送到老人手里。

助餐送餐，是万家安生活服务类的一个主打品牌。为了更好地服务辖区老人，万家安积极搭建生活服务平台，实现养老"贴心"服务：一是站点"网格化"，实现以万家安居家养老服务中心为核心、各社区居家养老服务站为触角的服务经纬网，为老人就近提供送餐、娱乐、医疗等服务；二是对象"信息化"，逐户上门走访，详细了解辖区空巢老人的具体需求，建立一份详尽的"关爱档案"，为后续有针对性的服务提供便利；三是服务"数字化"，给辖区空巢老人安装一键通，对接 12349 便民服务平台，为老人安全保驾护航。

琴棋书画，全方位提供精神大餐

乐汇老居家养老服务站河海新村站刚刚装修一新，无论是色调、格局还是功能，都按万家安的最新标准设计装修。以咖啡色、灰色、白色为基本色调，尽显典雅温馨。墙上装饰着竹、莲等字画和图案，既古色古香，又简洁时尚。在"幸福餐厅"一角，设有菜根香的吧台。据介绍，春节后菜根香入驻营业，可以为老人提供更丰富、更个性化的助餐服务。再往里走，是乐汇阁，无论色彩、还是款式都颇具古风的桌椅，一定能让人沉下心来静静阅读。在乐汇阁的外面，是一个朝南的阳光庭院。院子的正面围墙上写有"乐汇静雅苑"的字样，左右院角各有一个假山仙鹤的人造小景。院子右侧撑有一杆绿色的遮阳伞，伞下是铁质框架的小方桌和椅子。真是一个典型的精致的江南小院，也是一个喝茶看报、聊天休闲的好所在。

尽管外面下着雨，让人觉得寒意正浓，但乐汇老河海新村站大厅内温暖如春。有的老人围坐一桌正在打牌，有的在看电视，有的在打麻将，有的正在下棋，一旁还有老人站着静观棋局，一派其乐融融的景象。

位于燕兴新村的万家安居家养老服务中心，体量更大，面积近2 000平方米，分两层。一楼有餐厅、棋牌室、理发室等，洗衣房的2台洗衣机、1台烘干机下午还在工作。二楼有书画室、舞蹈室、剪纸室等，全方位满足老人的精神需求。

为了更好地服务辖区老人，万家安积极搭建学习交流平台，实现养老"专业"服务。一是每天一课：依托老年学校，开展老年人教育，开设剪纸、书法、广场舞等9门系统课程，深受老年人欢迎；二是每月一讲座：与律师事务所、医院等共建单位合作，为老年人普及安全防范、养生保健、法律维权等知识；三是每节一活动：逢元宵节、端午节、中秋节、重阳节等重大节日，各社区组织老人开展座谈会、运动会、健身比赛、道德讲堂等多种形式的主题活动，全年不少于70场次。

组团互助，总动员营造助老氛围

腰鼓阵阵、礼花缤纷，位于河海新村南门的乐龄枝秀社区康健中心1月10日开业。600多平方米的营业面积分为两层，一楼主要有助浴吧，引进了先进的助浴设备，还可以做水疗SPA。通往二楼有适合老人的"爬楼梯"，腿脚不便的老人照样可以轻松上楼。二楼四季如春的康健大厅内，有远红外线的按摩理疗仪、艾灸仪、游戏方块，特别是居家厨房、卫生间的适老改造项目让许多老人耳目一新、大开眼界。恰如乐龄枝秀的服务使命：在有限的生命时间，活出无限的生命质量。乐龄枝秀实行注册会员制，年费365元，一天仅需一元钱就能让会员享受乐龄枝秀康健中心提供的生活照料、助浴、按摩、理疗等11项免费服务、36项会员优惠服务。

据乐龄枝秀董事长王秀介绍，2006 年 8 月成立常州枝秀，全线发展居家养老服务，本着"爱心做基，孝心做本，悉心做事，慈心做人"的服务宗旨和"老人为先，政府为依，服务为体，信息为翼"的理念，经过近10 年的努力，打响了"枝秀居家"品牌。其服务现已延伸到全省，迈向全国，成为江苏省养老产业十大经典案例及全国家庭服务业百强企业。

为了更好地服务老人，拓展业务，万家安在成立之初就与乐龄枝秀合作，负责送餐、家庭保洁等服务，马惠芳就是乐龄枝秀的员工。除了购买服务，在万家安还活跃着一群志愿者。年近 80 岁的施荣金是一名孤老，自 2012 年万家安居家养老服务中心成立后，他便成了中心的志愿者。每天 8：00 不到他就来到中心，先到放映室为老人们选好锡剧光碟。中午老年助餐点开饭后，他先帮行动不太方便的老人端饭，都安顿好了自己再吃饭。每逢星期三下午，志愿者来为 60 岁以上的老人免费理发时，施荣金都帮着发票、烧水、给老人洗头。在乐汇老居家养老服务站天安社区站，也有 10 余位老人免费轮班为老年居民提供助餐服务。他们热心地帮助前去用餐的老年居民登记、刷卡、盛汤，并做好秩序维护、日常保洁等工作。

为了更好地服务辖区老人，万家安积极搭建志愿协作平台，实现养老"组团"服务。一是群团组织主动引导。团工委、妇联主动牵头，成立互助俱乐部、巾帼志愿花招募处，广泛引导、发动学校、企事业单位共同参与老年事业，采取俱乐部会员结对帮扶、互学互助等形式给予老年人物质、精神、生活上的帮助；二是社会组织热心参与，打造社会组织服务基地，发挥常州市心理卫生协会、殷明欣剪纸工作室、益点心程、领尚造型等社会组织的正能量，营造敬老助老氛围。

（本文摘自《常州日报》，2017 年 2 月 7 日）

我的"跑腿"日记

景晓黎

2020 年 2 月 5 日　阴

今天是全国抗击新冠肺炎疫情的第 15 天，武汉封城的第 14 天，国人禁足的第 13 天。晚上 7：30，金东方内部广播开始直播了。入住小区已经是第六个年头，还是第一次关注到装在自家房顶的小喇叭。据说当初设计时是为了消防安全，如今在特殊时期派上了大用场。

金东方"当家人"金建勇在广播里告诉大家，当前疫情不容乐观，考虑到小区里绝大部分是老人，会采取比别处更为科学严格的管控措施，请大家予以理解和支持，一切都是为了老人的安全。

5 分钟的广播给 3 000 多位老人吃了一颗定心丸，父母对着喇叭鼓掌称好，小区的微信群"嘀、嘀、嘀……"，一溜串儿竖着大拇指点赞。

2020 年 2 月 7 日　阴

下午，金东方召集了党支部、颐养中心管理层、会员代表三方参加的紧急会议，全体同意从 2 月 8 日开始执行最严格的养老会员"只出不进"管控措施，并在小区微信群进行发布。

同时，决定成立了由 11 名队员组成的"代采买服务小分队"，为全体会员义务"跑腿"，代购所需生活物品。

母亲通过微信传达了这个消息，我在第一时间报名参加。听说报名的人不少，也不知道能不能被选上。

2020 年 2 月 8 日　阴

上午 7：00 接到电话，队长承彩玉通知我参加小分队第一次"试跑"活动，我有些莫名的兴奋。

今天只是小批量代采买，为 40 户会员家庭服务。11 名队员们采用了分楼栋包干作业法，每人负责 2 幢楼，平均三四户。但每家每户采购需求不同，要做到"小零小件不能混，一斤一两不能错。鱼肉果蔬要新鲜，挨家挨户送上门。"这种简单的"包干式"操作模式，周转时间长，显然没法保证今后大批量采购的高质量要求。

晚上 7：30，颐养中心总经理郑美英连夜召集视频会议，大家群策群力，一直讨论到夜里 11 点多钟。

2020 年 2 月 10 日　阴

小分队正式上岗了，今天接到了 123 户"代采买"订单。我们改为订单—采购—配送"三段式"流水作业。在单数日，由各楼道管家（通过每家都安装的可视对话系统）挨家挨户统计。双数日，代采买小分队根据清单采办（活鱼现杀、排骨剁好），送到每幢楼后，由楼道管家送到每户人家。所有费用先记账，统一由金东方垫付，再由会员电子支付。

因为缺少防护服，队员们采购时统一穿着雨衣，被老人亲切地称为"雨衣小分队"。我和队员们满怀热情和责任忙碌了整整一个上午。闷在雨衣里，浑身湿漉漉的。戴了半天口罩，大家的脸上勒出了"光荣的两道杠"。

2020 年 2 月 12 日　雨

今天的采购任务增加到 171 户。老人们也把所需购买的物品尽可能描述得详尽。蝴蝶面，上海青，酒鬼花生，刀切面，福须来，尖椒青椒花椒辣椒，……队员张漪叶在搬运中闪了腰，她坚持轻伤不下火线，趴在收银台上逐一记录好每一笔账目，精确到每一分钱，笔笔清楚。

我的好友蔡炜为采买队员寄来了 3 套防护服，3 号楼的会员朱璟瑜送来了 100 副乳胶手套，耄耋会员亲笔写来了感谢信……大家的支持和肯定让我们备受鼓舞。小队长承彩玉不时叮嘱大家，要挑新鲜的蔬菜瓜果，要当作给自己家买菜。

经过几天连续作战，金东方采买小分队磨合出一整套行之有效的操作流程，保证每天新鲜蔬菜鱼肉及时准确送到每家每户门口。

生活处处有学问，"十指不沾阳春水"的我，在采买中跟着队员边学边做，长见识了！

2020 年 2 月 16 日　雪

昨夜下了一场雪，采购任务又创新高——221 户。在一片赞扬声中，我们更关注会员的意见和建议。有位会员买的 40 只鸡蛋中破了 2 只，有人提出买到豆腐破损、渗水，有点渣，还有人说，希望多一些新鲜的水面、馄饨皮、水面筋等新鲜的豆类、面食制品，等等。

大家商量过程中，队员刘创新提出鸡蛋和豆腐等"时鲜小娘货"单独配送，并自告奋勇担任"护蛋员"，还用家里带来的被单包裹了一辆"鸡蛋专车"。

队员们相互提醒：鸡蛋要轻拿轻放，专车专送；豆腐易碎慢慢移，及早送达防渗水；水果精挑细选，脐橙要有"肚脐眼"；还有鲜鱼要现杀，猪肉有五花肉、精肉、腿肉、肉糜；面条有水面、细面、中宽面、宽面、干面、刀切面、蝴蝶面……"零接触"服务、"点单式"采购、精细化操作！

好在今天新增加了 2 名队员，增加了 1 条专用结账通道。超市，根据菜单提前进货，队员们彼此的配合在磨合中日渐默契。哈哈，出来混总是要还的，十多年不进菜场的我，这次终于把"欠债"都还清了！

后　记

全国 20 多个省份的老人"混居"的金东方至今未出现一例确诊或疑似病例。老人们足不出户却依然安享健康，让人欣慰。

过去，我们的父辈们曾在一次次危急时刻挺身而出，扛起责任。今天，就请他们照顾好自己，包括睡眠、饮食、情绪和心理。年轻的我们，愿意化身为他们的"护身符"。因为有父辈在，这片多灾多难的土地，历经恐慌，受尽磨难，终将安详。"只出不进、代购跑腿、定时消杀、食堂供应、上门助浴、领号理发……"，那是幸福的约束。我们所有的努力都是为了3 000多名老人的安全。面对灾难和恐惧，我们都是蝴蝶翅膀上那粒灰尘，被龙卷风裹挟得晕头转向。所以，要记得相互扶持，熬到风停。我们如果无法做更多，就当个平凡且善良的人，沉静温煦，健康向上。

春回大地，一切都在复苏。穿越这场暴风雨的我们，终将拥抱自由，心情坦荡。

（本文摘自金东方微信公众号）

九洲康养路　十年剑有锋

孙东青

经济社会的演进，每一次创新之举，都是"时代认知"和"市场洞察"的深刻碰撞，从而将整个行业的进程向前推进一大步。

十年前，带着对"康养时代的认知"和"养老市场洞察"的深度碰撞，九洲投资集团前瞻性地迈出了进军养老产业的探索性步伐。

"日出东方、水生如意、金色年华、福如东海"，至此，带着美好寓意的江苏省首个养老示范工程——"金东方"进入大众视野。

十年，岁月流金，观念拓荒。

少时，千军万马踏遍人生风云，笑看生活百态；老时，云卷云舒乘风破浪再万里，幸福晚年依旧可以精彩。

从颐养社区到医院、护理院，从刚需养老到享受型健康养老，从被全方位的照顾到享受年轻力的生活，踏着时代的节拍，金东方用自身的创新实践，演绎出一个充满开放与共享精神的养老社区的活力，在中国居家养老、文化养心、机构服务、医养融合的一体化体系探索中，发展成为中国养老产业的领军企业，收获众多荣誉，令人瞩目：

中国改革开放四十年养老示范基地、中国康复医学院医养结合示范基地、中国老年宜居社区标准化制定单位、江苏省综合养老示范基地、江苏省示范性医养结合机构……

思深以致远，谋定而后动。

十年航程，担在肩上，是沉甸甸的责任，托在手中，有明天的希望。

十年，又一个迈步。

站上新时代的历史方位，万象更新。金东方也正以新的魄力和变革之心，以养老养生、文化旅游、休闲度假为核心，积极探索农文旅融合发展模式下康养产业发展的新路径，树起中国养老产业发展的新标杆。

初心十年，全心为老人服务

9月的常州，风朗气爽，丹桂始香。在金东方颐养园里，不时看到精神矍铄的老人或慢步缓行，或下棋打牌，开怀的笑声给静谧清幽的颐养园添上几分生气。

住在金东方颐养园里面是件幸福事，被人看见住在里面更是件美事。

幸福是什么？每个人定义不同。在金东方，老人的幸福可以用三餐四季来诠释：

每天，都可以吃上可口热乎的营养餐，主辅粗细搭配，专门的营养餐软件监测，每餐摄入多少营养了然于心；老人家庭聚会，儿孙欢聚一堂，欢声弥漫堂前园中。

老年大学、聊天养生俱乐部，让老人活到老、学到老；老人艺术团，歌舞弹唱、琴棋书画、健身旅游、文体表演……丰富多彩的活动蕴藏着老人自信的笑声，身心不惰。

在过去的10年里，金东方始终怀抱"全心全意为老人服务"的初心，把公园式的环境、家庭式的居住、酒店式的服务融合在康养服务体系中，时刻以匠心与用心为准则，以文化养生为主线，践行"健康养老、积极养老、和谐养老、精彩生活"的现代养老理念，致力为老人们创造健康、高品质的生活方式，让老人老有所安、老有所乐、老有所为。

模式创新，定义养老新概念

围绕老年人的生活起居、健康管理、紧急救治、疾病医疗、康复护理、文化养生、精神慰藉、临终关怀各个层面的服务内容，10年来，金东方立足人性关怀，探索出了一套"5＋1"医养融合服务模式。

"5"是指五项服务内容，"1"是一套保障机制。即，健康管理、紧急救治、疾病医疗、康复护理、文化养生和有效机制保障。

在金东方，老人接受周到的健康管理，根据老人的健康计划，跟踪服务，提出各种健康建议，进行健康干预。

金东方的每个楼栋及重要活动场所均配备担架、轮椅等紧急转运设备。紧急救护队熟练掌握心肺复苏技术和安全运送病人的技能，近年来累计为 560 多人次提供紧急求助服务，无一人因为时间和方法问题延误救治。

作为医养融合的核心，设于社区内的金东方医院，以老年医学为龙头、综合康复为特色、专家名医领衔、优质服务为保障，设有神经内科、心血管内科等 36 个专科，拥有国际先进、国内一流的医疗设施设备，居住在金东方的老人随时就近诊疗。

针对失能、半失能、失智老人，金东方护理院建立起"介助、介护、海默氏症"三大护理体系，引进台湾先进养老护理信息系统，使医疗护理、生活照护有机结合。安宁疗护服务让老人有尊严地走完人生最后旅程。

"5＋1"模式中，最具鲜明特色的是文化养生服务，"食、住、乐、安"品质全覆盖。其中，乐享生活，是让老年人保持活力的秘诀。金东方老人艺术团，下辖歌舞、戏曲、球类、拳类、茶艺等 40 多个协会组织，老人们根据自己的兴趣爱好参与活动，展示才艺，精神文化生活丰富多彩。

医养融合，关键在于完善的保障机制。在金东方，生活服务中心、文化娱乐中心、商业服务中心、医疗护理中心、健康养生中心分布于同一社区，各服务区域相对独立又相互连通，老人手持一张智能卡，在园内即可完成各类服务转换。

而今，金东方呈现的一切都印证着创立之初的美好——"现代人真正美好的生活，从退休开始"。金东方，一个让老人乐享养老生活开始的地方。

精准布局，书写养老产业新样板

十年深耕，探索前行。以老人为中心的服务理念，使金东方不仅书写出中国养老产业的"常州故事"，更成为国内养老产业的领军企业。

进入第二个十年的开局之年，九洲投资集团不忘初心，再次战略聚力，高位谋势，新处落子，延伸"康养"的深度、力度、广度，跨越提升金东方品牌内涵，踏上了"康养产业＋农文旅"融合发展战略下的长寿耕读文化养生型、旅居山水田园牧歌型康养小镇建设新征程。

舜山小镇，立足得天独厚的生态条件和长寿文化特色，以山水养生、气候养生、文化养生为核心，构建的是农业观光、文化旅游、养生度假等七大产业集聚的健康养老长寿小镇。

溧阳上兴新镇，以山水田园康养为核心，构建的是以健康医疗养生护理、文化旅游、饮食文化、生活照料等在内的综合式价值产业链，打造出一个全新的田园康养人居小镇。

金东方二期工程，丰富"5＋1"养老服务体系内涵、升级专业服务水准，各项康养服务由规范化全面升级到高端化和个性化。

未来的中国康养生活"常州样板"，清晰可见。

（本文摘自《常州日报》，2021年9月26日）

九洲金东方护理院树起
医养照护新标杆

孙东青　周红艳

正月即将过去，指望着能住进九洲金东方护理院的老人发现，这里床位全满。

"整个春节都是在金东方护理院度过的，这里有着家一样的温暖，还有如家人般的呵护，在这里住着安心。"入住的老人们说。

其实，对于入院的老人来说，金东方护理院已成为依靠，2022年底新冠肺炎疫情防控政策调整以来，全院285张床位至今一床难求。

金东方护理院由九洲投资集团创办。作为国家首批"老龄健康医养结合远程协同服务试点机构"、首批"江苏省示范性医养结合机构"，金东方护理院构建的医疗、护理、康复、养老、照护无缝衔接服务体系，使其树起了"医养融合"照护新标杆。

品质照护，有温度更有深度

"品质"二字挥笔即可完成，却需要经年累月用心篆刻。在金东方护理院，照护老人，温度常在。

秉承"未病防治、已病救治、慢病控制"理念，金东方护理院创新推出"整合照护、个案管理、护护一体"模式：从老人入院起，护理院便整合医疗、护理、康复等多学科团队资源，为老年人提供"一站式"的全方位、全天候、全人、全程、全员、全身心"五全"照护服务；对有特殊要求的老人，制定个性化方案，专人服务；对患有基础疾病的老人，联合会诊后，建立护士长带领下的护士和护工一体化服务体系，将治病护理、心理干预方案与日常生活照护融为一体，使入院老人享受着多元的温暖照护。

照护老人，还要有深度。相比常见的病房设施，金东方护理院的居家式病房独具特色：病房摆放布置的，是老人从家中搬来的老物件，熟悉亲切；房内适老化改造的设施、辅具，每处场景都从预防老人跌倒等人文关怀的角度设计。

居家式病房的设置，治愈着老人的身心，感动常有。夜深人静，房内活动通知报警、一键紧急呼叫按钮随时响应，守护着老人们的安全。

而每逢节假日，护理院开展的画画、拼图和游戏等兴趣活动，丰富着老人的生活，让老人在护理院这个"家"中感受到关爱和幸福。

"失知"专科，呵护阿尔兹老人

阿尔兹海默病，俗称老年痴呆。《世界阿尔兹海默病 2018 年报告》就显示，全球至少有 5 000 万失智症患者。中国失智症患者人数已居世界第一，每年有 30 万新发病例。

作为一种无法治愈的疾病，老年痴呆会让人记忆减退、失语失认，就像脑中有一块橡皮擦，一天天擦掉老人与这个世界的联系，家庭成员也因此会被折磨得疲惫不堪。而金东方护理院为阿尔兹老人同样营造了一个温馨的家。

从失智科成立起，护理院就对失智老人建立了从治疗到照护、康复的全程管理，通过早期评估、药物治疗、营养干预、康复锻炼、心理疏导、音乐照护等方式，为每个失智老人量身定制服务方案。

失智症早筛查、早发现、早干预，就有可能降低患病风险。2021 年，金东方护理院依托国家老龄委远程协同建设认知管理中心，创建了常州地区首家认知症健康管理中心、记忆门诊，引入全球首台认知功能筛查设备，采用国际先进医疗方式，对失智症进行早期风险评估。

解决一个失智病患者的问题就意味着帮助一个家庭。2022 年 7 月，金东方护理院搭建了社区认知症关爱平台，开展认知症健康知识讲座、义诊活动，对 284 位老人进行认知功能障碍评估和筛查，发现早中期患者随即展开药物治疗、康复训练指导，受到患者和家属的赞扬。

如今，金东方护理院已拥有五个失智症病区，常住病人 120 人左右。

无缝衔接，医养护动态转换

金东方护理院与金东方医院紧挨着。自 2016 年护理院正式亮相后，"两个机构，两套人马"，却做到了"医疗"与"照护"的动态转换，无缝衔接式安宁疗护管理，让老人受益颇多。患者在金东方医院治疗后，便能顺畅进入护理院，开始稳定期的康复护理、照料；如果还有治疗问题，可以回到金东方医院继续治疗。

2022 年疫情防控期间，一些进入金东方医院的患者在病情稳定后，随即无缝转入护理院。在此期间，无论是护理人员的贴心照料，还是医务人员的精心诊疗，都让入院老人和家属欣慰不已。

安宁疗护，还意味着让老人安详"谢幕"。在金东方护理院的安宁疗护病房，疾病终末期的老人，在获得了护理院身体、心理、精神等方面的最后照料服务，得以体面离世。

步入老龄化社会，养老、照护需求越来越多。金东方护理院在服务人群和养护方式上，开始了新的服务探索。

对内，将增设两个病区 60 个床位，推动"医康护养"深度融合，以全生命周期健康的视角，为老年人提供更科学、更人性化的照护；对外，积极探索多元化的医养照护服务模式，拓展服务范围，走出机构，把专业医疗照护服务延伸至家庭，向居家养老服务对象覆盖。

（本文摘自《常州日报》，2023 年 2 月 14 日）

夕阳朝阳紧相连

沈成嵩

在常州农村，一些养老机构推行"一老一小"模式，将养老院和幼儿园建在一起，探索出一条养老和幼教的双赢之路。

人们戏称这种模式是夕阳朝阳紧相连，老老幼幼齐关爱，这样做的好处有五点。

一是老人给孩子们带来了文化传承，孩子们给老人带来了欢乐和笑声。爷爷奶奶经常给孩子讲战斗岁月的故事，建设新农村的故事，改革开放的故事，以自己亲身经历对幼儿进行英勇杀敌、保卫祖国、自力更生、艰苦奋斗、勤俭节约、廉洁奉公、认真读书、努力学习、尊师重教、诚实守信等社会主义核心价值观的教育。而孩子们的到来又给老人们带来了天伦之乐，在歌声、书声、笑声里，唤醒了老人"革命人永远是年轻"的童心，使他们获得了第二青春。

二是通过"一老一小"的互动，使幼儿从小就受到敬老爱亲的孝文化的教育，也使老人走出了孤独、孤寂的阴影。我们看到小女孩帮老奶奶剪指甲、梳头，小男孩帮老爷爷晒被子、洗脚；而老人则帮幼儿扎辫子、织袜子，互相在一起下棋、打牌、猜谜语，一幅幅"含饴弄孙"、合家团聚的欢乐图。一些幼儿园的老师说："我们天天跟孩子在一起，能看到孩子们在互动中感受到爷爷奶奶的关爱，并且非常自然地把种种关怀回馈给予他们互动的爷爷奶奶，在与老人互动中增进了感情，学会了爱与被爱。"

三是这种"朝阳＋夕阳"的互动，能特别有效地医治"空巢老人"与"留守儿童"心理的创伤，使他们重新获得家的温暖。当一对对"空巢老人"与"留守儿童"亲吻在一起的时候，当多年失去亲人，"日日思儿不见儿，梦中盼孙不见孙"的老人突然被一群"爷爷奶奶"叫着，围在一起的时候，我们看到是哗哗的泪水，是无语的哽咽。这是人间大爱，是一种幸福的升华。

四是互动让老人重新发现并肯定了自我价值，他们在关心下一代的同时，也获得了更多的乐趣和价值。

五是互动也获得了幼儿家长的支持。许多家长反映自己的小孩跟老人相处后变化很大，懂礼貌，也勤快多了；有爱心了，知道关心别人了；知道母爱的伟大了，也会讲羔羊跪乳、孟母三迁的故事了。总之，这种互动让孩子们学会了许多在普通幼儿园里无法学到的东西。

（本文摘自《常州日报》）

后　记

——人有阅历助养生

童方云

江苏常州有一所国内名闻遐迩的金东方颐养中心。生活在这里的老年朋友很注重文化养生。2017 年年初，在常州市民俗学会的建议下，金东方颐养中心的董事长金建勇和常州市民俗学会的沈成嵩会长萌发了合作组织在金东方颐养中心的老年朋友写书出书的念头，历时大半年，喜成此散文集。

历届常州市委市政府领导认真贯彻执行党中央指示，做好分内工作，使得常州这座江南国家级历史文化名城，以独特的魅力矗立在全球，这里是全国文明城市、是人类宜居的城市、是慈善之城、是改革创新之城……这里的养生养老更有着自己的创新。这本书就是从一个崭新的角度折射出她的灿烂。

此散文集，很有特色。作者们围绕世人关注的养生问题，引经据典、谈古论今；敞开心扉，真情流露；有理念思考，有心得感悟，有实例引导，有方法交流；是一本很有品位的修身养性的指南。

此散文集的作者们都是金东方颐养中心的主人，他们来自祖国的四面八方，他们中，有担当过省、市各级机关的领导；有曾经是国有企业当家人；有一辈子从事艺术生产的作家、书画家、音乐工作者；还有不少普通市民，他们以自己的切身感受来写作，来传播传统文化，来讴歌新型的养老养生模式，难能可贵。

一个城市的魅力在于其特色，常州是历史文化名城，经过几百年、上千年的积淀，形成了独特的文化品格，留下了不可磨灭的城市记忆。常州从春秋战国开始 2000 多年来养成的德修诚信、从南北朝始形成的善孝重教，历代文人雅士的琴棋书画，淳朴憨厚丰富多彩的民风习俗，这些在我们的作者身上都留有深深的烙印，默默地影响着年轻时的他们。

我们在读此书各篇章时，值得注意一个发人深省的现象，文中阐发的观点思路极具文化修养。他们谈的是养生，实质是在回顾几十年来人生甜酸苦辣阅历的升华。特别是一批曾在常州各级领导岗位上退下来的老同志，他们叱咤风云过，他们为这座城市的发展奉献过，在他们的身上、在他们的文章中可以深深品味到江南水乡——常州那别样的文化韵味。

养生不是老年人的专利，人在年轻时就要注重。养生是心态、习惯、方法的综合体验。文化育人，文化养心，人的阅历助养生。作者们年轻时受中华传统文化的熏陶和影响，就是很管用的修养身心，宽厚养大气，情义养人气。尽管现在都年过 70，心态很健康、形态也充满活力。

传承有遗风、改革创新路、人民记心中。人生路上，要学会表现自己，作者们做到了。这里特别要感谢他们。

以习近平同志为核心的党中央十分重视中华传统文化的继承和发扬，特别关注老百姓的民生尤其是老年人的养老问题。金东方颐养中心是常州老年颐养工程的标兵和典范，他们以及常州养老实践还有更多的故事可写。生活是个大舞台，随时都有精彩。敬请继续期待。

2017 年 10 月

（作者为原常州市政府副秘书长、文化局局长，常州市民俗学会秘书长，常州市著名文化学者）

图书在版编目（CIP）数据

话说文化养老 / 沈成嵩主编 . —2 版 . —北京：
中国农业出版社，2023.6
ISBN 978-7-109-30723-0

I. ①话… II. ①沈… III. ①文化事业—关系—养老
—社会服务—中国 IV. ①D669.6

中国国家版本馆 CIP 数据核字（2023）第 092491 号

中国农业出版社出版
地址：北京市朝阳区麦子店街 18 号楼
邮编：100125
责任编辑：赵 刚
版式设计：杨 婧 责任校对：刘丽香
印刷：北京中兴印刷有限公司
版次：2018 年 1 月第 1 版 2023 年 6 月第 2 版
印次：2023 年 6 月第 2 版北京第 1 次印刷
发行：新华书店北京发行所
开本：700mm×1000mm 1/16
印张：24.25 插页：8
字数：385 千字
定价：88.00 元